21世纪高等学校旅游管理专业（本科）教材

人际沟通与商务谈判

Interpersonal Communication and Business Negotiation

彭顺生　彭　博◎编著

中国旅游出版社

目　录

下篇　商务谈判

前　言

　　人是一切社会关系的总和。人作为社会的一分子，每时每刻都在扮演着适应这个社会需求的角色，而要想在社会这个舞台上表演得有声有色，人必须与他人进行交往与沟通。

　　沟通对人生而言，具有多重功能与作用。其一，满足人的各种需求。人在社会中生活，与人相处，不可避免地会遇到着各种各样的利益冲突和矛盾，而要想解决这些冲突和矛盾，必须进行沟通和交流。人是情感动物，但人的情感并非天然而成的。情感的建立需要良好的沟通和交流，当感情出现裂隙时更需要通过沟通和交流才能得到修复和弥补。人人都有自尊的需求，而要想赢得别人的尊重与认可，必须与人不断进行沟通才能实现。其二，促进自我了解和个人成长。对自己的了解既来自自己，也来自他人。别人就像一面镜子，当我们与别人互动交流时，就可以从别人的反应或回馈中，看到清晰的、正确的自我画像。正所谓"三人行必有我师"。个人成长光靠自己的学习、努力是不够的，必须借助他人。因为人各有所长，各有不同的才能、不同的经验，这些都是自己所欠缺的，必须借助别人才能弥补自己的不足。其三，促进快乐，减少痛苦。常言道："有朋友分享的快乐是加倍的快乐，有朋友分担的痛苦是减半的痛苦。"当自己有成就、有荣耀、有快乐，而这些又能被自己的同事、朋友分享时，你才会觉得高兴、有意义和价值。当一个人有困难时，有朋友安慰、鼓励、协助和分担，你就不会感到孤单、不会感到无助，就会比较容易恢复信心、从痛苦的阴影中走出来，而要想达此目的，同样需要沟通。其四，促进身心健康。良好的人际关系对于一个人的身心健康也至关重要，比如，有良好人际关系的人，他们可以经常与朋友聚餐、与朋友运动、与朋友娱乐等；这些活动都会对一个人的健康产生积极的影响。反之，寂寞会导致心理疾病。世界上最令人痛苦的事，莫过于无人理会、无人关爱，被疏远、被放弃，因为它令人沮丧、焦虑、失望，令人感到做人失败。有人说：寂寞会致人死。我对此深信不疑！大家想过这样一个问题没有？人犯了罪为什么要关在监狱里？其理论基础就是基于人怕寂寞这种心理。

其五，获得财富与成功。良好的人际沟通会使人获得丰富的人脉网络。人脉是一座取之不竭用之不尽的无形金矿，是一笔潜在的财富。人脉就是钱脉，朋友就是财富。美国斯坦福研究中心曾经发表过一份调查报告，结论指出：一个人赚的钱，12.5%来自知识，87.5%来自人脉关系。美国成功学大师戴尔·卡耐基经过长期的成功学研究得出一个结论："专业知识在一个人的成功中的作用只占15%，而其余的85%取决于人际关系。"在美国好莱坞影视明星圈中流行一句话："一个人能否成功，不在于你知道什么，而是在于你认识谁。"

商务谈判作为市场经济的产物，在全球一体化的今天，越来越受到人们的普遍重视，其作用也在现代经济活动中越来越大。

在国外，美国和日本从20世纪60年代开始，就成立了专门探讨研究谈判问题的学术团体。在美国等一些发达国家的高等学府，为培养谈判高级专门人才，谈判学早已成为一门重要的课程，世界著名大学哈佛商学院还开办了谈判专业。

我国有关谈判学的研究虽然起步较晚，直到20世纪80年代才开始引进欧美国家谈判的理论和相应的研究成果。然而，随着我国入世以及入世后国际商业贸易的快速发展，谈判学也得到了巨大的发展，并迅速成为一门有影响力的新兴科学。据相关资料显示：我国目前最紧缺的人才有以下五类：一是专业人才；二是高层次科学技术人才；三是熟悉世贸组织规则、适应国际竞争需要、能够参与解决国际争端的专门谈判人才；四是外语人才；五是复合型人才。

商务谈判在我国现代经济活动中的作用日益凸显。首先，商务谈判有助于企业的生存和发展。企业的生存和发展既离不开信息的获取、企业间的合作，也离不开良好的经营手段与形象的树立，而这一切都与商务谈判有着密切的关联。其次，商务谈判是国际贸易发展的助推器。当历史的车轮驶入21世纪之后，全球经济一体化已成为世界经济发展的大趋势，各国之间的贸易也早已跨越国界和地域的限制，呈现出前所未有的发展趋势。促进国际贸易的因素虽然很多，但商务谈判仍是促进国际贸易发展的重要动力之一，被人们誉为国际贸易发展的助推器。因为其一，商务谈判有助于培养贸易谈判人才，提高国际贸易竞争力；其二，商务谈判有助于开拓国际市场；其三，商务谈判有助于解决国际贸易摩擦和矛盾；其四，商务谈判有助于扩大对外贸易，加快现代化建设步伐。商务谈判在现代经济活动中的作用之所以如此之大，主要原因在于：一是和平与发展是当今社会的主流，在此种背景下，人们期盼发展中所遇到的问题通过谈判来协商解决；二是1945年颁布的《联合国宪章》，明确禁止使用武力和武力威胁等一切非和平方法，并进一步规定了包括谈判在内并以谈判为主的和平解决争端的种种方法。在宪章精神的指导下，通过谈判解决争端的办法成为时代主流；三是全球一体化社会步伐加快，使全球范围内商务活动成为一个不可分割的有机整体，促使人们在解决商务活动中出现的矛盾与分歧时，必须借助谈判来解决矛盾与分歧。

人际沟通与商务谈判既有区别又有联系。人际沟通与商务谈判的区别主要体现在：一是主体代表的对象不尽相同。前者主体代表的对象是人；后者主体代表的对象有人，也有企事业单位、政府部门甚至国家。二是两者的理论基础不同。前者的理论基础主要是社会学、心理学；后者的理论基础更为广泛，涉及社会学、心理学、经济学、法学、博弈论、控制论、公平理论等。三是两者目的不同。前者目的为化解误会和消除矛盾，促进相互理解，一般不涉及利益；后者目的与利益密切相关，主要为满足各自需要和维持各自利益。四是过程不尽相同。前者过程比较简单，沟通前无须做什么准备，沟通中也不用经历太长时间，沟通后无须签订协议书；后者则相反。五是成功的标尺不同。前者只要把信息传递给对方而对方给予了信息反馈，沟通双方不一定达到完全一致，也不用签订商务合同，就可以说基本成功了；后者则不然，谈判双方必须达到完全一致，并且签订了谈判商务合同，才可以说谈判取得了成功。尽管人际沟通与商务谈判存在着一定的差异，但仔细分析两者，我们不难发现，两者也存在着诸多相同之处，比如，两者的主体都是人，社会学与心理学都是其重要的理论基础、都对一个人成功有着极其重要的影响，尤其是两者存在着相当密切的联系，比如，商务谈判者必须具备良好的人际沟通知识和能力，方能成为一个杰出的谈判者，商务谈判中必须运用沟通学知识，才能使谈判取得成功；一句话："商务谈判离不开人际沟通。"

本教材分上、下两篇。上篇：人际沟通；下篇：商务谈判。

上篇：人际沟通，涉及的内容共六章。

第一章　人际沟通。该章界定了人际沟通的概念；阐述了人际沟通的类型、人际沟通模式、人际沟通障碍及其对人生所具有的意义。

第二章　人际沟通理论与原则。该章阐述了人际沟通的基本理论，如印刻理论、梅奥与马斯洛人际关系理论、阿伦森与福阿夫妇的交互理论、霍曼斯的社会交换理论、舒茨的人际特质理论等，并论述了人际沟通原则，如真诚原则、尊重原则、交换原则、互动原则等。

第三章　单向沟通与双向沟通技巧。该章从"方向线"角度，界定了单、双向沟通概念、特点、作用及其适用人群，并阐述了单、双向沟通之技巧。

第四章　"三行沟通"技巧。该章从不同与相同级别的角度，阐述了上行沟通、下行沟通与平行沟通之含义、特点、作用、适用人群及其使用技巧。

第五章　口头沟通与书面沟通技巧。该章阐述了口头沟通与书面沟通的含义、特点、作用、适用人群及其使用技巧。

第六章　非语言沟通与网络沟通技巧。该章阐述了非语言沟通与网络沟通概念内涵、特点及其在人际沟通中的地位与作用，分析了非语言沟通与网络沟通使用技巧。

下篇：商务谈判，涉及的内容共六章。

第七章　商务谈判概述。该章界定了商务谈判概念及其特点，阐述了商务谈判的类型及其作用。

第八章　商务谈判的理论与原则。该章揭示了现代心理学、博弈论、控制论、公平理论、信息论与商务谈判的关系及其应用，阐述了商务谈判应遵循的基本原则。

第九章　商务谈判操作流程。该章动态地阐述了商务谈判操作的基本流程，即谈判准备、模拟谈判、正式谈判与签订商务合同。

第十章　商务谈判的策略与技巧。该章介绍了商务谈判常用策略与应对不同风格谈判对手的策略；阐述了打破商务谈判僵局的技巧、破解谈判陷阱的技巧、成交的技巧、语言技巧、处理反对意见的技巧。

第十一章　谈判风格与礼仪禁忌。该章介绍了日、欧、美等世界主要国家商人谈判的风格，并阐述了世界主要国家商务礼仪与禁忌。

第十二章　商务谈判者应具备的素质。该章界定了商务谈判者的素质，分析了商务谈判者应具备的知识素养、能力素质及其他非智力素质。

与其他相关类型的教材相比，本教材编写特点主要有：从学术的角度看，本教材在充分挖掘人际沟通与商务谈判内在联系的基础上，首次把人际沟通与商务谈判融合在一起，突破了人们在写书或讲座时把两者割离开来的旧框框。从高校相关专业（如经济管理、工商管理、旅游管理专业、会展经济与管理、营销专业）教材建设的角度看，虽然有多部《商务谈判》教材出版，但一则未见用于高校上述专业的《人际沟通》教材（此类教材大多是医学护理专业、高职或培训机构教材），二则未见将两者融合在一起的《人际沟通与商务谈判》教材问世，故该教材出版在一定程度上填补了这一空缺，有助于高校相关专业教材建设。从高校相关专业选修课开设的发展趋势看，由于不少学校已经认识到选修课应以培养学生的综合知识素养为目标，因而在开设课程时，开始改变以前要么开设"人际沟通"要么开设"商务谈判"的传统做法，而把"人际沟通与商务谈判"作为一门课程开设，从这一角度看，编写此教材不仅成为必要，而且顺应了高校相关专业选修课开设的发展趋势。从结构体系看，本教材结构体系较为完善，内容丰富，有助于学生形成最佳知识结构。从总体结构看，该书分上、下两篇，即上篇"人际沟通"，下篇"商务谈判"。

本教材力图吸收反映当今沟通学、谈判学最新之研究成果，以保证其先进性；又注意引用沟通学、谈判学经典案例，以保证其实用性与可操作性。本教材适用面较广，高校管理专业、社会学专业、营销专业均可用其作为专业基础课教材；高校文科、理科专业、可用其作为选修课教材；社会相关培训机构，如 NBA 等，可用其作为教材和辅助参考书；此外，政府、经济、外贸、工商企业管理人员和业务人员，以及渴望提升自己交际能力和谈判能力的社会各阶层人士，也可阅读此书，从中获得有益的启示。

　　本书是广州大学旅游学院教师彭顺生与 Blink Group Holding（HK）Company Limited（香港禀临控股有限公司）董事长彭博先生合作的劳动成果。作者的分工如下：彭顺生，前言、第一章至第十章，负责案例收集；彭博，第十一章，第十二章、负责绘制图表。最后，由彭顺生负责全书的统稿工作。

　　由于水平有限，本书缺点在所难免，恳请读者不吝赐教。

作者

2014 年 7 月于云山居

致　谢

本书作者向所有帮助完成本书撰写工作的人士表示感谢！

首先感谢为撰写本书提供有用资料以及鼓励的人士。

非常感谢中国旅游出版社付蓉女士，正是在她的鼓励和支持下，本书才得以付梓！感谢郭海燕编辑，她以满腔的热情、一丝不苟的作风和高效率，为本书校对、编辑、排版，付出了艰辛的劳动。

非常感谢亲朋好友吕俊、胡小玲、吴宁禧给予的大力支持。

最后，我还得感谢儿子彭博。他勇于创业的精神，成了我撰写此书的强大动力！

上　篇

人际沟通

第一章

人际沟通

【学习目标】

通过本章学习，了解人际沟通的基本概念及其特点，掌握人际沟通的类型与理论模式，明确人际沟通的主客观障碍，充分认识人际沟通的功能与作用。

【关键词】

人际关系　人际沟通　沟通障碍　沟通功能

人是一切社会关系的总和。人作为社会的一分子，每时每刻都在扮演着适应这个社会需求的角色，而要想在社会这个舞台上表演得有声有色，人必须与他人进行交往与沟通。

第一节　人际沟通概念

何谓人际沟通，不同的人从不同的角度会做出不同的解释。然而，要想正确理解人际沟通，必须从人际关系谈起。

一、人际沟通的界定

人际关系，就是人与人之间的社会关系。广义的人际关系包括人们在物质生活、社会生活、政治生活等领域中形成的经济关系、政治关系、伦理关系以及血缘关系等方面的内容。狭义的人际关系主要是指社会生活领域中的人际关系，包括家庭关系、邻里关系、师生关系、同行关系以及同志关系、朋友关系等。

人生在世，总会发生错综复杂的事情，总要不断地处理这样那样的人与人之间的关系。而要想妥善处理发生的事情和人与人之间的关系，就必须借助人与人之间的沟通。《大英百科全书》指出，沟通是"若干人或者一群人互相交换信息的行为"。《牛津大辞典》把"沟通"解释为"借着语言、文学形象来传送或交换观念和知识"。美国《哥伦比亚百科全书》认为"沟通是思想及信息的传递"。美国著名传播学者布农认为，沟通是"将观念或思想由一个人传送到另一个人的程序，或者是个人自身内的传递，其目的是使接受沟通的人获得思想上的了解"。英国著名传播学者丹尼斯·奎尔指出沟通是"人或团体主要通过符号向其他个人或团体传递信息、观念、态度或情感"，可定义为"通过信息进行的社会相互作用"。

在行为科学中，沟通亦称"意见沟通"，指在一个组织的内部，领导与群众、各种人员之间观念和消息的传达及了解的过程。此外，沟通还被解释为用语言、书信、信号电讯进行的交往，是在组织成员之间取得共同的理解和认识的一种方法。可见沟通应具备以下三个基本条件：一是沟通必须在两个或两个以上的人之间进行；二是沟通必须有一定的沟通客体，即沟通情况等；三是沟通必须有传递信息情报的一定手段，如语言、文字等。

在社会心理学中，由于人们通常将沟通视为信息交流的过程，因而他们常用信息论的术语来解释人际沟通的全过程。早期的研究者往往将人际沟通过程与 C. E. 申农和 W. 韦弗于 1949 年提出的通信过程模型进行简单的类比。他们把信源比作发信者的大脑，转换器比作发信者的口齿，信道比作传播声波的空气，噪声源比作干扰人际沟通中信息传递的各种因素，接收器比作耳朵，信宿比作听者的大脑。通信模式的引入对研究人际沟通影响很大，但是人们后来逐渐发现了一些问题，其中最主要的是单向传递的假设。

人与机器不同，在人际信息交流中，发信者和收信者都是积极活动的主体，他们处于经常的相互作用中。收信者对发信者发出的信息会给予反应，这种反应作为一种信息又反过来作用于发信者，发信者根据它来调节自己的行为。因此，人们引进了控制论中的反馈概念，补充了传统的信息沟通模型，但即使这样，仍不能概括人际沟通的全部特点。

前苏联心理学家认为，人们在交往过程中，信息不仅仅被传递，而且不断形成、明确、补充和发展。

由于信息论观点在解释和描述人际沟通时有某些不可克服的缺点，一些社会心理学家，特别是偏重于沟通的社会性的学者后来利用相互作用论和关系论等新观点来研究人际沟通现象。

根据申农和韦弗的观点，沟通可分成如下七部分：

（1）发讯者：即信息的发送者。

（2）编码：发信者要把自己的思想、想法、观点、资料等信息转译成接收者能够理解的符号形式，这种过程叫编码。人际沟通的主要编码是语言编码。

（3）信道：信息的传递渠道，如信件、电报、备忘录、面对面的交谈、演讲、电话、计算机网络信号互换、手势、面部表情等。

（4）译码：信息接收者收到传递来的编码信息，按照相应的方法将此信息进行解释，就是译码。

（5）收信者：即接受编码并解释信息的人。

（6）反馈：是检验信息沟通的效果和回馈，发信者通过信息反馈来了解接收者的反应，以便调整自己的行动。

（7）噪声：干扰和扭曲信息完整、快捷、正确传递的因素。

综上所述，人际沟通是指将信息传递给对方，并期望对方做出相应回馈的过程，同时，也是个人之间在共同活动中彼此交流思想、感情和知识等信息的过程。

二、人际沟通的特点

人际沟通就其特征而言，主要包括"行为的主动性"、"过程的互动性"、"沟通语言的双重性"、"影响的相互性"、"沟通障碍的特殊性"。

1. 行为的主动性

人际沟通不同于两套设备间的简单的"信息传输"，其中每一个个体都是积极的主体。也就是说，人际沟通中的每一个参加者都要求自己的对方具有积极性，不能把沟通伙伴看成某种客体。因此在沟通过程中，沟通双方都有各自的动机、目的和立场，都设想和判定自己发出的信息会得到什么样的回答，并预期从对方的回答中得到新信息。可见，人际沟通的过程不是简单的"信息传输"，沟通的双方都处于积极主动的状态，是一种信息的积极交流。

2. 过程的互动性

人际沟通是一种动态的互动过程，即沟通的双方都处于不断的相互作用中，刺激与反应互为因果，如乙的言语是对甲的言语的反应，同时是对甲的刺激。

3. 沟通语言的双重性

人际沟通需借助语言和非语言两类符号，这两类符号往往被同时使用。二者可能一致，也可能矛盾。

4. 影响的相互性

人之人之间的信息交流不同于设备之间的信息交流，沟通双方借助符号系统相互影响。人与人的交流产生的沟通影响是以改变对方行为为目的一个沟通者对另一个沟通者的心理作用。作为信息交流结果的沟通影响，只有在发送信息和接收信息的人掌握统一的编码译码系统的情况下才能实现。这个法则用一般的话说，就是要使用双方都熟悉的同种语言说话。

5. 沟通障碍的特殊性

人际沟通可能产生完全特殊的沟通障碍。这些障碍与某些沟通渠道的弱点以及编码译码的差错无关，而是社会性的和心理性的障碍。

第二节 人际沟通的分类

从不同的角度划分，人际沟通可分为四大类，即单向沟通与双向沟通；上行沟通、下行沟通与平行沟通；口头沟通与书面沟通；非语言沟通与网络沟通。

一、单向沟通与双向沟通

根据发信者与接收者的地位是否变换，可将沟通分为单向沟通和双向沟通。

单向沟通只是一方向另一方发出信息，发信者与接收者的方向位置不变，双方无论在语言上还是在表情动作上都不存在反馈信息，发指示、下命令、演讲、报告等都带有单向沟通的性质。

双向沟通即指发信者和接收者的位置不断变化，发信者以协商、讨论或征求意见的方式面对接收者，信息发出后，又立即得到反馈。有时双方位置互换多次，直到双方共同明确为止。招聘会、座谈会等都属双向沟通。

单向沟通和双向沟通究竟哪种方式效率更高呢？心理学家曾做过不少实验，实验结果表明：（1）从速度看，单向沟通比双向沟通信息传递速度快；（2）从内容正确性看，双向沟通比单向沟通信息内容传递准确、可靠；（3）从沟通程序上看，单向沟通安静、规矩，双向沟通比较混乱、无秩序、易受干扰；（4）双向沟通中，接收信息者对自己的判断有信心、有把握；但对发出信息者有较大的心理压力，因为随时会受到接收者的发问、批评或挑剔；（5）单向沟通需要较多的计划性；双向沟通无法事先计划，需要当场判断与决策能力；（6）双向沟通可以增进彼此了解，建立良好的人际关系。

由此可见，单向、双向沟通各有所长，究竟采用何种方式沟通，要视具体情况而定。如果需要迅速传达信息，应采取单向沟通方式；如果需要准确地传达信息，以采取双向沟通为宜。一般说来，如果工作急需完成，或者工作性质比较简单，或者发信者只需发布指示，无须反馈时，多采用单向沟通方式。

二、上行沟通、下行沟通与平行沟通

根据信息流动的方向，将沟通分为上行沟通、下行沟通与平行沟通。

上行沟通是指由下级向上级传递信息，如员工向上级报告工作情况、提出自己的建议和意见、表述自己的态度等。在组织中，不仅要求下行沟通迅速有效，而且应保证上行沟通畅通无阻。因为只有这样，领导者才能及时掌握各种情况，从而做出符合实际的决策。但有关研究表明：有时自下而上的信息沟通即使到达了管理阶层，通常也不会被重视，或根本没被注意到，并且在逐层上报过程中内容会被逐层压缩，细节会被一一删去，造成严重失真。

下行沟通是上级向下级传递信息，如企业的上级领导向下级发布命令和指示。这种沟通方式大体有五种目的：传达工作指示；促使员工了解本项工作与其他任务的关系；提供关于程序与任务的资料；向下级反馈其工作绩效；向员工阐明组织目标，使员工增强其"任务感"。这种自上而下的沟通能够协调组织内各层级之间的关系，增强各层级之间的联系，对下级具有督导、指挥、协调和帮助等作用。因此，这种沟通形式受到古典管理理论家的重视，今天仍为许多企业所沿用。但是，这种沟通方式易形成一种"权利气氛"而影响士气，并且由于曲解、误解或搁置等因素，所传递的信息会逐步减少或歪曲。

平行沟通是指同级之间传递信息，如员工之间的交流、同一层级不同部门的沟通等。在企业部门中经常可以看到各部门之间发生矛盾和冲突。除其他因素以外，部门之间互不"通气"是重要原因之一。保证平行组织之间沟通渠道的畅通，是减少各部门之间冲突的一项重要措施。这种沟通一般具有业务协调性质。它有助于加强相互间的了解，增强团结，强化协调，减少矛盾和冲突，改善人与人之间的关系。

三、口头沟通与书面沟通

根据沟通形式区分，可将沟通分为口头沟通和书面沟通。

口头沟通是面对面的口头信息交流，如会谈、讨论、会议、演说以及电话联系等。

口头沟通的优点是有亲切感，可以用表情、语调等增加沟通的效果，可以马上获得对方的反应，具有双向沟通的好处，且富有弹性，可以随机应变，但如果传达者口齿不清或不能掌握要点做简洁的意见表达，则无法使接收者了解其真意。沟通时如果接收者不专心、不注意或心里有困扰，则因口头沟通一过即逝，无法回头再追认。

书面沟通是指通过布告、通知、文件、刊物、书信、电报、调查报告等方式进行的信息交流。

书面沟通的优点是具有一定的严肃性、规范性、权威性，不容易在传达的过程中被歪曲；它可以作为档案材料和参考资料，以及正式交换文件长期保存；它比口头表达更详细地供接收者慢慢阅读，细细领会。其弱点是沟通不灵活，感情因素少一些，对文字能力要求较高。

传统的管理多偏重书面的沟通，现代管理中，口头言语沟通受到重视，书面沟通显然仍是一种重要方式，但采用书面沟通方式，应注意文字的可读性、规范性，并力求做到：（1）文字简练；（2）使用规范与熟悉的文字；（3）使用比喻、实例、图表等清晰易懂的方式，便于理解；（4）使用主动语态和陈述句；（5）逻辑性强，有条理性。

四、非语言沟通与网络沟通

非语言沟通与网络沟通是人际沟通类型中两种非常特殊也非常重要的沟通形式。

非语言沟通是相对于语言沟通而言的，是指通过身体动作、体态、语气语调、空间距离等方式交流信息、进行沟通的过程。非语言沟通和语言沟通的区别在于：前者通过视觉、嗅觉、触觉等多种渠道传递信息，绝大多数是习惯性的和无意识的，在很大程度上是无结构的，并且是通过模仿学到的。后者则是在词语发出开始，它利用声音一个渠道传递信息，它能对词语进行控制，是结构化的，并且是被正式教授的。在沟通中，信息的内容部分往往通过语言来表达，而非语言则作为提供解释内容的框架，来表达信息的相关部分。因此非语言沟通常被错误地认为是辅助性或支持性角色。

非语言沟通分为如下三种类型：一是标记语言。如旗语，聋哑人的手语，交通警的指挥手势，裁判的手势，以及人们惯用的一些表意手势，如"OK"和胜利的"V"，基督教的十字，伊斯兰教的新月，美元的 $ 符号以及许多现代企业的标识。二是动作语言。例如，饭桌上的吃相能反映出一个人的修养；一位顾客在排队，他不停地把口袋里的硬币弄得叮当响，这清楚地表明他很着急。在柜台前，拿起又放下，显示出他拿不定主意。三是物体语言。总把办公物品摆放得很整齐的人，能看出他是个干净利落、讲效率的人；穿衣追求质地，不跟时尚跑，这样的人一定有品位、有档次。

网络沟通是指通过基于信息技术（IT）的计算机网络来实现的信息沟通。它一般分为如下五种类型：一是电子邮件。电子邮件是整个网间网以至所有其他网络系统中直接面向人与人之间信息交流的系统，它的数据发送方和接收方都是人，所以极大地满足了大量存在的人与人通信的需求。二是网络电话。按照信息产业部新的

《电信业务分类目录》，实现 PCTOPHONE，具有真正意义的 IP 电话。网络系统软件运用独特的编程技术，具有强大的 IP 寻址功能，可穿透一切私网和层层防火墙。无论您是在公司的局域网内，还是在学校或网吧的防火墙背后，均可使用网络电话，实现电脑—电脑的自如交流，无论身处何地，双方通话时完全免费。三是网络传真（Internet FacsimiIe），网络传真也称电子传真，是传统电信线路（PSTN）与软交换技术（NGN）的融合。它整合了电话网、智能网和互联网技术，通过互联网将文件传送到传真服务器上，由服务器转换成传真机接收通用图形格式后，再通过 PSTN 发送到全球各地的普通传真机或任何的电子传真号码上。四是网络新闻发布。网络新闻是突破传统的新闻传播概念，在视、听、感方面给受众全新的体验。它将无序化的新闻进行有序的整合，并且大大压缩了信息的厚度，让人们在最短的时间内获得最有效的新闻信息。网络新闻的发布可省去平面媒体的印刷、出版，电子媒体的信号传输、采集声音图像等。四是即时通信。即时通信（IM）是指能够即时发送和接收互联网消息等的业务。自 1996 年面世以来，特别是近几年的迅速发展，即时通信的功能日益丰富，逐渐集成了电子邮件、博客、音乐、电视、游戏和搜索等多种功能。即时通信不再是一个单纯的聊天工具，它已经发展成集交流、资讯、娱乐、搜索、电子商务、办公协作和企业客户服务等为一体的综合化信息平台。

网络沟通的优点在于：（1）大大降低了沟通成本；（2）使语音沟通立体直观化；（3）极大缩小了信息存贮空间；（4）使工作便利化；（5）平台容易集成。不足之处有：（1）沟通信息呈超负荷态势；（2）口头沟通受到极大的限制；（3）纵向沟通弱化，横向沟通扩张。

第三节　人际沟通模式

沟通模式是一种理论性的、简化的对沟通性质和过程的表述，它是对现实的一种同构。随着人际沟通学的发展，人们总结出不少人际沟通模式，其中最为重要的有：申农—韦弗沟通模式、拉斯韦尔沟通模式、施拉姆沟通模式。

一、申农—韦弗沟通模式

1949 年，美国贝尔电话实验室的申农（Shannon）及其合作者韦弗（Weaver）提出了一个通信系统的模型。该模式把媒介分为三种，即信息发出者、收到者及增加了噪声的因素，后来人们把这一信息论的基本模式称为"申农—韦弗沟通模式"（参见图 1-1），并在人际沟通中得到广泛应用。

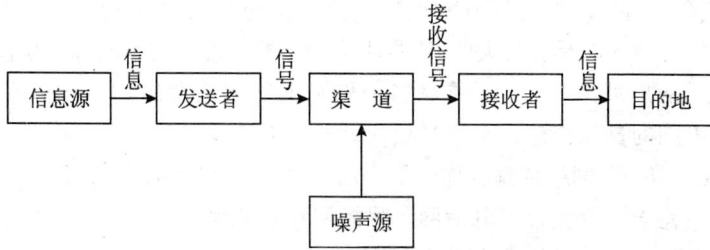

图 1-1 申农—韦弗沟通模式

在该模型中，信源发出信息，经过发射器，把信息变换为信号。信号在信道中传递的过程，会受到噪声的干扰，所以接收到的信号实际上是"信号+噪声"。经过接收器，把信号还原成信息，传递给信宿。由于可能受到噪声的干扰，信号不是稳定不变的，这可能会导致发出的信号与接收的信号之间产生差别。也就是说，由信源发出的信息与信宿接收的信息两者的含义可能不同。交流失败的一个共同原因就在于发信者一方不能认识到，发出的信息与接收的信息并不总是相同的。

申农和韦弗的这一模型不仅适用于通信系统，也可以推广到其他信息系统。他们在该模式中提出了一个新因素"噪声"，表示信息在传递过程中受到干扰的情形。这说明信息系统的基本问题是要解决有效性与可靠性这两个方面的问题，即以最大速率准确无误地传递信息。"噪声"的概念也提醒人们注意研究交流过程中的干扰与障碍的问题。

二、拉斯韦尔沟通模式

拉斯韦尔模式又叫5W模式。1948年政治学家拉斯韦尔在《传播在社会中的结构与功能》一文中，以建立模式的方法对人类社会的传播活动进行了分析。他把传播过程分解为传者、受者、信息、媒介、效果。"5W"模式英文诠释是：Who→Says What→In Which Channel→To Whom→With what Effects。由于该模式中五个要素首字母同为"W"，于是后人把它称为"5W"模式（参见图1-2）。

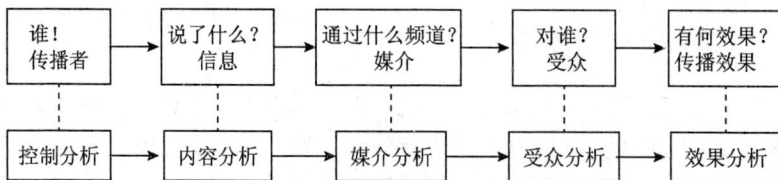

图 1-2 拉斯韦尔沟通模式及相应传播领域

在拉斯韦尔沟通模式中，五个构成要素各有其自身的特点：

"谁"就是传播者，在传播过程中担负着信息的收集、加工和传递的任务。传播者既可以是单个的人，也可以是集体或专门的机构。

"说什么"是指传播的信息内容，它是由一组有意义的符号组成的信息组合。符号包括语言符号和非语言符号。

"渠道"是信息传递所必须经过的中介或借助的物质载体。它可以是诸如信件、电话等人与人之间的媒介，也可以是报纸、广播、电视等大众传播媒介。

"对谁"就是受传者或受众。受众是所有受传者如读者、听众、观众等的总称，它是传播的最终对象和目的地。

"效果"是信息到达受众后在其认知、情感、行为各层面所引起的反应。它是检验传播活动是否成功的重要尺度。

拉斯韦尔的"5W"模式是线性模式，即信息的流动是直线的、单向的。该模式把人类传播活动明确概括为由五个环节和要素构成的过程，是传播研究史上的一大创举，为后来研究大众传播过程的结构和特性提供了具体的出发点。而大众传播学的五个主要研究领域——"控制研究"、"内容分析"、"媒介研究"、"受众研究"和"效果分析"，也是由这一模式发展而来的。

拉斯韦尔沟通模式对传播学和人际沟通学的影响极为深远，但仍存不足，如它没能注意到反馈这个要素，忽视了传播的双向性。

三、施拉姆沟通模式

1954年，美国"传播学之父"施拉姆教授在《传播是怎样运行的》一文中，提出了一个对后世影响较大的人际沟通模型（参见图1-3）。该模型试图说明，A、B双方的有效沟通，只能通过共同的意义空间来进行，且随着沟通的持续，共同的意义空间要有扩大的趋势。

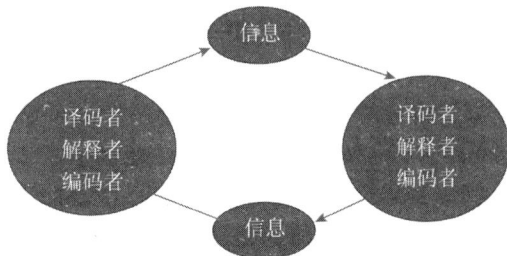

图1-3 施拉姆模式

施拉姆看到了人际沟通是一个高度循环的动态过程，并且沟通的双方都是沟通行为的主体，沟通具有象征性互动的特征。施拉姆沟通模型正是基于这种认识，细化了沟通要素的纠结关系。简要地说，就是在沟通过程中，教育者按照自己的预定目的把教育内容传授给受教育者，而受教育者则按照自己的理解和周围客观性条件的双重作用，将教育者所传授的信息有选择地接受。沿此逻辑分析，施拉姆揭开了影响沟通效度的症结。他认为，影响沟通的因素，主要有主观性因素和客观性因素两大方面。主观性因素包括教育者和受教育者双方；而客观性因素则包括很多方面，从内容到渠道，从传播媒介到周围环境，这些都会影响到沟通的有效性。

施拉姆沟通模式作为一种新沟通模式，其优点有三：一是突出了信息传播过程的循环性，内含了这样一种观点：信息会产生反馈，并为传播双方所共享；二是打破了传统的直线单向模式一统天下的局面，更强调传受双方的相互转化；三是沟通双方首先要建立一种平等的关系，即双方都是主体，最大限度地提高了沟通的效度。

施拉姆沟通模式不足之处主要有二：一是未能区分传受双方的地位差别，因为在实际生活中传授双方的地位很少是完全平等的；二是此模式虽然能够较好地体现人际传播尤其是面对面传播的特点，对大众传播过程却不能适用。

第四节　人际沟通的障碍

沟通障碍是指信息在传递和交换过程中，由于信息意图受到干扰或误解，而导致沟通失真的现象。在人们沟通信息的过程中，常常会受到各种因素，如态度等因素的影响和干扰，使沟通受到阻碍，不能达到有效沟通之目的。

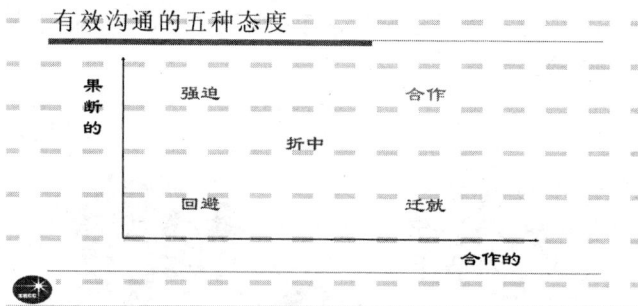

图 1-4　态度与沟通的关系

　　造成沟通障碍的因素有很多，既有主观因素，也有客观因素。造成沟通主观障碍的因素主要有性格因素、语言因素、态度因素、情感因素等。

一、主观因素与沟通障碍

　　性格是造成沟通障碍的主观因素之一。一般说来，不同性格的人对沟通的影响不同。

　　性格因素：性格是指一个人表现在态度和行为方面的较稳定的心理特征。积极与消极、果断与寡断等。性格模式主宰了一个人的处事态度和行为方式。性格模式之于人脑，犹如电脑程序之于电脑，如果你想与电脑沟通，就得了解它的程序；若想与人沟通就得了解他的性格模式。

　　从表1-1可知，活泼型性格的人，非常看重与别人的关系，追求的是广受欢迎，担心的是失去声望，与人交往的动机是得到别人的认同，因而善于沟通和劝导，沟通能力普遍较强。平和型性格的人，能够耐心地倾听别人的说话，有安慰受伤者的同情心，显得老练稳重，因而比较易于与人沟通。力量型性格的人，虽然有着超常的决断力和控制力，但由于这种性格的人比较武断，有强烈的控制欲，因而沟通能力受到一定的影响。完美型性格的人，虽然做事讲条理，思考深刻，审美判断能力强，但由于此类性格的人过于苛刻，讲求完美，坚持自见，因而难于沟通。

表1-1　性格与人际沟通的关系

类型	沟通能力
活泼型	善于交际与沟通
平和型	易于沟通
力量型	沟通能力一般
完美型	沟通较难

　　除了性格因素之外，语言、态度、情感等，也是导致沟通障碍的重要因素（参见表1-2）。

表1-2　语言、态度、情感与人际沟通的关系

名称	影响沟通效果的因素
语言	逻辑性、条理性、清晰度与重点
态度	好感、崇拜与权威
情感	友谊、情义
偏见与成见	看法偏颇、意见相左

从表1-2可知，语言对沟通效果的影响，主要体现在如下4个方面：一是说话是否富有逻辑性；二是说话条理是否分明；三是表述是否清楚；四是说话重点是否突出。如能很好地做到上述四点，人际沟通就顺畅；反之，则有碍沟通。

表1-2显示，态度也影响着人的行为，影响着人际沟通的效果。比如，人们对明星有好感，他们打的广告容易被人接受；又如，人们崇拜专家和权威，他们说的话就响，容易引起人们的共鸣，从而产生说服力大的效果，并且沟通者的权威越高，沟通对象改变态度的程度就越大。

表1-2还显示，情感也对人际沟通的效果有着极其重要的影响。比如，双方是好友，情深意长，情感非常好，就容易沟通。反之，则难以沟通。

在表1-2中，偏见与成见也影响着人际沟通的效果。比如，一方对另一方有不正确的看法、评价或双方意见相左，都会对人际沟通效果产生消极的影响。

二、客观因素与沟通障碍

影响人际沟通的客观障碍因素很多，概括起来有如下几种：

一是客体如外表、难相处等，给人不好或错误印象，都会影响人际沟通。

二是客体接收信息有障碍，如没有仔细聆听、根据自己的需要接收信息、只注意感兴趣的信息，自我主观解释信息，运用歪曲信息或逃避信息来满足知觉平衡等，也会影响沟通效果。

三是文化知识素养的差异。"秀才遇到兵，有理说不清"，就是对文化知识素养差异较大的两类人难以沟通的真实写照。

四是文化价值观念的差异，也会对人际沟通造成负面影响，如中国人与外国人通婚，离婚率非常高，归根到底是文化价值观念的差异，造成沟通困难所致。

相关链接 🔍 搜索

维护和管理人际关系网络"小窍门"

窍门一：填写记录卡片。

经常记录在什么活动中结交的人，不要只写下名字，或者把名片收好就行了，你要写下你对他们工作最感兴趣的方面，以及他们感兴趣的东西，包括一些特别的事物。虽然没有多少细节，但需要的时候，它肯定能发挥出很大的作用。

窍门二：保持背后的忠诚。

人际关系中，一个非常根本的原则是尽可能地让人感受到你的信任，并且以此收获信任。这需要我们做许多事，比如当着朋友的面儿赞美而不是批评。

窍门三：特殊日子的祝福。

小事也可以有大影响，在熟人特殊的日子送上一条短信、一封电子邮件等，这个特殊的日子包括生日、婚礼、升职等，当然，在别人困境的时候，你也不要忘记给一句几乎没有任何成本的祝福和鼓励。

窍门四：保持沟通和会面的渠道。

与同行每个月在聚会上碰面，这种内部聚会会有不少免费的内部消息；与朋友能够保持见面和交流的渠道，你会发现感情因此不褪色，当然，当别人有信息的时候，也肯定不会忘记提供给你。

第五节　人际沟通的作用

人际沟通无论对一个人的成长，还是对管理均具有极其重要的作用。探讨这些作用，对于我们构建美好人生、促进企业发展，具有极其重要的意义。

一、人际沟通与美好人生

人际沟通对人生而言，它既可满足人的各种需求，促进自我了解与个人成长，还可获得人脉、财富与成功。

1. 有助于满足人的需求

人的需求是多种多样的，马斯洛认为，人的需求主要包括生理需求、安全需求、尊重需求、自我实现需求。实践证明，人际沟通既可满足人的社会需求，也可满足马斯洛需求层次理论中的爱的需求与自尊需求。

满足人的社会需求。人是社会性动物。在这个由人组成的形形色色的社会里，人与人之间，不可避免地存在着各种各样利益冲突和五花八门的社会矛盾，而要想解决这些冲突和矛盾，人与人必须进行沟通和交流。

满足人的爱的需求。人是情感动物，是人就有情感。情感的建立需要良好的沟通和交流，"一见钟情虽然常常被用于美好的爱情"，但钟情之后，要想巩固感情也必须通过沟通和交流，才能使情感之树常青！受到伤害的情感、出现裂隙的情感，更需要通过沟通和交流才能得到修复和弥补。

满足人的自尊需求。人人都有自尊心，人人都想干一番事业，赢得别人的尊重。要想满足人的自尊需求，必须与人不断进行沟通才能实现。一个把自己封闭起来，从来不与别人沟通的人，即使才高八斗，具有超人的智慧，也不能得到别人的认可，获得别人的尊重。

2. 人际沟通有助于自我了解

人们应该都明白一个道理，对自己的了解既来自自己，也来自他人。别人就像一面镜子，当我们与别人互动时，我们可以从别人的反应或回馈中，看到清晰的、正确的自我画像。因此，人际网越广，镜子越多，回馈的信息越多，你看到的关于自己的画像就越清晰，对自己的了解也就越深刻，对自己的评价也就越客观。一句话，人际沟通有助于自我了解。

3. 人际沟通有助于个人成长

个人成长光靠自己的学习、努力是不够的，必须借助他人的帮助与扶持，正所谓有伯乐才有千里马。因为人各有所长，各有不同的才能、不同的经验，这些都是自己所欠缺的，必须借助别人才能弥补自己的不足。"三人行，必有我师焉"，只有与别人多交往、多沟通，才能遇到生命中的贵人，长成参天大树。

4. 人际沟通有助于人生快乐

人是群居动物。这一特点决定了：人只有在交往中才能获得快乐。因为通过亲密交往，人与人之间会自然而然地成为朋友。而一旦朋友关系建立，就会给你的生活带来诸多乐趣。常言道："有朋友分享的快乐是加倍的快乐，有朋友分担的痛苦是减半的痛苦。"当自己有成就、有荣耀、有快乐而这些又能被自己的朋友分享时，你会觉得更高兴更快乐。当你遇到困难时，有朋友安慰、鼓励、协助和分担，你就不会感到孤单、不会感到无助，就容易恢复信心、从痛苦的阴影中走出来。

5. 人际沟通有助于健康

良好的人际沟通势必会产生良好的人际关系，而良好的人际关系对于一个人身心健康至关重要。比如，人际关系良好者，他们必然也能够经常性地与朋友聚餐、运动、娱乐等；这些活动都会对一个人的健康产生积极的影响。此外，良好的人际关系，可使人感到安全、自尊、自信、愉悦，而这些，无疑也有助于健康。反之，寂寞会导致心理疾病。世界上最令人痛苦的事，莫过于无人理会、无人关爱，被疏远、被抛弃，因为所有这些，会令人沮丧、焦虑、失望，感到做人失败。有人说：寂寞会致人死。人犯了罪为什么要关在监狱里？有的罪犯为何不怕死而害怕长时间地坐牢，主要基于人怕寂寞与孤独这种心理。

6. 人际沟通有助于赢得财富

人际沟通具有使人赢得财富的功能。因为良好的人际沟通会使人获得丰富的人脉网络。人脉是一座取之不竭用之不尽的无形金矿，是一笔潜在的财富。人脉就是钱脉，朋友就是财富。经营人脉就是创造财富。有的人认识到了这一点，所以富了！

有的人未认识到这一点，所人一辈子都富不了！美国斯坦福研究中心曾经发表一份调查报告，结论指出：一个人赚的钱，12.5%来自知识，87.5%来自人脉关系。美国约翰·D.洛克菲勒之所以能成为石油大王，拥有富可敌国的财富，主要原因在于：他付出了比天底下得到其他本领更大的代价，获取了与人相处的本领，拥有广泛的人脉。

7. 人际沟通有助于成功

人际沟通对一个人成功也具有不容忽视的作用。美国成功学大师戴尔·卡耐基经过长期的成功学研究，得出一个惊人的结论："专业知识在一个人的成功中的作用只占15%，而其余的85%则取决于人际关系。"在美国好莱坞影视明星圈中流行一句话：一个人能否成功，不在于你知道什么，而是在于你认识谁。世界富豪保罗·盖蒂在论述一个人做成一件事时，曾精辟地指出：一个人在做事情时，永远不要靠一个人花100%的力量，而要靠100个人花每个人1%的力量来完成。的确，在今天这个社会分工越来越精细化的时代里，每个人的能力往往都局限于一个或者几个有限的领域里，无论一个人多么有能耐，其力量也不过如一滴水之于大海。无数事例也证明：单靠自己在黑暗中摸索，成功的希望微乎其微，善假于物者才能登高望远。正是基于此，卡耐基训练区负责人黑幼龙才意味深长地说："人脉是一个人通往财富、成功的入门票。"

二、人际沟通与管理

在现代管理中，无论是企业管理，还是政府部门管理，都存在着管理效果不佳的状况。尽管造成这种现象出现的原因是多方面的，但管理者与被管理者之间缺乏沟通或沟通渠道不畅，乃是造成管理效果不佳的重要原因，如管理者主观武断、不愿听下级的意见或下级蒙冤挨了上级批评不愿向上级申诉等，都会妨碍彼此的沟通，导致管理效果不佳。

沟通在管理中的作用是多方面的，可从下面案例得到说明：美国一家公司的总经理非常重视员工之间的相互沟通与交流，他曾有过一项"创举"，即把公司餐厅里四人用的小圆桌全部换成长方形的大长桌。这是一项重大的改变，因为用小圆桌时，总是那四个互相熟悉的人坐在一起用餐。而改用大长桌情形就不同了，一些彼此陌生的人有机会坐在一起闲谈了，如此一来，研究部的职员就能遇上来自其他部门的行销人员或者是生产制造工程师，他们在相互接触中，可以互相交换意见，获取各自所需的信息，而且可以互相启发，碰撞出"思想的火花"，公司的经营得到了大幅度的改善。

相关链接 🔍搜索

比尔·盖茨处理人际关系的法则

比尔·盖茨在创立微软公司的时候，只是一个无名小卒。他之所以能在生意场上顺风顺水，成为世界首富，很大程度上取决于：他有一套极为有效的处理人际关系的法则，并运用它，在人世万象中钓到自己和社会关系的人脉大财富。

第一，利用自己亲人的人脉资源。

他20岁时签到了第一份合约，这份合约是跟当时全世界第一强电脑公司——IBM签的。当时，他还是一位在大学读书的学生，没有太多的人脉资源。比尔·盖茨之所以可以签到这份合约，是因为中间有一个中介人——比尔·盖茨的母亲。时任IBM的董事会董事的她，介绍儿子认识了董事长。假如把营销比喻成钓鱼的话，他一开始就钓了一条大鲸鱼。

第二，利用合作伙伴的人脉资源。

比尔·盖茨最重要的合伙人——保罗·艾伦及史蒂芬不仅为微软贡献他们的聪明才智，也贡献他们的人脉资源。

第三，发展国外的朋友，让他们去调查国外的市场，以及开拓国外市场。比尔·盖茨有一个非常好的日本朋友叫彦西，他为比尔·盖茨讲解了很多日本市场的特点，为比尔·盖茨找到了第一个日本个人电脑项目，以此来开辟日本市场。

第四，雇用非常聪明、能独立工作、有潜力的人来一起工作。

比尔·盖茨说："在我的事业中，我不得不说我最好的经营决策是必须挑选人才，拥有一个完全信任的人，一个可以委以重任的人，一个为你分担忧愁的人。"

沟通在管理中的作用突出表现在以下三个方面：

1. 沟通有助于制定和改进企业的管理决策

企业决策涉及人力资源管理、财务管理、信息管理多个方面。要想制定出科学的企业管理决策，必须有赖于通过企业内部各级人员的沟通。因为这种沟通可为各个部门和人员进行管理决策提供信息，增强判断能力，从而有助于制定和改进企业的管理决策。

2. 沟通有助于协调有效地工作

在工作中，如果没有适当的沟通，管理者可能因为对下属的了解不充分，在分配工作任务时出现不合理或其他偏差，下属也有可能对分配给他们的任务和要求他们完成的工作理解有误，从而导致工作任务不能正确圆满地完成，导致企业在效益方面的损失。反之，如果强化上下级沟通，就会避免因沟通不到位而产生的误解，从而促使企业员工协调有效地工作。

3. 沟通有利于提高员工的士气

沟通是建立良好的人际关系和组织氛围的前提。换言之，企业内部良好的人际关系离不开沟通。如果管理者不懂得上下级之间沟通的重要性，忽视下级的意见或建议，会极大地挫伤下级的积极性和对企业的责任感，导致下级消极，甚至怠工。反之，如果管理者经常与下级进行思想上和感情上的沟通，不仅可以增进彼此的了解，消除误解、隔阂和猜忌，而且会激励下属，提高员工的士气，从而达到大家"心往一处想，劲往一处使"的沟通效果。

未来学家约翰·奈斯比克预言："未来的竞争是管理的竞争，竞争的焦点在于每个社会组织内部成员之间及和外部组织的有效沟通上。"约翰·奈斯比克的预言，是对沟通在管理中的作用最好诠释。

本章小结

人是一切社会关系的总和。人作为社会的一分子，无论是彼此交流思想、感情，还是传递知识、消除误解等，必须借助沟通这一平台，才能达到目的。人际沟通一般可分为5大类型，即语言沟通与非语言沟通；下行沟通、上行沟通与平行沟通；单向沟通与双向沟通；口头沟通与书面沟通；随着人际沟通学的发展，人们总结出了申农—韦弗沟通模式、拉斯韦尔沟通模式、施拉姆沟通模式。这些模式特点各异，各有优劣。在人际沟通中，沟通是否顺畅，既与性格因素、语言因素、态度因素、情感因素等主观因素有关，也与诸多客观因素密切相连。人际沟通对某一个人而言，既能满足人的各种需求，如社会性需求、情感需求、自尊需求等，又在促进人的自我了解、个人成长、快乐健康以及获得财富和成功方面，具有不可低估的作用；对于一个企业而言，有效的沟通对于制定和改进企业的管理决策、促进企业员工协调有效地工作，以及提高员工的士气，达到企业既定目标，也具有极其重要的意义。

【练　习】

1. 何谓人际沟通？特点如何？
2. 人际沟通一般分为几大类型？它们各有什么特点？
3. 人际沟通的基本模式有哪些？它们各自的特点如何？

4. 拉斯韦尔沟通模式与施拉姆沟通模式有何差异？它们有何优点与不足？

5. 人际沟通的主观障碍因素有哪些？它们为何能对沟通产生影响？

6. 人际沟通的功能与作用如何？

【案例与思考】

案例一：杨同学与王经理的沟通障碍

杨同学是一名刚毕业的大学生，经过 4 年学习不但掌握了人力资源管理专业知识，而且具备了较高的人际沟通技能，因此对自己的期望很高。他选择了一家公司，该公司规模适中，发展速度很快，最重要的是该公司的人力资源管理工作还处于尝试阶段，他认为自己发展空间很大。但当进入公司之后，杨同学发现企业中关键职位都由老板的亲属担任，其中充满裙带关系。而他的上司就是老板的大儿子王经理。这个人主要负责研发工作，没有管理概念更没人力资源管理概念，在他眼里只有技术最重要，公司只要能赚钱其他的一切都无所谓。一个星期后杨同学走进了上司王经理办公室。他对经理说："我来公司一个星期了，据对公司的了解我认为公司主要的问题在于职责界定不清，雇员的自主权力太小致使员工觉得公司对他们缺乏信任，员工薪酬结构和水平的制度随意性较强，缺乏科学合理的基础。"王经理说："你说的这些问题我们公司是存在，但有个事实，那就是我们公司在赢利。这就说明我们公司目前实行的体制有它的合理性。"杨同学和王经理的对话就这样结束了，而杨同学给王经理的建议也石沉大海。

思考：杨同学和王经理之间为何会出现沟通障碍？如何才能消除沟通障碍？

案例二：比尔·盖茨靠人脉赚取第一桶金

世界首富比尔·盖茨在他 20 岁时签到了第一份合约，这份合约是跟当时世界第一电脑公司 IBM 签的。当时，他还是位在读大学生，没有太多的人脉资源。他怎能钓到这么大的"鲸鱼"？可能很多人不知道。原来，比尔·盖茨之所以可以签到这份合约，中间有一个中介人——比尔·盖茨的母亲。

比尔·盖茨的母亲是 IBM 的董事会董事，这位人脉关系相当不错的妈妈，为支持儿子创业，毫不犹豫地将儿子介绍给了 IBM 董事长。正是由于母亲的牵线搭桥，比尔·盖茨顺理成章地签到 IBM 这个大单，从而赚取了他人生中的第一桶金，奠定了他事业成功的第一块基石。

思考：比尔·盖茨通过什么赚取到了第一桶金？为什么？

【参考文献】

［1］朱可南 . 人缘就是财富［M］. 银川：中国路林出版社，2012.

［2］［日］津田晃 . 做人能力决定你的财富［M］. 台北：采实文化事业有限公司，2012.

［3］金圣荣 . FBI 沟通术［M］. 哈尔滨：哈尔滨出版社，2012.

［4］钱诗金 . 关系你会运用吗？［M］. 北京：中国经济出版社，2011.

第二章

人际沟通理论与原则

【学习目标】

通过本章学习，了解人际关系学形成的生物学基础，掌握20世纪20年代以来人际关系理论发展演变的历史规律及其特点，深刻理解不同历史阶段具有代表性的人际沟通理论，并能将其应用于人际沟通实践之中，掌握人际沟通的基本原则。

【关 键 词】

印刻理论　霍桑效应　马斯洛需求理论　交互理论　社会交换理论　真诚原则
尊重原则　交换原则　互动原则

人际关系学的形成有着独特的生物学基础。人际沟通必须借助人际沟通理论做指导，才能获得成功。此外，在人际沟通实践中，遵循人际沟通的基本原则，对获得良好的人际沟通效果，也是大有裨益的。

第一节　人际关系基本理论

自20世纪20年代人际关系理论产生以来，有关人际沟通的理论与学说纷纷涌现，层出不穷。梅奥的人际关系理论、马斯洛的人的需求理论、阿伦森与福阿夫妇的交互理论、霍曼斯的社会交换论、舒茨的人际特质理论、乔哈里视窗理论海德的平衡理论、纽科姆的"对称"理论和米德的符号相互作用理论，它们从不同的角度诠释了人际沟通的特点与规律，对现代人际沟通学的形成产生了极其重要的影响。

一、人际关系学形成的生物学基础

印刻理论与本能理论是人际关系形成的基础。

现代人际沟通学认为，有机体在其生命早期的敏感阶段对最早看到的物体产生的依附现象被称为"印刻"。人与人之间的交往以及由此而产生的人际关系，就是在最初的依恋关系基础上发展起来的。通过印刻而形成的依附行为，会对有机体产生持久、深刻的影响，比如，小孩之所以对父母的依赖持久而深刻，其理论基础就在于此。

除此之外，本能理论也对人际关系学形成具有一定的作用。人作为高级动物，具有动物的依附、合群倾向，这些特点为人际沟通这一人类行为的形成奠定了生物学基础。

二、梅奥与马斯洛人际关系理论

人际关系理论萌芽于 20 世纪 20 年代。心理学家莉莲·吉尔布雷思与其丈夫弗兰克·吉尔布雷思一起重点研究了工作中的人力要素。随后的几十年里，人们开始将研究重点转向人际关系各领域。

人际关系理论的创始人当推梅奥（George EIton Mayo）。从 20 世纪 20 年代开始，他作为澳籍美国行为科学家、美国艺术与科学院院士，进行了著名的霍桑试验，并出版了《组织中的人》与《管理和士气》，从而成为世所公认的人的行为理论研究的奠基人。

梅奥对人际关系理论做出了巨大的贡献，主要体现在如下两个方面：

一是发现了霍桑效应，即一切由"受注意了"引起的效应。霍桑试验的初衷是试图通过改善工作条件与环境等外在因素，找到提高劳动生产率的途径。但试验结果却使他发现，亲善的沟通方式，不仅可以了解到员工的需求，更可以改善上下级之间的关系，从而使员工更加自愿地努力工作，提高工作效率。

二是创立了人际关系学说。梅奥的人际关系理论，首先界定了人是"社会人"而不是"经济人"。从这一命题出发，梅奥认定，人们的行为并不单纯出自追求金钱的动机，还有社会方面的、心理方面的需要，即追求人与人之间的友情、安全感、归属感和受人尊敬等，而后者更为重要。梅奥的关于人际关系理论之论述，奠定了现代人际关系学说的理论基础。

20 世纪 40 年代，马斯洛提出了需求理论。在马斯洛看来，人有五种基本需要，即生理需求、安全需求、爱和归属的需求、尊重需求、自我实现需求。

然而无论物质需要还是精神需要，都是通过社会交往实现的，如生理需求通过社会群体合作才能得到满足；安全需求借助于群体的相互帮助，才能减轻和消除恐惧感，从而使人感觉到安全；爱和归属的需求，只有通过交往才能得以实现，而它的实现又反过来成为继续交往的动力；尊重需求更是离不开良好的人际沟通，只有具有巨大沟通能力的人，才有可能得到别人的认可，从而得到人们的尊重；自我实现需求也只有在社会交往当中，通过社会比较和社会评价来实现。

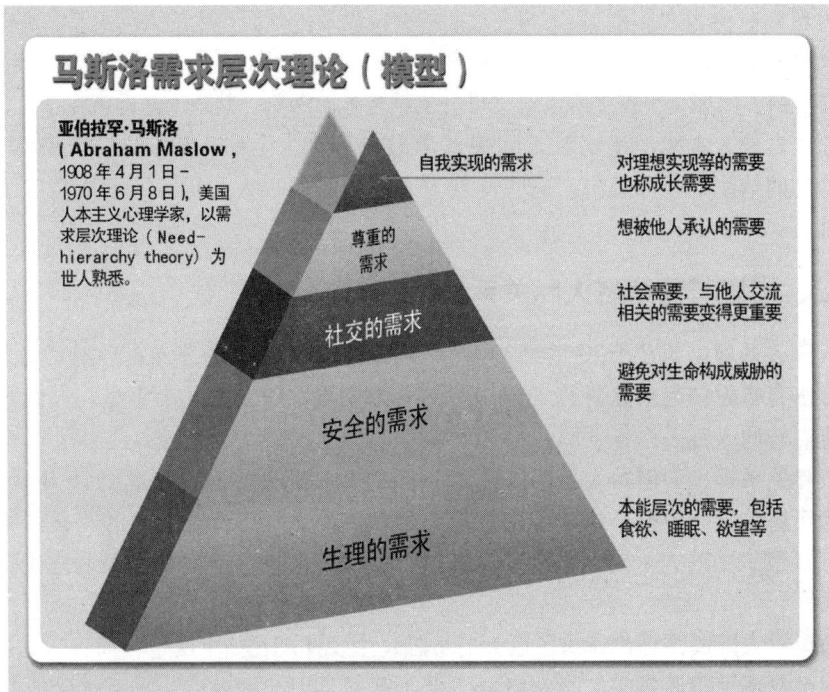

图 2-1　马斯洛需求层理论模型

相关链接 🔍搜索

近来有关人的需求研究新发现

（1）缺乏型需要几乎人人都有，而成长型需要并不是所有人都有的。尤其是自我实现的需要，不少人没有。

（2）满足需要时不一定先从最低层次开始，有时可以从中层，或高层开始；有时个体为了满足高层次的需要而牺牲低层次的需要。

（3）任何一种需要并不因为满足而消失，高层次需要发展时，低层次需要仍然存在，在许多情景中，各层次的需要相互依赖与重叠。

三、阿伦森与福阿夫妇的交互理论

交互理论是人际关系中较为重要的理论之一。创立者是阿伦森。为了科学地证实其交互理论，阿伦森做了一个对后世人际关系学影响深远的实验。在他的实验中，分4组人对某一人给予不同的评价，借以观察某人对哪一组最具好感。第一组始终对之褒扬有加，第二组始终对之贬损否定，第三组先褒后贬，第四组先贬后褒。结果发现：绝大部分人对第四组最具好感，而对第三组最为反感。

阿伦森通过对数十人进行类似的实验，并对实验认真分析，得出如下结论：人们最喜欢那些对自己的喜欢、奖励、赞扬不断增加的人或物，最不喜欢那些奖励、赞扬显然不断减少的人或物。在此基础上，阿伦森启示人们，在社会交往中，人们更重视自己的自我表现，注意吸引别人的注意，希望别人能接纳自己，喜欢自己；同时，在日常工作与生活中，应该尽力避免由于自己的表现不当所造成的他人对自己印象向不良方向的逆转。同样，它也提醒人们在形成对别人的印象过程中，要避免受它的影响而形成错误的态度。

在阿伦森交互理论之后，福阿夫妇又提出了交互平衡理论，在他们看来，任何人都有着保护自己心理平衡的稳定倾向，都要求自身同他人的关系保持某种适当性、合理性，并据此对自己与他人的行为加以解释。

四、霍曼斯的社会交换理论与舒茨的人际特质理论

社会交换理论是一组解释人际交往活动规律的理论。霍曼斯从经济学的角度来解释人的社会行为，从而提出了社会交换理论。

在霍曼斯看来，社会交换不仅是物质的交换，而且包括赞许、荣誉、地位、声望等非物质的交换，以及心理财富的交换。个体在进行社会交换时，付出的是代价，得到的是报偿，利润就是报偿与代价的差值。个体在社会交往中，如果给予别人的多，他就会试图从双方的交往中多得到回报，以达到平衡。如果他付出了很多，但得到的却很少，他就会产生不公平感，就会终止这种社会交往。相反，如果一个人在社会交往中，总是付出的少，得到的却多，他就会希望这种社会交往继续保持，但同时也会产生内疚感。只有当个体感到自己的付出与收益达到平衡时，或者自己在与他人进行社会交往时，自己的报偿与代价之比相对于对方的报偿与代价之比是同等的时候，个体才会产生满意感，并希望双方的社会交往继续保持下去。

霍曼斯的社会交换理论的意义在于："认识到了人际交往活动都会涉及谋划者的报酬和代价以及交往中存在着一种'分配上的公平'原则，这是与他人交往活动后的心理体验。此理论也存在着不足之处，它把人与人的交往降低到动物水平，忽视

了人的社会性，把人们之间复杂的关系简单化，用单一理论来解释复杂的心理，把人与人之间的关系看成赤裸裸的交换关系"。

1958 年，社会心理学家舒茨提出人际需要三维理论，从而使人际关系理论得到进一步发展。

在他看来，每一个个体在人际互动过程中，都有三种基本的需要，即包容需要、支配需要和情感需要（参见表 2 - 1）。

表 2 - 1　基本人际关系倾向表

表现类别 / 形态	主动型	被动型
包容的需求	主动与他人交往	期待他人接纳自己
控制的需求	支配他人	期待他人支配自己
情感的需求	对他人表示亲热	期待他人对自己亲热

包容需要指个体想要与人接触、交往、隶属于某个群体，与他人建立并维持一种满意的相互关系的需要。在个体的成长过程中，若是社会交往的经历过少，父母与孩子之间缺乏正常的交往，儿童与同龄伙伴也缺乏适量的交往，那么，儿童的包容需要就没有得到满足，他们就会与他人形成否定的相互关系，产生焦虑，于是就倾向于形成低社会行为，在行为表现上倾向于内部言语，倾向于摆脱相互作用而与人保持距离，拒绝参加群体活动。如果个体在早期的成长经历中社会交往过多，包容需要得到过分满足的话，他们又会形成超社会行为，在人际交往中，会过分地寻求与人接触、寻求他人的注意，过分地热衷于参加群体活动。相反，如果个体在早期能够与父母或他人进行有效的适当的交往，他们就不会产生焦虑，他们就会形成理想的社会行为，这样的个体会依照具体的情境来决定自己的行为，决定自己是否应该参加或参与群体活动，形成适当的社会行为。

支配需要指个体控制别人或被别人控制的需要，是个体在权力关系上与他人建立或维持满意人际关系的需要。个体在早期生活经历中，若是成长于既有要求又有自由度的民主气氛环境里，个体就会形成既乐于顺从又可以支配的民主型行为倾向，他们能够顺利解决人际关系中与控制有关的问题，能够根据实际情况适当地确定自己的地位和权力范围。而如果个体早期生活在高度控制或控制不充分的情境里，他们就倾向于形成专制型的或是服从型的行为方式。专制型行为方式的个体，表现为倾向于控制别人，但却绝对反对别人控制自己，他们喜欢拥有最高统治地位，喜欢为别人做出决定。服从型行为方式的个体，表现为过分顺从、依赖别人，完全拒绝支配别人，不愿意对任何事情或他人负责任，在与他人进行交往时，这种人甘愿当配角。

情感需要指个体爱别人或被别人爱的需要，是个体在人际交往中建立并维持与他人亲密的情感联系的需要。当个体在早期经验中没有获得爱的满足时，个体就会倾向于形成低个人行为，他们表面上对人友好，但在个人的情感世界深处，却与他人保持距离，总是避免亲密的人际关系。如果个体在早期经历中，被过于溺爱，他就会形成超个人行为，这些个体在行为表现上，强烈地寻求爱，并总是在任何方面都试图与他人建立和保持情感联系，过分希望自己与别人有亲密的关系。而在早期生活中经历了适当的关心和爱的个体，则能形成理想的个人行为，他们总能适当地对待自己和他人，能适量地表现自己的情感和接受别人的情感，又不会产生爱的缺失感，他们自信自己会讨人喜爱，而且能够依据具体情况与别人保持一定的距离，也可以与他人建立亲密的关系。

舒茨的三维理论在解释群体形成与群体分解中提出群体整合原则，即群体形成的过程开始是包容，而后是控制，最后是情感。这种循环不断发生。群体分解的原则是反其序，先是感情不和，继而失控，最后难以包容，导致群体分解。

五、乔哈里视窗理论

乔哈里视窗理论（Johari Window）是美国心理学家 JoeLufthe 和 HarryIngam 于1969 年共同创立的。他们从自我概念的角度对人际沟通进行了深入的研究，并根据"自己知道—自己不知"和"他人知道——他人不知"这两个维度，将人际沟通划分为四个区：开放区、盲点区、隐藏区和未知区。

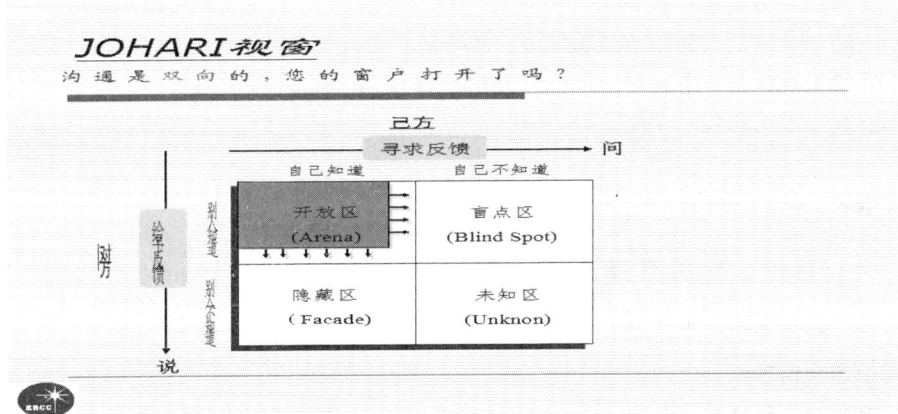

图 2－2　人际沟通视窗理论模式图

开放的我（我知他知），这个部分是有关自己的信息，包括行为、态度、感情、愿望、动机、想法等，是自己知道，别人也知道的部分，包括缺点和优点。所有人际交往都是在这个区域进行。

不自知的我（我不知他知），在这个区域中，个人看不到自己的优劣，但在别人的眼中，却是一目了然，这就是所谓个人的盲点。盲点不一定全部是缺点，但一些自卑感强的人，往往会忽略或意识不到自己的优点和长处。

隐藏的我（我知他不知），这是一个对外封闭的区域，包括个人的思想、感受、经验等，别人无法了解。这个隐私地带的开放程度由自己控制。每个人包括个人的思想、感受、经验等，别人无法测透。这个私隐地带的开放程度由自己控制。每个人隐藏自我的大小不同，一般人都属于选择性揭露者（selective discloser），会透露一些信息，也会隐藏一些秘密，也会因不同的互动对象，调整自己隐藏自我的大小。

未知的我（我不知他也不知），这个部分是有关自己的讯息，但是自己不知道，别人也不知道的部分，包括个人未曾觉察的潜能，或压抑下来的记忆、经验等。

根据乔哈里视窗理论，一个人愈能自我觉察，勇于向人表露内心想法和情感，乐于接受别人回馈，从中学习和反省，其开放区域就愈大，其沟通能力和效果也愈高。这个人无论在工作和人际关系上都容易获得谅解和支持。不少人的隐藏区较大，与人沟通有所保留。保留私隐虽然很正常，只是过分保护自己，容易给人虚伪的感觉，影响正常社交。拒绝别人善意批评和回应的人，容易进入盲区。常处于盲区的人，其人际关系恶劣，很多时候自以为是而不自知。这类人较难有进步，要经历较大的挫折，明白自己不足和学习欣赏别人，才会有明显的改善。倘若与人沟通处于封闭区，则表示双方正值不良沟通的状态。但这并不代表全是负面，因为大家还有很多未察觉的潜能和合作机会，只要能主动伸出友谊之手，关系可瞬间改善。要改善与人的关系，别人的回应只是助力，最终还是要改变自己。

乔哈里视窗是一个有趣的理论，道出了许多事实和人性：如每个人所看到的眼前都有其局限，而每个人都需要有自己隐私的区域。沟通时有交集的只有"我知他知"的开放区，在封闭区，需要更多的耐心和观察力让自己和他人未知的地带降低，进而做到良性的沟通。

六、其他人际关系理论

继乔哈里视窗理论之后，在人际关系学方面，又出现了认知相符理论、相互作用理论和视窗理论。

海德与纽科姆是认知相符理论两个极其重要的代表人物。前者创立平衡理论，后者创建了"对称"理论。

海德采用封闭的三角形模型来解释人际关系，按照他的观点，个人在社会生活中与他人建立关系是通过对某些事物的认识形成的，如果三者关系在所有方面都是正面的，或者，两种关系是反面的，一种关系是正面的，那么，平衡状态就会存在。除此之外的所有其他组合都是不平衡的。消除不平衡状态的办法有四：一是改变认知；二是增加新的认知；三是改变认知的相对重要性；四是改变行为。

纽科姆的认知相符论被人们称为"对称"理论。该理论认为，人们之间相互吸引是基于他们对与双方共同相关的目标具有相似的态度。纽科姆虽然强调人们之间的相互关系主要基于两个主体之间的吸引程度，但同时也认为，这种关系在某种程度上也受第三者的影响，如就 A、B 之间关系而言，如 X 对 A 或 B 非常重要或 A、B 因 X 而发生交互作用或 A、B 对 X 看法的分歧程度，都会给 A、B 之间关系带来一定的影响。

米德是人际关系"符号相互作用理论"的创建者。该理论主要涉及四个方面：一是把社会交往个体看作是相互作用的基本分析单元；二是研究个体、群体、社会是如何发出信息、传递信息以及对方对此的反应；三是米德公式：即刺激—符号的意义—反应；四是认为人与人在交往中的相互影响，可以用模式图表示。

米德的人际关系"符号相互作用理论"存在一定的局限性，它把整个社会关系和文化简单归结为符号，过分夸大了外部行为的影响力，忽视了人在交往过程中的积极性和主动性，把社会中人们复杂的交往关系简单化，有机械主义的倾向。

第二节　人际沟通的基本原则

人人都希望自己能有一个美好的人际关系世界，都希望能多一些朋友，并与他们保持真挚的友谊。然而，由于每个人交往的动机不同，对朋友的要求与期望也不尽相同，因而常常会导致人际关系破裂。为了帮助人们赢得朋友，保持友谊，避免人际关系破裂，心理学家通过研究总结出一些人际沟通应该遵循的原则。这些原则是维持人际关系稳定的最基本要求，因而有必要了解它，并掌握它！

一、真诚原则

真诚是人际交往的最基本的要求，所有的人际交往的手段、技巧都应该是建立在真诚交往的基础之上的。尔虞我诈的欺骗和虚伪的敷衍都是对人际关系的亵渎。真诚不是写在脸上的，而是发自内心的，伪装出来的真诚比真正的欺骗更令人讨厌。

常言道：做人要真诚。这样才能拥有朋友！与人沟通交流，首先要做到的是：

真诚！真诚是打开别人心灵的金钥匙，只有诚心诚意地与人交流沟通，才能达到理想的沟通效果。因为真诚使人产生安全感，减少自我防卫。正所谓："精诚所至，金石为开。"三国时期刘备三顾茅庐的故事就是"精诚所至，金石为开"的典范。越是好的人际关系越需要关系的双方暴露一部分自我，也就是把自己的真实想法与人交流。当然，这样做也会冒一定的风险，但是完全把自我包装起来是无法获得别人的信任的。

真诚沟通原则适用于所有类型的人际沟通，它包括亲人之间、朋友之间、战友之间、同学及同事之间、老师与学生之间、上司与下属之间、长辈与晚辈之间等。

相关链接 🔍搜索

最厚道的售货员

杰克是一个业务员，干了十几年的推销工作，业绩一直平平。老板觉得杰克已经不能给自己带来多大的业绩，正筹划着想办法炒掉他。而杰克也早已对那种吹嘘商品、说假话骗取客户信任的推销方式感到厌倦。

有一天，店里来了一个客户，想要买一个电脑皮椅子。于是，杰克把客户带到了许多皮椅子前。客户看中了一款最贵的，杰克指着那款皮椅子如实地向顾客介绍道："老实说，这种皮椅子不怎么好，我们老板就在用一个，没多久就吱吱嘎嘎地响，它只不过皮质很好，而且看上去很不错，但是你知道，如果工作起来，那些噪声简直会让人发狂。"顾客疑惑地看着杰克，指了指另外一款蓝色的。

"先生，你能告诉我你家的家具都是什么颜色吗？""紫色。"

"那我不得不奉劝你放弃这种选择，因为这把椅子摆在你的家里看上去很糟糕。"

"噢，那我该选哪一张？"顾客笑了起来，很认真地听着杰克的建议。

"这一张。"杰克搬出了一款价格非常低廉的沙发，小声地说道，"别看它价格低，但质量绝对是最好的，而且有多款颜色，一定能找到适合你房间的。"

最后，客户欢天喜地地抱着沙发走掉了，但老板也因为他没有卖出最贵的皮椅子而气得发抖："杰克，你可以走了！以后不用来了！"

"亲爱的老板，这正是我想的。"杰克轻松地走出老板的店。

之后他利用自己多年的积蓄开了一个小小的办公用品店。而让他没有想到的是，会在不久之后碰到那个买皮椅子的顾客。他现在是一家大型连锁公司的采购员。"嗨，诚实的人，那款皮椅子确实非常不赖。你真是我见过的最厚道的售货员了！以后我不会选择别家办公用品店了。"这位采购员笑了笑，接着对杰克说道："我相信你！"

可以说，正是杰克自身的觉悟和对顾客无限的真诚给他带来了成功。虚伪、伪装的东西是绝对经不起时间的检验的。其实，对待任何人都一样，你若没有诚恳的态度，只看到眼前的利益，那他们再也不愿意光临。相反，你从不虚伪，一直真诚待人，总有一天，你会得到众人的厚爱的。

二、尊重原则

人有脸，树有皮。每一个人都有自尊心，都希望别人的言行不伤及自己的自尊心。自尊心的高低是以自我价值感来衡量的。自我价值感强烈，则自尊心水平较高；自我价值感不强，则自尊心较低。

大量的心理学研究证明，任何人在人际交往过程中，都有明显的对自我价值感维护的倾向。例如，当我们取得成绩时，我们会解释为这是自己的能力优于别人的缘故；当别人取得成绩而我们没有取得成绩时，我们就会解释为别人仅仅是机遇好而已。这样的解释就不至于降低自我的价值感，伤及自尊心。

人的自我价值感主要来自人际交往过程中，来自他人对自己的反馈。因此，他人在人们的自我价值感确立方面具有特殊的意义。别人的肯定会增加人们的自我价值感，而别人的否定会直接威胁到人们的自我价值感。因此，人们对来自人际关系世界的否定性的信息特别敏感，别人的否定会激起强烈的自我价值保护的倾向。这种倾向往往表现为逃避别人，以维护自己的自尊心。

根据上述原理，心理学家强调，我们在同别人交往时，必须对他人的自我价值感起积极的支持作用，维护别人的自尊心。如果我们在人际交往中威胁了别人的自我价值感，那么会激起对方强烈的自我价值保护动机，引起人们对我们的强烈拒绝和排斥情绪。此时，我们就无法同别人建立良好的人际关系，已经建立起来的人际关系也有可能遭到破坏。

需要指出的是，强调维护别人的自尊心，并不意味着在人际交往中处处逢迎别人。在不危及他人的自尊心的情况下，陈述与对方不同的意见，或者委婉地指出对方的不足是不会影响人际交往的。

沟通说白了就是心灵的交谈，如果沟通时任何一方有不尊重对方的语言、行为举止发生，沟通都将无法顺利进行。在人际交往中，相互尊重需做到如下几点：

一是多听。多听对方说，尤其是多听对方的建议和不同意见，使对方感觉到你对他的尊重。

二是多为对方着想。沟通最重要的一点就是站在对方的立场去思考，去理解对方的想法和做法背后的原因。

三是心平气和。无论对方情绪激动还是说话刻薄，只要自己保持心平气和，对方就会感觉到你对他的尊重。

四是不要随意否定对方的观点和意见。在诉说自己的观点和立场时，要保留对方的立场，观点和意见在很多情况下并无对错之分，只是立场不同而已，认同对方才能肯定自己。

三、互动原则

在人际交往中，人们都希望别人能够承认自己的价值，希望别人能够接纳自己、喜欢自己。出于这个目的，人们在社会交往中往往更注意自己的自我表现，注意吸引别人的注意力，处处期待别人首先接纳自己。这种从自我单方面出发考虑问题本无可非议，可是它却实实在在地影响着人们的交往。

社会心理学家通过大量的研究发现，人际关系的基础是人与人之间的相互重视、相互支持。任何人都不会无缘无故地接纳我们、喜欢我们。别人喜欢我们往往是建立在我们喜欢他们、承认他们的价值的前提下的。人际交往中的喜欢与厌恶、接近与疏远都是相互的。喜欢和我们接近的人，我们才喜欢与他们接近，疏远我们的人，我们也会疏远他们。只有那种真心接纳、喜欢我们的人，我们才会接纳喜欢他们，愿意同他们建立和维持良好的人际关系。

由此可见，我们在人际关系的建立与维护中，有必要遵循"互动原则"，即在人际交往中，如果别人接纳你、喜欢你，你就应该表现出同样的姿态，主动去接纳别人、喜欢别人。记住一句话："爱人者，人恒爱之；敬人者，人恒敬之。"

在人际交往中，促使人们遵守互动原则的原因有二：一是任何人都有着保持自己心理平衡的稳定倾向。当别人对我们做出一个友好的动作，对我们表示接纳或喜欢时，我们会觉得"应该"给别人以相应的友好回报。这种"应该"的意识对于我们来说是一种心理压力，它驱使我们做出相应的接纳行动。否则，我们的心理压力就会使心理上的平衡受到破坏。二是人们喜欢把自己的心理投射到与我们发生联系的人身上。当我们对别人做出一个友好的行动，对别人表示接纳以后，我们也会产生一种别人做出相应回答的期望。如果别人的回答不符合我们的期望，我们往往会认为别人不通情理，认为对方不值得我们报以友好，从而对对方产生一种不愉快的情感体验，产生排斥对方的情绪。

四、交换原则

长期以来，人们最忌讳将人际交往和交换联系起来。只要一谈交换，有的人就觉得很庸俗，或者认为亵渎了人与人之间真挚的感情。其实，这种想法大可不必有。因为我们在交往中总是在交换着某些东西，或者是物质，或者是情感，或者是其他。人们都希望交换对于自己来说是值得的，希望在交换过程中得大于失或至少等于失，反之，人们就倾向于逃避、疏远或中止这种关系。

著名的社会心理学家霍曼斯提出，人际交往在本质上是一个社会交换的过程。正是交往的这种社会交换本质，要求我们在人际交往中必须注意，让别人觉得与我们的交往值得。无论怎样亲密的关系，都应该注意从物质、感情等各方面"投资"；否则，原来亲密的关系也会转化为疏远的关系，使我们面临人际交往困难。

在我们积极"投资"的同时，还要注意不要急于获得回报。现实生活中，只问付出，不问回报的人只占少数，大多数人在付出而没有得到期望中的回报时，就会产生吃亏的感觉。

心理学家提醒我们，不要害怕吃亏。不少人都很推崇著名画家郑板桥的名言："吃亏是福"，但真正领悟其中真谛者却为数不多。实际上，许多人在交往中都是唯恐自己吃亏，甚至总期待占到一点便宜。然而"吃亏是福"确实有它的心理学依据。"吃亏"是一种明智的、积极的交往方式，在这种交往方式中，由"吃亏"所带来的"福"，其价值远远超过了所吃的亏。

"吃亏"表面上看来对己不利，其实好处很多。首先，提高了自己的精神境界。因为在人际交往中吃亏，会使自己觉得自己很大度、豪爽、有自我牺牲的精神、重感情、乐于助人等。其次，不会白吃亏。我们所给予对方的，会形成一种社会存储，而不会消失，最终将以某种我们意想不到的方式回报我们。最后收获了自信，赢得别人的尊重。

总之，吃亏将带给我们的是一个美好的人际交往世界。而那些喜欢占便宜的人，每占了别人一份便宜，就丧失了一份人格的尊严，少了一份自信，长此以往，必将在人际交往中找不到立足之地。

当然，在不怕吃亏的同时，我们也得掌握一个吃亏的"度"，即在人际关系中，不要一味的为对方付出而不管对方是否需要和接受。因为你毫不顾及对方感受的付出，一则会使对方觉得你怀有某种不可告人之目的；二则或许就对方而言，是一笔无法偿还的"债"，会给对方带来巨大的心理压力，使人觉得很累，从而使对方滋生想远离你的念头。我们常常会听到某些人抱怨：我对他（她）那么好，付出了那么多，但他（她）却不领我的情，反而不理睬我了，真是气死人！殊不知，他（她）这所以不领你的情，甚至不理睬你，很大程度上是因为你不顾对方感受而过度付出造成的。

相关链接　🔍搜索

吃亏谦让使梁国与楚国化敌为友

战国时，梁国与楚国边界相邻，两国在边境上各设界亭，亭卒们也都在各自的地里种了西瓜。梁国的亭卒勤劳，锄草浇水，瓜秧长势极好；而楚国的亭卒懒惰，不事瓜事，瓜秧又瘦又弱，与对面西瓜田的长势简直不能相比。楚国的亭卒觉得失了面子，有一天夜里偷跑过去，把梁国亭卒的瓜秧全扯断了。梁国的亭卒第二天发现后气愤难平，说："我也过去把他们的瓜秧扯断好了！"并报告给边县的县令宋就。

宋就冷静地说："他们那样做当然是很卑鄙的，可是，我们明明不愿他们扯断我们的瓜秧，那么我们为什么再反过去扯断人家的瓜秧呢？别人不对，我们再跟着学，那就太狭隘了。你们听我的话，从今天起，每天晚上去给他们的瓜秧浇水，让他们的瓜秧长得好，而且，你们的这种做法，他们不久就会知道的。"

梁国的亭卒听了宋就的话后觉得有道理，于是就照办了。楚国的亭卒发现自己瓜秧的长势一天好似一天，仔细观察，发现早上地都被人浇过了，而且是楚国的亭卒在黑夜里悄悄为他们浇的。楚国的边县县令听到亭卒们的报告，感到十分惭愧又十分敬佩，于是把这件事报告了楚王。楚王听说后，也感于梁国人修睦边邻的诚心，特备重礼送梁王，既以示自责，亦以示酬谢，后来这一对曾经的敌国成了相互交好的邻邦。

古语曰："君子坦荡荡，小人常戚戚"。在人际关系交往中，真正有智慧的人，面对功名利禄，总是谦让他人，不在乎"装傻充愚"的表面性吃亏，而是看重实质性的"福利"！所以说，我们应牢记这样一个道理：吃得亏中亏方得福外福，贪看无边月失落手中珠。人生思想的最高境界之一，就是把吃亏当作一种福气。

五、宽容大度原则

在人际交往中，宽容大度也是必须遵循的原则。从历史的角度看，不少英雄豪杰之所以能成大事，成为历代后人景仰的伟人，最为重要的原因之一，就是具有宽容大度的胸怀。孔子的学生子贡曾问孔子："老师，有没有一个字，可以作为终身奉行的原则呢？"孔子说："那大概就是'恕'吧。""恕"，用今天的话来讲，就是宽容。

宽容大度的人在工作、生活和人际关系中表现出来的就是一种包容、一种忍耐、一种谦和、一种慷慨和分享的精神。包容的概念不是说要容忍一些不正常的人和事，大度的意思也不是要逆来顺受，这样于己于人都是有悖常理的。

宽容的人在工作中会明确自己的责任、负起自己的责任，当一件事情完成了，宽容的人不会把功劳都算在自己的头上，他明白没有他人的帮助成不了大事的道理；当一件事情失败了，宽容的人不会推脱责任，会自我反省和检讨，严于律己、宽以待人，这也是一种宽容和责任感的表现。

一个人如何才能宽容大度呢？首先，要明白宽容大度是人的一种美德；小肚鸡肠，难以容人者，大多是自私自利之徒。其次，宽容大度益处多。在人际关系中，宽容大度是一种黏合剂，它能把一批人团结在你的周围，成就你的事业，使你受到人们的爱戴。最后，高尔基说过："一个人追求的目标越高，他的才力就发展得越快。"才力包含着气量，包含着宽容大度。历史上但凡有成就者，之所以能对嫉妒和迫害毫不计较，是因为他们目光高远，能从个人的恩怨中解脱出来，重事业，轻小辱，时刻想着如何实现自己远大的目标。处理人际关系也是如此，假使对方因心胸狭窄，做出对不住自己的事，我们也应从有利于工作和团结的大局出发，能谅解的就谅解，能忍让的就忍让，不应为个人而斤斤计较或耿耿于怀。

六、其他原则

在人际交往与沟通中，还必须遵循平等原则、精选时间点原则等。

平等原则是指在人际沟通的过程中，沟通双方要将对方视为地位、身份平等之人。无数事例证明，人际沟通过程中，只有消除一切不平等的因素，才能使沟通顺畅，达到理想的沟通目的。任何好的人际关系都让人体验到自由、无拘无束的感觉。如果一方受到另一方的限制，或者一方需要看另一方的脸色行事，就无法建立起高质量的心理关系。此原则适用于老师与学生之间，上司与下属之间、长辈与晚辈之间的交流沟通。

精选时间点原则在人际沟通中也非常重要。心理学家认为：在对方心情好的时候寻求帮助，获得帮助的概率会更大。这就是心理学上的"好心情效应"。因为生理学研究表明：当一个人心情好的时候，他的心情会发生连锁作用，使整个神经系统都处于兴奋状态。因此，与人沟通时，一定要选对方心情好的时候沟通，这样会收到事半功倍的沟通效果。相反，如果选择对方心情不好的时候沟通，不仅沟通不好，甚至会把事情搞糟。

相关链接 🔍搜索

人际关系中的最高原则

人际关系的最高原则有三：一是舍得花时间相处。因为只要舍得花时间，任何人感觉他的人际关系好是因为他觉得别人花时间跟他在一起。二是百分之百地接受对方。也许，你的朋友有些坏习惯你不喜欢，也许，他讲一些话实在很不中听，也许，他目前令你实在很不满意，但只要你百分之百接受他，双方就会保持良好的关系。三是不断地找优点赞美对方。比如，一位妻子经常跟丈夫讲："你是全世界最棒的"、"你是全世界最帅的"、"你是全世界最有钱的"，丈夫会在妻子赞美激励声中努力工作，家境也会变得越来越好！同样，一位丈夫经常跟妻子讲："你怎么那么漂亮"、"你怎么越来越漂亮"、"我太太真是漂亮极了"、"我怎么那么幸运啊！我的太太那么漂亮！"妻子则会越来越爱打扮，越来越贤惠。

本章小结

人际关系学的形成源于"印刻理论"与"本能理论"。自 20 世纪 20 年代人际关系学诞生以来，经过近一百年的发展，形成了丰富多样的人际关系理论，其中比较著名的有：梅奥的人际关系理论、马斯洛的人际关系理论、阿伦森与福阿夫妇的交互理论、霍曼斯的社会交换论、舒茨的人际特质理论、乔哈里的视窗理论、海德平衡理论、纽科姆"对称"理论和米德的符号相互作用理论。这些理论各有特点，互为补充，对指导人们的人际沟通行为与实践，具有极其重要的导向作用。在人际沟通实践中，要想达到理想的沟通效果，仅有理论指导还不够，还必须遵循基本的人际沟通原则，如真诚原则、尊重原则、交换原则、互动原则、平等原则和精选时间点原则等。因为这些原则，体现了人际沟通的本质特点。谁违背了这些原则，谁就背离了人际沟通的本质，在人际沟通实践中必将碰得头破血流。

【练　习】

1. 人际关系学形成的生物学基础是什么？
2. 什么是霍桑效应？它对现代人际关系学形成有何意义？
3. 试比较梅奥与马斯洛的人际关系理论之异同。
4. 什么叫人际沟通交换原则？你是如何理解的？

【案例与思考】

案例一：　一位人际关系心理学家的遭遇

一位著名的人际关系心理学家在做报告时，举了一个常会发生在我们身边的例子。一次，他到某办公楼去，当他推开办公楼的大门就要走进去时，发现身后有一个人也想进门，于是就撑住玻璃门，让那个人先进去，以免有弹簧的门反弹回来伤人。结果，后面的那位仁兄昂首挺胸，大摇大摆地走了进去，连瞟都没瞟一眼为他撑门的人，更不用说感谢了。这位心理学家形容他自己当时的心情"恨不得将门狠狠地砸到对方背上"。此言一出，所有听报告的人都为他鼓掌，赢得满堂喝彩。可见，人人都有心理学家相似的心情。

思考：

1. 心理学家为何会滋生出"恨不得将门狠狠地砸到对方背上"的想法？观众对这种想法为何报以喝彩？

2. 试从人际关系的角度分析此案例。

案例二：　从同事到冤家

小贾是公司销售部的一名员工，为人比较随和，不喜争执，和同事的关系处得都比较好。但是，前一段时间，不知道为什么，同一部门的小李老是处处和他过不去，有时候还故意在别人面前指桑骂槐，对跟他合作的工作任务也都有意让小贾做得多，甚至还抢了小贾的好几个老客户。

起初，小贾觉得都是同事，没什么大不了的，忍一忍就算了。但是，看到小李如此嚣张，小贾一赌气，告到了经理那儿。经理把小李批评了一通，从此，小贾和小李成了绝对的冤家了。

思考：

1. 在此案例中，为何小贾与小李成了冤家？小贾违背了哪条沟通原则？

2. 在此案例中，部门主管在处理小贾与小李的问题上是否有错？如果你是主管，该如何遵循人际沟通原则化解他们之间的矛盾？

案例三：　林肯与参议员的故事

林肯在竞选总统前夕，他在参议院演说时，遭到一个参议员的羞辱，那位参议员说："林肯先生，在你开始演讲之前，我希望你记住自己是个鞋匠的儿子。"

"我非常感谢你使我记起了我的父亲，他已经过世了，我一定记住你的忠告，我知道我做总统要像我父亲做鞋匠那样做得好。"林肯不卑不亢地说。

林肯见参议院陷入了一片沉默。

他转过头来对那个傲慢的议员说："据我所知，我的父亲以前也为你的家人做过鞋子，如果你的鞋子不合脚，我可以帮你改正它。虽然我不是伟大的鞋匠，但我从小就跟我的父亲学会了做鞋子的技术。"然后，他又对所有的参议员说："对参议院的任何人都一样，如果你们穿的那双鞋是我父亲做的，而它们需要修理或改善，我一定尽可能地帮忙。但有一点可以肯定，他的手艺是无人能比的。"

说到这里，所有的嘲笑化作了真诚的掌声。

有人批评林肯总统对待政敌的态度："你为什么试图让他们变成朋友呢？你应该想办法打击他们，消灭他们才对。"

"我们难道不是在消灭政敌吗？当我们成为朋友时，政敌就不存在了。"林肯总统温和地说。这就是林肯总统消灭政敌的方法，将敌人变成朋友。他，两度被选为美国总统。

今天在以他名字命名的纪念馆的墙壁上刻着的是这样的一段话："对任何人不怀恶意；对一切人宽大仁爱；坚持正义，因为上帝使我们懂得正义；让我们继续努力去完成我们正在从事的事业；包扎我们国家的伤口。"

思考：

1. 林肯处理与政敌的关系遵循了人际沟通的什么原则？林肯的宽容大度对他登上总统宝座有何作用？

2. 中国古代也有不少宽容大度的案例，请列举三例，并分析每个案例的特点。

3. 在人际沟通中，你是否做到了宽容大度？如有所欠缺，打算如何改进？

【参考文献】

［1］［美］戴维·迈尔斯. 社会心理学 ［M］. 北京：人民邮电出版社，2006.

［2］［美］查尔斯·E. 贝克. 管理沟通 ［M］. 北京：中国人民大学出版社，2003.

［3］［美］彼得·德鲁克. 全球沟通管理学精选 ［M］. 北京：北京大学出版社，2004.

［4］殷明. 关系经济学 ［M］. 北京：新世界出版社，2011.

第三章

单向沟通与双向沟通技巧

【学习目标】

通过本章学习，了解单向沟通与双向沟通的界定、特点、适用人群及其在人际沟通中的地位与作用，掌握单向沟通与双向沟通的技巧，明确单向沟通与双向沟通的区别。

【关 键 词】

单向沟通　双向沟通　舒服性刺激　敏感性刺激　协商式沟通　互动式沟通
换位思考

沟通按照是否进行反馈可分为单向沟通和双向沟通两种。单向沟通与双向沟通是人际沟通最基本、最常见的类型，也是最重要的类型之一。在美国联邦调查局（FBI）开设的沟通技巧课程中，单向沟通与双向沟通被列为必修课程之一，要求每一位学员都能将这两项沟通技巧熟练地运用于实战之中，并能把两种沟通技巧发挥到最高水平。

第一节　单向沟通技巧

单向沟通存在着诸如信息发送者主观武断、对方被动接收信息、容易造成沟通障碍等不足，因而要想达到有效沟通之目的，必须掌握一定的沟通技巧。

一、单向沟通

单向沟通指的是信息发送者背向或者以命令等方式面向接收者，一方发送信息，另一方只接收信息，双方无论在语言上还是情感上都缺乏信息反馈。

单向沟通就内容而言，主要体现为"命令"、"批评"、"做报告"、"开讲座"、"讲课"等。

如果把单向沟通与双向沟通作比较，我们不难发现单向沟通具有如下五个特点：

（1）时间短。从时间上看，由于沟通只是一方发出信息，无需对方作出反馈，因而一般情况下，单向沟通从开始到完成，所需时间比较短，如上级下达一个命令或首长作出指示等。但如遇"做报告"、"开讲座"、"讲课"等类型的单向沟通方式，沟通时间则有可能较长。

（2）信息理解的准确程度相对较低。从对信息的理解程度看，在单向沟通中，发送信息者意图虽然明确，但由于接受者被动接受信息，因而对信息理解的程度会打一些折扣，相对于双向沟通，接受者对沟通信息理解的程度较低。

（3）置信程度存有疑问。从置信程度看，在单向沟通中，由于单向沟通的时间较短，加之信息的透明度不够，因而接受者对信息的真实程度有可能存在一定的疑问。

（4）满意度不太高。从沟通的满意度看，在单向沟通中，由于沟通信息住往以"命令"、"指示"等形式出现，信息发出者与接受者之间缺乏互动，接受者被强制接受信息，因而接受者对沟通信息的满意度不太高。

（5）干扰度较少。从沟通信息所受干扰度看，由于在单向沟通中，与问题无关的信息难以进入沟通过程，沟通的噪音相对较少，因而沟通信息受到的干扰度也相对较少。

单向沟通并非对所有的人都适用，而是只适用于独特的人群，且限于特定的场合和情况。一般说来，它适用于下列人群：

一是军人。军人以服从命令为天职。在战时的具体的战斗中，军队上下级人员的沟通，主要通过单向沟通即命令来实现。

二是警察。警察作为国家治安的维护者，承担着惩治犯罪的特殊任务，必须依赖于单向沟通这一快捷的沟通方式，百分之百的听从指挥，才能完成特殊的使命和任务。

三是领导。无论政府还是企事业单位领导，他们作为本单位决策者与管理者，在下列情况下，宜用单向沟通：给本单位下属员工下达任务时，可采用单向沟通的方式，如指示、布置工作等；大家熟悉的例行公事，低层的命令传达，也可用单向沟通；从领导者个人来讲，如果经验不足，无法当机立断，或者不愿下属指责自己无能，想保全权威，那么单向沟通对他有利。

四是老板。老板作为私营企业负责人，在对自己的员工分配工作任务时，也往往采取单向沟通的方式。如果一个公司老板，只重视工作的快速与成员的秩序，也可用单向沟通；

五是长辈。长辈作为家庭中的权威人士，在觉察到晚辈有明显的不良习惯和错误而与他们沟通时，也可采用单向沟通的方式，使晚辈能认识到自己的错误并能改正。

总之，一般说来，单向沟通作为自上而下的一种沟通方式，适用于强势群体与弱势群体之间进行的沟通，具体体现在发指示、下命令、做报告等。

单向沟通具有信息传播速度快，受干扰少，信息发送者的压力也少等优点，因而成了军队、警察等部门必不可少的沟通方式，如警察在对付犯罪分子方面，经常使用单向沟通最大限度地让自己占据主导位置，迫使犯罪分子就范。对于政府、企事业单位领导与下属、私营企业老板与员工、家庭长辈与晚辈而言，单向沟通也是一种不可或缺的沟通方式。

然而，客观地说，单向沟通也存在诸多不足。这种不足主要体现在如下四个方面：

一是体现强权，在现实生活中，尤其是在与自己比较亲近的人沟通时难免碰壁。

二是容易导致强制。这既违背了双方之间坦诚沟通的原则，又使双方之间的沟通遭遇阻力。

三是接收者没有反馈意见的机会，不能产生平等参与感，不利于增加接收者的自信心和责任心，不利于建立双方的感情等。

四是影响沟通效果。因为在强权之下，强权者容易主观武断，听不见别人的意见，造成沟通障碍，从而影响沟通效果。

二、命令的技巧

所谓沟通技巧，是指上级管理者具有收集和发送信息的能力，能通过书写、口头与肢体语言的媒介，有效与明确地向他人表达自己的想法、感受与态度，也能快速、正确地解读他人的信息，从而了解他人的想法、感受与态度。

沟通技能涉及许多方面，如简化运用语言、积极倾听、重视反馈、控制情绪等。虽然拥有沟通技能并不意味着能够成为一个有效的管理者，但缺乏沟通技能又会使管理者遇到许多麻烦和障碍。

单向沟通技巧按照内容可划分为"命令的技巧"、"批评的技巧"、"报告的技巧"、"讲座的技巧"、"讲课的技巧"等。

命令是主管对部下特定行动的要求或禁止。从本质上讲，命令也是一种沟通，只不过命令带有组织阶层上的职权关系。命令具有确保部下能朝组织确定的方向与计划执行任务，是绝对必要的，但由于命令存在着诸多不足，如隐含着强制性，会让部下有被压抑的感觉，剥夺了部下自我支配的原则，压抑了部下的创造性思考和积极负责的心理，同时也让部下失去了参与决策的机会等，因而部下执行起来常常会打折扣，影响工作任务的完成。基于此，要想让部下照上级的意图完成特定的行为或工作，作为领导必须懂得下命令的技巧。

命令的技巧一般包括两大部分：一是下达命令的技巧；二是使部下接受命令的技巧。

1. 传达命令的技巧

给部下传达命令，要掌握的技巧有：当上级领导下达命令时，要正确地传达命令，不要经常变更命令；不要下一些自己都不知道缘由的命令；不要下一些过于抽象的命令，让部下无法掌握命令的目标；不要为了证明自己的权威而下命令。

2. 使部下接受命令的技巧

下命令的意图是为了完成特定的行为或工作，那么，如何才能使部下积极接受命令从而圆满达到领导的意图呢？必须掌握下列传达命令的沟通技巧：

用词礼貌

在现实生活中，作为上级，在与下属沟通时，可能会忘记使用一些礼貌用语，如"小王，进来一下"，"小刘，把文件拿去复印一下"。这样的用语会让下属有一种被呼来唤去的感觉，缺少对他们起码的尊重，久而久之，下属会对这种领导产生抵触感，甚至心生厌恶。如果作为上级稍作改变，使用一些礼貌用语，如："小张，请你进来一下"、"小李，麻烦你把文件送去复印一下。"情况就会大不一样。因这一位受人尊敬的上级，首先应该是一位懂得尊重别人的上级。

说明重要性

下达命令之后，要想使部下积极接受命令，有必要向部下说明这件工作的重要性，如："小李，这次项目谈判能否成功，直接关系到我们公司今后的生存和发展，希望你能竭尽全力争取谈判成功。"通过告诉部下这份工作的重要性，以激发部下的成就感。让他觉得"我的领导很信任我，把这样重要的工作交给了我，我一定要努力才不孚众望"。有了这种想法，他就会尽全力执行命令。

尽量放权

作为上级，下达命令之后，就应该尽可能地放权。放权可从三个方面入手：一是给部下一定的自主权，例如："这次展示会交由你负责，关于展示主题、地点、时间、预算等请你做出一个详细的策划，下个星期你选一天我们要听取你的计划。"实践证明，下属有了自主权，不仅积极性会大大提高，他还可以根据工作的性质和要求，更好地发挥个人的创造力；二是给部下建议权。命令下达之后，可询问部下有什么问题及意见，如："小黄，关于这项工作，你还有什么意见和建议吗？"如部下意见正确，你可采纳并称赞他："你的意见非常好，就照你的意见去做。"三是给部下参与权。命令下达之后，下属可能有不明白的地方，或者会遇到一些问题和困难，希望上级协助解决，此时，上级应该给部下参与权，如对下属说："我们一起来讨论遇到的问题和困难，尽快提出一个解决方案，如何？"

总之，为了使命令能够贯彻执行，上级领导应该打破固有的窠臼，不要陷于"命令→服从"的固有认知，可采用提升部下意愿的沟通方式替代大部分的命令，让部下正确了解自己的意图，乐意接受并愿意去执行命令。

三、批评的技巧

批评是一个汉语词汇，有评论、评判的意思，与指责、批判、责备近义。从人际沟通的角度看，批评也属于单向沟通的范畴。

作为上级领导、管理者或老师、家长，当下级或学生、孩子犯了错误时，及时提出批评，督促下属尽快地改正错误，不断进步，变得更加优秀，是理所当然的。然而，批评是一种技巧与艺术，批评不当，会导致被批评者意志消沉、怠工怠学，达不到批评者预期的效果，有时甚至适得其反。因此，掌握批评沟通的技巧，无论对上级领导、管理者还是老师、家长，树立必要的权威，都是大有裨益的。

批评的技巧非常多，综括起来主要有如下 11 种：

1. 就事论事法

当我们批评下属时，最值得注意的是：要就事论事，即告诉下属你不满的只是他某个时期的状况，某个事件中的表现，而不是他的全部。同时，还要指出他的错误对企业、对团队、对同事带来了哪些负面作用和影响，告诉他如何改正错误。切记不要因为下属的某个错误缺点而把他全盘否定；否则，会打击甚至摧毁他们的自信和热情。

2. 先褒后贬法

心理学研究表明，人在听了赞扬之后再听批评，心理要容易接受得多。例如，一位李姓学生写作文总不爱加标点符号。老师在一次作文点评时，特意拿他的做范文。"这位同学的作文立意新颖，挥笔跳跃，有独到之见解，就是读起来让人感到有点儿费劲。所以，我希望今后他能对标点符号稍加留心点，相信他能写出更好的文章来。"这位同学在享受到了老师的褒扬之后，当即站起来说，谢谢老师对我作文的点评，我今后会加标点符号的。可见，老师先扬后抑的做法，起到了非常好的效果。这种以赞扬来营造批评氛围的技巧，的确是一个批评良方。

3. 润滑批评法

润滑批评法是指上级对下属的批评不要直截了当，而是把表彰作为前锋和后卫，把批评放在中间，做一块"夹心饼干"。这就像刮胡子一样，刮前要涂点肥皂水，刮的时候才不会痛。润滑批评法的好处在于：使下属明白你是在就事论事，在对犯错误的下属警示的同时，又能保护好下属的工作热情，激励下属努力工作。

4. 含蓄幽默法

在现实生活中，下属在工作中常常出现的一些不良现象和言行，如工作时间精神不集中，发呆，打瞌睡，长时间接听私人电话，说些低级趣味的笑话，对异性同事不礼貌等，需要及时指出。但不良现象和言行不是严重的违规现象，直截了当地批评不合适，比较适宜的方法是用含蓄或幽默的言辞来提出警示。既可以让下属知道你对他的言行举止不满，又给了他一个台阶下，也给他及时改正的机会。

5. 正话反说法

上级在批评下属时，有时为了更好地达到目的，采用正话反说的技巧，反而更能达到效果。某厂有几位青年员工，上班有时溜出去抽烟，一天，他们被主管发现了。这位主管并没有对他横加指责，而是在一起闲聊时给他们讲了一个笑话："大家可能不知道！吸烟的好处很多。第一大好处是可以防小偷。因为吸烟会引起咳嗽，晚上一咳嗽，小偷就不敢来了。第二大好处是永远年轻。烟吸得多了，寿命就会变短；这样就永远别想老了。"主管这番诙谐的反语把吸烟的害处表现得淋漓尽致，使几位青年员工在笑声中感受和明白了主管正话反说的含意。

6. 借己道人批评法

借己道人批评法是指上级或长辈在批评下属或晚辈时，借己之短巧妙批评下属或晚辈。如一位长得高大的男学生，在校常爱欺负比自己个子小的同学，家长告上门来，当他母亲操起笤帚要打孩子时，还是父亲懂得批评之道。他一边阻止妻子，一边语重心长地说："小时候，我也和你一样逞强好胜，遇到弱者就欺负，遇到强者呢，则被打得鼻青脸肿。唉！我那时不懂事，现在想起来，还觉得面惭心愧！特别是遇到曾经被自己欺侮过的人，更觉得无地自容。你可别像我当年哟，现在可没有后悔药吃呀！"懂事的孩子立刻明白了父亲说这番话的含义，主动承认错误，保证再也不欺负同学！这位父亲，不为尊者讳地借己说人，敢于在孩子面前暴露自己的过错，让我们看到了借己批评人的力量和魅力。

7. 强调下属价值批评法

上级在批评下属时，注意强调下属的价值，也不失为一种有效的批评方法。所谓强调下属的价值,是指上级在批评下属的过程中,坦诚地说出批评的目的,是基于关爱、重视和期望。强调他们的工作对企业、对部门、对同事、对上司的价值,让他们明白,他们不仅属于自己,还属于这个团队。批评下属时,上级应特别注意强调下属的职业价值,因为这样可以在警示和督促的同时,满足下属被认同,被重视的需要,有效地唤起下属的自尊、自重和自信,激励下属克服弱点,不断努力和进取。

8. 沉默批评法

沉默批评法是指上级或长辈在批评下属或晚辈时,使他们在沉默的氛围中感受到上级或长辈的不满和责备,从而领悟到自己的过错。某厂一位员工上班迟到了,正好被厂长碰见。该厂长以严格要求员工闻名,要是在平常,这位员工肯定要挨批评,但这次却不同。厂长一语不发,只是用温柔的眼光盯了他片刻,然后走进了自己的办公室。以后的几天,这位员工早早地来到工厂上班,见着厂长也躲得远远的。终于有一天,他俩又见面了,忍不住问厂长:"厂长,那天你为什么不狠狠地批评我几句呢?"厂长笑了,"我还批评你什么呢?因为你已经不再迟到了呀!"有人说但凡聪明的人,都有一双会说话的眼睛。上级在批评下属的时候,有意识地保持沉默,用眼神、用微笑去批评下属也是一种较好的方式。对有过错的下属,只要你会心地对他一笑,他会心知肚明,感到这是对他的一种莫大的尊重、特殊的信任,这种沉默批评法,确实具有极大的沟通功效。

9. 公私结合批评法

公私结合批评法是指上级或长辈在批评下属或晚辈时采用"公私结合"的方法对下属给予批评和警示,即公开批评不良现象但不点明下属的名字,同时在私下里向下属提出警示,督促他改正错误。例如,在会议上,可以公开说明自己对一些现象的不满,并指出具体的不良现象,诸如上班时间上网玩游戏、迟到早退、工作效率低等,但并不指出具体是哪个人,然后在非公开场合向有关下属提出批评,要求他及时改正。此种批评法适合那些程度不轻不重,但有蔓延趋势的不良现象。

10. 先沟通再批评法

在工作中,常常会出现好心做错事的情况。当下属好心做错了事,造成了一定的不良后果时,按照企业的管理规范对当事人进行批评,是非常有必要的。但在处理此类情况时,必须采取先沟通再批评的方法,即对下属进行批评的同时,要做好对他的理性说服和安抚工作,帮助他正确认识和接受批评,以取得更好的教育效果。事实证明,如果下属并非故意,而是基于其他原因,如经验不足或急于求成、创新等犯下错误,上级在处理此类事情时,缺乏事先沟通,简单地按照企业的管理规范对当事人进行批评,就可能伤害下属的自尊,打击其自信心和工作热情。

11. 提问督促批评法

如果在现实生活中，你作为上级遇到下列情况：下属有一些能力，但因心态消沉、斗志涣散，工作质量和效率却不高，需要对他提出批评和督促。你可采用"提问督促批评法"，表明你对下属工作的不满。如向下属提问："这是你的正常表现吗？""你付出了足够的精力吗？""和你以前的工作对比一下，你觉得有什么差别呢？"等，通过这些问题可以让下属听出你的不满，同时唤起他的自尊，督促他积极努力工作。

综上所述，批评是转化的过程，而不是训斥。批评是一门高超的艺术，要做到无痕的批评。一说到批评，有人认为似乎只有声色俱厉，才显得威严而有力，殊不知，春风化雨、润物无声，批评的效果才更佳。

四、其他类型单向沟通的技巧

除了"命令"、"批评"讲究技巧外，其他单向沟通类型，如"报告"、"讲座"、"讲课"等，也必须掌握一定的技巧，才能达到较好的沟通效果。

"报告"、"讲座"、"讲课"等诸如此类的单向沟通，其技巧主要体现在"说"上面。归纳起来主要有如下几点：

1. 事先周密组织。如确定对方的需要，选择好沟通话题，明确沟通要点，确定你想得到的沟通效果。

2. 巧妙引导，引起对方兴趣。如果你给商人讲座，你可以"最近商业环境"或"商业热点问题"作为你的开场白。作为生意人，最感兴趣也最关心的是"商业环境"或"商业热点问题"，如果开场白能引起听众的兴趣，单向沟通的效果会大大增加。

3. 表述要有技巧。在单向沟通中，无论是书面还是口头表述，都必须力求明确、清晰、简洁、重点突出、有说服力，这样才能对被沟通者产生一定的影响，取得好的沟通效果，否则单向沟通将有可能成为无用或无效沟通。

4. 语速要慢。在现实生活中，人们可能会听到这样的抱怨声："这个人的语速太快了，我根本跟不上他的节奏。"这对成功沟通非常不利。基于此，在任何一种类型的单向沟通中，沟通者与别人进行沟通时，都要十分注重语速问题，让别人跟得上自己的节奏，从而使沟通能够取得良好的效果。

5. 简单重复，以让对方听明白。如领导开会或做报告时，对于一些重要或难点问题，要进行简单重复，如说，"我的意思是说……"，"请大家注意……"，目的是让对方听懂听明白，这样单向沟通才会取得好的效果。

6. 停顿，给被沟通者以思考的余地。领导开会或做报告或下达指令时，适当的停顿也是必要的。如每讲完一小段话，要停顿一下，看看对方是否理解或是否有问题要问。如果停顿用得恰到好处，也会对沟通效果产生积极的影响。

7. 舒服性刺激。如做报告时，列举一些令人听了比较舒服的案例，提出一些令人感到舒服的问题等。

8. 敏感性刺激。如开会时，提出一些敏感性问题，阐明问题的症结所在等。

9. 演绎确认。如开会或做报告结束时，主持者要对会议或报告内容加以总结和确认，以达到检验沟通效果之目的。

相关链接 🔍搜索

美国联邦警察巧语伏毒魔

美国联邦警察无论在单向沟通还是双向沟通中，都非常讲究语言沟通的方法和技巧，如语气、措辞、语速等。因为他们明白：好的言辞可以事半功倍，省时又省力。

1983年9月的一天，FBI得到一条消息：得克萨斯州的农场主乔尔·斯蒂文斯实际上是一个贩毒集团的代理人。斯蒂文斯表面上经营着自己的农场，暗地里却和毒贩子勾勾搭搭，而且他和很多流窜各个州府的毒枭关系都不错。

由于斯蒂文斯的罪行已经涉及整个联邦的范围，因此，FBI专门成立了行动小组赶往得克萨斯州抓捕斯蒂文斯。一切都很顺利，警察抓获了包括斯蒂文斯的儿子盖伊在内的11人，但是却没有找到斯蒂文斯本人。就在大家惋惜"没有抓住主犯"的时候，斯蒂文斯却开着自己的老爷车向自己家中驶来。

当时守在外面的FBI探员叫作卢克·图布鲁斯，他已经52岁了。此时，斯蒂文斯向他走来，而其他人却在忙着取证，都没有注意到门外走来了一个人。

可以说，斯蒂文斯是一个经验丰富的老手，他看见了自己屋外的警车，知道自己如果想要逃跑的话就一定会被击毙。于是他大胆地走了过来，因为他认为警察没有证据是不能把他怎么样的。

于是，斯蒂文斯扛着自己的猎枪走了过来，一步步地靠近图布鲁斯，跟他打招呼说："哥们儿，这是怎么回事？"斯蒂文斯长着一副标准的农户身材，肌肉发达且面相粗犷。图布鲁斯也显得气定神闲。

"有人举报这里有毒品交易，警察过来取证。"

"那么你是干什么的？"

"FBI资深探员，我想你应该听说过我的名字，卢克·图布鲁斯。"

斯蒂文斯没再说话，而是朝屋里看了一眼，然后说："你知道我是谁吗？我想要一枪干掉你，你觉得别人会怎么想？他们会说，卢克·图布鲁斯是个没用的废物？"

图布鲁斯缓缓地说："很多人都这样说过，撂倒我？算了吧，伙计！"

图布鲁斯朝对方看了一眼，继续说道："我还想回家去看看自己的孩子。"

斯蒂文斯拍了拍枪，没有动。他琢磨了一会儿，又问："那么我现在放下枪，算是自首吗？"

"没问题，农夫是不会伤害磕坏牙的小熊的。"

斯蒂文斯稍稍迟疑了一下，扔掉了猎枪，向图布鲁斯投降了。

看起来，图布鲁斯的工作进行得很顺利——一个凶神恶煞的罪犯，就这样束手就擒了。但实际上，如果不是图布鲁斯高超的语言技巧，他很有可能会被对方一枪打死。

此案例告诉我们：与人沟通的时候，一定要注意对象。斯蒂文斯是个凶残的毒贩，当他发现自己的老窝被端之时，还敢靠近事发地点并与警察搭讪，这本身就说明他是一个胆大、狡猾的惯犯。在和这种人交流的时候，一定要注意不要被对方的气势压倒，同时为不激怒对方，还要掌握如下语言技巧：

一是坚定的语气与措辞。如当对方试探性地提出问题时，图布鲁斯不仅显得非常镇定，而且还在陈述自己的 FBI 身份时，前面加上了"资深"两个字，顺利地将自己年龄上的劣势转化成了经验上的优势。一句"你应该听说过的名号"，更是为自己披上了神秘的外衣。这种故弄玄虚的说辞更是使蒂文斯投鼠忌器，不敢轻举妄动。更为重要的是，按照心理学家乔·本森特的观点，如果一个人将语气词"嗯"、"啊"、"哦"等加入自己的谈话中，这就表明，他实际上是犹豫的，是不够自信的。而图布鲁斯在整个交谈过程中没有使用一个语气词，这就充分显示出了他的自信。

二是有选择地使用词汇。当斯蒂文斯提出一枪撂倒图布鲁斯时，即在一定程度上可以说成是"最后的反抗"，他已经完全被对方散发出来的气势所压倒了，这最后一击是最凶狠的，同时也是最无奈的。然而，图布鲁斯的回答很令人深思，他提到了"孩子"这个字眼。实际上，当斯蒂文斯威胁他的时候，他也在警告对方："你的儿子还在警方手中呢！"更为巧妙的是，在说"孩子"这个字眼的时候，图布鲁斯选择性地使用了"Gay"，而不是"Boy"。这其中的关键就在于，斯蒂文斯的儿子盖伊的英文名字就是"Gay"。图布鲁斯在关键时刻说出了"Gay"，其实这也是从心理上打击对方的一个手段。

三是适当幽默。图布鲁斯最后的那个关于"磕坏牙的小熊"的比喻，实际上是一种通过调侃来安慰、鼓励对方的做法。当一个人强势的时候，他主动同别人开玩笑，是一种放低身份、赞美、鼓励对方的表现。所以，当斯蒂文斯最后表示愿意投案自首的时候，图布鲁斯跟他开了一个小小的玩笑，既化解了对方的疑虑，又从一定程度上降低了罪犯的攻击性，最终全身而退，可谓高明。

第二节　双向沟通的技巧

双向沟通作为与单向沟通相对应的一种沟通方式，在日常生活中广为人们所接受和应用。

一、双向沟通

双向沟通是指一方发送信息后而另一方立即做出信息反馈的沟通方式（图3-1）。在双向沟通中，发送者和接收者两者之间的位置不断交换，且发送者是以协商和讨论的姿态面对接收者，信息发出后还需及时听取反馈意见，必要时双方要进行多次重复商谈，直到双方共同明确和满意为止。

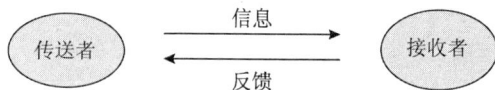

图3-1　沟通的双向性

双向沟通与单向沟通比较，呈现出如下特点：

（1）从时间上看，双向沟通需要更多的时间。

（2）从信息理解的准确程度看，在双向沟通中，接收者理解信息的准确程度大大提高了。

（3）从置信程度看，在双向沟通中，接收者和发送者都比较相信自己对信息的理解。

（4）从满意度看，在双向沟通中，接收者和发送者都比较满意。

（5）从干扰度看，在双向沟通中，由于与问题无关的信息较易进入沟通过程，双向沟通的噪声比单向沟通要大得多，因而受干扰的程度比较大。

如果说，单向沟通的特点决定了其适用群体为强势群体与弱势群体之间进行的沟通，那么，双向沟通中的特点则决定了其适用群体既可是强势群体与弱势群体、也可适用于其他任何群体，如强势群体与强势群体、弱势群体与弱势群体等，甚至部队中和警察中也不能只是单向沟通，双向沟通同样显得非常重要。

双向沟通虽然存在着沟通比较费时、费力以及易受外界干扰之不足，但由于它具有沟通信息准确性较高、接收者有反馈意见的机会、能产生平等参与感、增强自信心和责任心、有助于建立双方的感情等优点，因而人们把它当作人际沟通的法宝，而 FBI 更是把它当作取胜的法宝。在实际生活中，沟通最终追求的效果就是要实现有效沟通，而双向沟通为有效沟通提供了必要的条件。

相关链接 🔍搜索

FBI 与中央情报局双向沟通破大案

1996 年 7 月 27 日，奥林匹克世纪公园的中心广场发生了一起震惊美国的恐怖爆炸事件，爆炸时该广场上聚集了上千名欣赏露天音乐会的游客。受爆炸的影响，奥林匹克世纪公园紧急关闭。爆炸发生后不久，美国中央情报局的特工们便赶到爆炸现场开始搜查犯罪分子。不久他们将目光锁定在一名身穿黑色 T 恤，神色慌张的中年人身上。只见这名中年人手里夹着一个黑色的皮包正在飞速地跑着。于是中央情报局的特工便拦住了这名中年男子，并将其带回去审问。审问中，中年男子慌张的神情让中央情报局的特工们更加相信他就是制造恐怖爆炸的犯罪分子。没过多久 FBI 也走来了，路易斯·弗里赫听说中央情报局的特工们已经将犯罪分子抓到，随即找到中央情报局商讨对策。路易斯·弗里赫透过审讯室的玻璃看到中年男子用手抓着头发，表现出很痛苦无奈的表情，这种表情引起了路易斯·弗里赫的兴趣，于是便来到审讯室对审讯他的特工问道："这个人为什么表现得如此痛苦和无奈？"

"他无非是想逃避责任来迷惑大家。"特工说道。

"你们掌握足够的证据证明这个人就是犯罪分子吗？"路易斯·弗里赫一本正经地问道。

"目前还没有足够的证据，可是看他那慌张不安的眼神就知道他有问题！"听完这句话以后，只见这名中年男子号啕大哭，他对路易斯·弗里赫说道："我完全是被冤枉的，当我得知我的妻子在爆炸中受伤时，我心急如焚，只想快点到妻子的身边，可跑着跑着，就被他们挡住了去路，虽然我当时确实很慌张，但我是想尽快见到我的妻子。"

路易斯·弗里赫听完以后松了一口气，随即对审讯他的特工说道："我想你们真的抓错人了，面前的这个人只是一个普普通通的市民，而真正的犯罪分子早已逃脱。"经过认真核查，中央情报局释放了这名中年男子并向其鞠躬道歉。

在接下来的时间里，FBI 便与中央情报局的特工共同商讨抓捕犯罪分子的对策。经过缜密的分析，路易斯·弗里赫认为犯罪分子一定还有同伙，于是建议对全城进行戒严。他将这个想法告诉了中央情报局的特工，并询问道："据我分析，犯罪分子在该城还有同党，想必他们没有逃出该城，我建议对全城进行一次拉网式搜查，你们认为呢？"中央情报局的一位负责人对路易斯·弗里赫的想法表示了赞同，他说："我也是这样认为，对全城进行拉网式的搜查非常有必要。"于是双方便部署了大量警力对全城进行了大搜查。

经过为期一周的搜查，一位名叫穆罕默德·谢里夫的嫌疑人引起了路易斯·弗里赫的注意，因为当该名男子看到全副武装的警察在路口对过往车辆进行检查时便立刻开车掉头离开了。

　　路易斯·弗里赫随即派特工驱车追赶。在追赶过程中，尽管特工要求其停车接受检查，但这名男子仍没有停下车，反而加大了油门想摆脱特工们的追赶。经过十五分钟的追捕，FBI特工将该名男子的车逼到一个角落里，最终迫使其停车接受讯问和检查。

　　该名男子被FBI特工带到了审讯室，当他听到铁门被"咣当"一声关上以及FBI用军靴发出"咚咚"声音时，他一下子瘫软在地，很快便交代了实施爆炸犯罪分子的去向——逃往荒山中。

　　得到这个情报后，FBI再次与中央情报局的特工们商讨着如何在荒山寻找到犯罪分子的对策。路易斯·弗里赫问："荒山中要寻找一个人犹如大海捞针一样困难，你们有什么好方法？"说完将目光投向一旁的中央情报局特工。

　　"的确如您所说的那样，想要在深山中搜寻犯罪分子不是简单的事情，但只要我们齐心协力就一定能将犯罪分子找到。"

　　"没错，齐心协力才是找到犯罪分子的关键，那你们有哪些可行的办法吗？"路易斯·弗里赫问道："依靠我们自身的力量显然不够，在这种情况下就需要得到山民们的帮助，所以有必要通过高额悬赏的方式让山民帮助我们找到犯罪分子，您看这个办法怎样？"中央情报局特工说道。

　　"好，就按照这个办法去办。"就这样，由FBI与中央情报局联手对犯罪分子的搜捕便展开了。不久以后，FBI终于将藏匿在荒山中制造奥林匹克世纪公园爆炸案的犯罪分子抓到。

　　每当路易斯·弗里赫回想起这起案件时，都会这样说道："FBI与中央情报局之所以能展开良好的合作并协力将犯罪分子成功抓捕，一个很重要的因素是展开了双向沟通。也就是说，双方进行的沟通是互动的，更是有效的，这样不仅强化了双方之间的合作，还实现了共同的目标。

　　在该案例中，路易斯·弗里赫与中央情报局之间的沟通就体现了双向沟通的明显特征——沟通互动。首先，当中央情报局特工误把一位心急如焚寻找妻子的中年男子当成犯罪分子审讯时，路易斯·弗里赫及时与中央情报局特工进行了沟通。在对中年男子进行分析后，路易斯·弗里赫认为他们抓错了人。通过及时沟通避免了一场不必要的错案，也为成功地抓捕罪犯节省了时间。其次，当从犯罪分子的同伙口中得知他已经藏匿于深山之中时，FBI立刻与中央情报局特工进行沟通，这也体现出双向沟通的特征。路易斯·弗里赫想知道中央情报局特工对抓捕犯罪分子有哪些方法，这是双向沟通之一。而当中央情报局特工将抓捕方案告诉给FBI时得到了FBI肯定的回复，这也是双向沟通的特征。就这样，FBI通过双向沟通的方式与中央情报局特工展开了有效的沟通，这些都为成功抓获犯罪分子做好了铺垫。由此可以看出，FBI在实战中所进行的沟通最终追求的效果就是要实现有效沟通，而FBI的双向沟通为有效沟通提供了必要的条件。

双向沟通就其类型而言，主要有协商式沟通与互动式沟通。

二、协商式沟通的技巧

协商式沟通是人际沟通中经常使用的沟通方式，是指沟通双方在相互传递信息的基础上进行的友好协商沟通。

协商式沟通主要特征是：以商量或近似商量的口吻与对方进行沟通。其作用和实质诚如一位在 FBI 服役十年之久的沟通训练师所说："双向沟通在 FBI 实战中具有非常重要的意义，而协商式沟通的实质就是双向沟通，只不过是双向沟通的缩影而已。"

运用协商式沟通，需要掌握如下技巧：

1. 循序沟通，掌握沟通的节奏

循序沟通是指按照一定的顺序展开沟通。在沟通专家看来，沟通是按照一定顺序展开的，并非想何时说就何时说，自己想表达什么就表达什么。只有按照一定的顺序，双方相互配合，才能使沟通有序进行下去。比如，开会时，需根据具体情况，按照一定的顺序进行沟通发言，一般说来，按主持人事先安排的发言顺序即可。如果某个人不按顺序进行沟通发言，或者在别人尚未讲完时就抢着发言，此种沟通方式既有悖礼仪，也破坏了沟通的节奏，这样的沟通不仅会令人感到反感，还会使沟通效果大打折扣。

2. 及时沟通，为协商式沟通打好基础

沟通专家认为，在人际交往中，及时沟通是协商式沟通的前提。遇到问题只有养成及时沟通的习惯，哪怕沟通的内容平淡无奇，也可为以后的沟通打下基础。反之，如果出现了问题，不懂得及时沟通，听之任之，等到问题复杂后再沟通，就谈不上是协商式沟通。

3. 尊重对方的意见，不向对方施压强权

沟通专家认为，在与人进行协商式沟通时，必须以尊重对方的意见为前提，才能达到有效沟通之目的。比如，当下属在执行上级指派的工作时，如果遇到困难或自己解决不了的问题并将这些如实地告诉给上级，如果上级能在尊重下属的意见之基础上，提出解决问题的方案，那么，问题就能得到有效的解决。反之，如果上级不考虑下级的意见和感受，甚至向其施压，这就会让下属感觉到非常无奈和不理解。

4. 注意沟通态度，营造和谐氛围

在协商沟通时，沟通态度非常重要。尽量不要将不良情绪带入沟通过程。比如，当心情不好的时候，不要将生气的表情挂在脸上，更不能用尖酸刻薄的言语与别人进行沟通。因为人们不希望与面带怒气、出言不逊的人进行沟通，这样会给他们带

来不悦，从而影响沟通效果。沟通专家穆勒曾就沟通态度表达了自己的观点："沟通的态度是决定能否成功的关键，沟通态度好的人，其沟通成功的概率就越大，而态度差的人，沟通成功的概率就会不尽如人意，甚至为零。"

三、互动式沟通的技巧

互动式沟通是指双方通过"能产生沟通效益"的互动方式进行的沟通。从本质上讲，人与人沟通的最终目的就是从沟通中达成共识，而达成的共识就是效益。而要想达成共识，很多时候依赖于沟通主体，也就是实施沟通的人之间是否能进行互动，互动得越频繁产生沟通效益的概率就越高；否则，就很难产生沟通效益。诚如沟通大师马列里·费·布朗所言："互动式沟通能最大限度地使沟通步入良性的发展中并产生沟通效益。"

然而，在现实生活中，要想真正做到互动式沟通，从而达到理想的沟通效益，必须掌握互动式沟通的技巧。

互动式沟通技巧概括起来主要有如下几点：

1. 耐心倾听

进行互动式沟通，首先要做的是学会耐心倾听，即以耐心听取别人发言的方式与其展开沟通，尤其是中途不要试图打断对方，而是等对方说完后再与其展开沟通。在沟通专家看来，要想使沟通产生效益就要耐心听取别人的发言，这是产生沟通效益的前提。因为这样的沟通方式，能使沟通双方建立起良性的沟通关系，并使彼此间的沟通产生互动，从而最终产生沟通效益。

耐心倾听的关键是让对方觉得你在耐心倾听，就此，必须做到如下几点：

其一，要全神贯注，即集中注意力、目视对方，表示尊重和兴趣十足，切勿眼光游离，给人一种三心二意或是对别人不屑一顾之感。

其二，姿态要讲究，如适当点头，表明认同和敬意，微欠上身，表示谦恭有礼；手托下巴，表明认真倾听。

其三，适当地插话，如当对方欲言又止时，你应通过适当的插话，"继续说"、"讲得很好"等，鼓励对方继续说下去。这样的插话，会给对方留下你非常乐意听其言的感觉，从而使对方更乐意与你交谈下去。

其四，表情要丰富，如表情、眼神、动作、姿态应随对方讲话的喜怒哀乐而做出相应的变化，当你赞成别人时就点点头，感觉有趣时就微微一笑，感觉滑稽时就开怀大笑。总之，你可以用肢体语言、表情等行为反馈给对方，"我正在认真地倾听你的讲话"，同时，要善于表达出你的态度："我对你的话很感兴趣，把你想说的都说出来吧，我正在认真倾听。"

相关链接 🔍 搜索

倾听轻松拿职位

报纸上刊登了一家公司招聘员工的信息。有一个人前去应聘，他事先打听到这家公司的总经理一些过去的事情，一见面就对那位总经理说："我十分荣幸能在这里工作，我更愿意追随您左右努力工作！因为我知道在十几年前，这个办公室里只有一台打字机和一个职员，经过您的艰苦奋斗和努力经营，才能成就今天这样伟大的事业，这是多么令人敬佩的事啊！"

那位经理本来对去应聘的人大都瞧不上眼，所以应聘的人虽然络绎不绝，结果都扫兴而归。可是他这么一说，正中那位经理的下怀，引起了他的很大兴趣，于是就向他大讲自己的奋斗历史。

那位经理一谈起自己的成功史，就兴高采烈，眉飞色舞，那个人只是在旁边侧耳恭听，表示敬佩。谈了半晌，那位经理也没有问他的学历、技能，就对坐在旁边的副经理说："我看这位小伙子很不错，我们就定下要他吧"。这个职位，就在他倾听了经理的成功史后，稳稳地拿到手了！

小伙子之所以能战胜竞争对手，轻松拿职位，一靠倾听，二靠摸透了人性。人们都喜欢表现自己的长处和优点，当与人交往时，如果对别人有所求，不妨多对对方说一些他最得意的事。法国大哲学家洛士佛科说："与人谈话，如果把自己说得比对方好，便会化友为敌；反之，如果把对方说得比自己好，那就可以化敌为友了！"这句话真是说得一针见血！如果对方总觉得自己像个伟人，不停夸自己的长处陶醉其中，这时你不如认真倾听，谦逊一下，对方自然会对你产生好感。

2. 互尊互信

如果说耐心倾听是互动沟通产生效益的前提，那么，相互尊重与信任则是互动沟通产生效益的核心要素。因为如果双方在沟通中做不到相互尊重和信任，就难以建立起良好的沟通氛围，更不用谈产生沟通效益了。沟通专家克拉伦斯·M·凯利说："在与人沟通的过程中首先要调整自身的心态，用一颗尊重、信任的心态与别人展开沟通才是有效的沟通方式，因为这种沟通方式不仅是良性沟通的前提，更是让沟通产生效益不可或缺的条件。"

3. 畅所欲言

在运用互动式沟通时，让沟通者都能够畅所欲言，从而营造民主的沟通氛围，也显得非常重要。在沟通专家看来，沟通需要的是在民主气氛下让沟通者能发表自己的观点、看法，提出自己的意见，只有保证沟通者畅所欲言的权利，这样的沟通才是民主的，且能产生沟通效益，具有沟通意义。诚如沟通学专家胡佛所言："没有民主的沟通是无效的，更是荒唐的!"如果一方的沟通没能体现出民主，就谈不上畅所欲言，更不会体现出互动式沟通的特性，如此一来，也就别奢望能产生沟通效果了。国外议会制度，优点在于为持不同政见者提供了一个便于他们畅所欲言的沟通平台。通过这个平台，极大地拉近了执政党与在野党的沟通距离，同时也产生了沟通效益。

4. 换位思考

在互动式沟通中，必须掌握换位思考的技能。所谓换位思考，是指在沟通中能够充分理解对方，能够从对方的角度去思考问题。换位思考直接影响到沟通的效果。比如，两个人建立起沟通关系后，如果一方对另一方的沟通内容没有充分地理解，就不能站在对方的角度思考问题，那么沟通就可能戛然而止，这样的沟通自然是无效的；如果双方在沟通过程中能运用换位思考的方式，那么沟通效果可能会大不一样。

运用换位思考与人进行沟通，必须做到如下几点：

一是沟通时要专注。换位思考的前提是能专注地与人进行沟通。也就是说，在与别人沟通时不要想其他的事情，不要左顾右盼、心不在焉，要全神贯注地倾听别人讲话，不要随意打断别人的谈话。与人沟通时保持专注，能提高对方的沟通热情并使沟通热情持续下去，从而产生有效沟通。

二是从对方的角度去思考问题。沟通能否有效地持续下去很重要的一个因素就是沟通主体能否设身处地地从对方的角度去思考问题。比如，当你与别人的沟通出现问题时，你会从对方的角度扪心自问："如果这件事换成是我，我该怎么办？"当思考完这个问题之后，也许你会清楚地了解到对方的心理特征，同时也理解了对方说话的含义。如果这样，持续沟通之目的也就顺理成章地达到了。

三是理解对方。沟通时换位思考的前提之一，是充分理解对方。因为"理解能产生良性作用"：一则人们都希望与理解他的人进行沟通；二则如果一个人在与别人沟通时能得到别人的理解，他就会心存感激，与此同时也增进了彼此间的沟通；三则只有让对方感觉到被理解，对方才能敞开心扉，更愿意将沟通进行下去。

四是客观评价对方言论。在适当的时机对沟通方言论进行客观、公正的评价，也体现出了双向互动沟通中的换位思考特征。在两个人的正常沟通中，沟通者表达的信息有时候可能是不准确的，即他没有将自身想要表达的信息表露出来，在这种情况下，不要妄自揣摩，更不能断章取义、捕风捉影，而是要通过客观的分析表达出自己的想法和感受。只有在这种状态下，才能使这种良性的沟通持续下去。

五是及时解决问题。在沟通中难免会出现分歧，在这种情况下，如果彼此消极对待出现的问题，不理不睬，不通过沟通方式进行解决分歧，很可能就会使分歧意见越来越大，最终导致难以调解。因此，沟通专家认为，及时解决在沟通中出现的问题关乎沟通是否能产生互动、是否能产生沟通效益。基于此，在沟通中，一旦出现分歧，就应立即想办法将分歧意见控制住，防止扩大化，这样才能及时将问题消灭在萌芽阶段，将互动式沟通继续下去，沟通效益也不会因此而丢失。

本章小结

沟通按照是否进行反馈可分为单向沟通和双向沟通两种。单向沟通与双向沟通是人际沟通最常见最重要的类型。两者的差异主要体现在：沟通持续的时间长短不同；接收者理解信息的准确程度不一样；接收者对信息的置信程度有差异；接收者对信息的满意程度不同；信息所受干扰度不同。这些差异决定了两者的适用人群与沟通效果也不尽相同。单向沟通技巧主要包括事先周密组织、一般性引导、陈述有说服力、语速要慢、简单重复、适当停顿、舒服性刺激、敏感性刺激、演绎确认九个方面。双向沟通的技巧主要包括协商式沟通技巧与互动式沟通技巧。前者涉及沟通的节奏、时间、尊重、态度等技巧，后者则包括耐心倾听、互尊互信、畅所欲言、换位思考、及时解决问题等技巧。

【练　习】

1. 单向沟通与双向沟通的特点如何？它们分别适用于哪些人群？
2. 什么是协商式沟通？协商式沟通的技巧有哪些？
3. 什么是互动式沟通？互动式沟通的技巧有哪些？
4. 沟通时为什么要换位思考？换位思考对达到沟通效果有何意义？
5. 试比较单向沟通与双向沟通之差异。

【案例与思考】

案例一：　FBI 警察通过单向沟通迫使犯罪分子就范

某地发生多起儿童被绑案，警察来到案发地点，发现每个丢失儿童的家中院落里都留有绑匪留下的字条，上面用红色字体写着："一个星期内，准备 30 万美元来赎回你们的孩子，否则你们将会看到他的尸体。"

于是，一名经验丰富的特工对丢失儿童家长说："既然绑匪用 30 万美元作为赎回孩子的筹码，那么我们就要假装答应他们的要求。我所要做的就是要扮演成家长的样子去与他们进行交换。"家长认为此种做法可行，于是便答应了。最后抓住了绑匪。

回到警察局后，这名警察单独对这名绑匪进行了讯问，在没有展开讯问前，他对绑匪大声呵斥道："你怎么能做出拐卖儿童这种丧尽天良的交易呢？难道你没有孩子吗？你这样做简直如禽兽一般！"绑匪低着头听着呵斥，一言不发。

然后他点上一支烟，在绑匪面前来回走动，最后向低着头的绑匪吐了一口烟，大声说道："你所有的犯罪记录我们都已经掌握，你可以选择沉默不语，但我要明确地告诉你，任何犯罪分子都不可能逃脱法律的严惩，如果想要得到宽大处理的话，就将你同伙的信息详细地写出来！"说完，他将笔和纸扔给了绑匪。绑匪听完他的话，内心终于动摇，乖乖地将同伙的信息写在了纸上。

思考：

1. 此案例在哪些方面体现了单向沟通的特征？

2. 在此案例中，单向沟通在对付犯罪分子方面起到了什么作用？

案例二：启发与施压

有一位员工，为人懒散，办事拖拖沓沓，有种寒号鸟的特质。因为该单位新成立，正是用人之际，只能委曲求全。但是，这位员工对于他的直接上司分配的任务，尤其是拟订的计划，总是一拖再拖，使得上司不得不经常调整计划。

基于此，这位上司，一方面约见这位员工，请他谈谈其办事风格和解决问题的方法，然后启发他调整办事思路，告诉他如何提高办事效率；另一方面，又让单位领导找这位员工谈话，给他指出办事拖拉给工作带来的消极影响，提出努力进步的方向，要求他按时保质完成任务。

经过直接上司的启发和单位领导施压，这位员工做事有了目标和动力，逐渐养成今日事今日毕的习惯，有时为了赶进度，还主动加班到很晚。

思考：

在该案例中，作为办事拖拉员工的直接上司，他是如何通过沟通促使自己的下属改变工作态度的？

案例三：　谁导致了飞机尾翼起火

1978 年 5 月的一天，美国洛杉矶机场的一架即将飞往芬兰的波音客机的尾翼忽然起火。大火扑灭后，赶来调查的 FBI 警察在对飞机尾翼进行检查时，发现这可能是一起人为造成的事故。

警察找到该机的机长，与其进行了这样的沟通："据调查得知，飞机尾翼起火的原因是尾翼的电路板发生短路，而这一切竟然在飞机起飞前没能发现，简直不敢相信。"此时，只见机长惭愧地低下了头。为了能尽快查明事故原因，警察并没有用命令式的沟通方式与机长沟通，而是继续问道："请你告诉我这架飞机当天负责检查故障的专业人员是谁，知道是谁对于他们及时解决问题是有帮助的。"于是机长将一个记载着当天检查飞机的人员名单递给了警察。经过认真分析后，警察对机长说："你对此次事故怎样看？"

机长低下头低声说道："此次事故与我没能及时发现问题有关，目前，并没有看出任何异常。"

"没关系，你可以尽情发表你的观点。"警察鼓励道。

"其实在我心里一直有个想法，负责检查飞机机翼的工程师来这里工作还不到一周时间，而他是个性格怪异、不愿与人相处的人，我感觉他或许有问题。"机长分析道。

"他叫什么名字？"警察追问道。

"菲尔·金·霍顿。"警察随即从电脑中查看了这个人的信息。在个人受处罚情况一栏中显示：1970年此人曾因为当街焚烧美国国旗被判刑三年。警察看到这样的信息后，内心不由一怔，认为这个人很可能与飞机走火有关。于是，再次找到机长将这个想法告诉了机长。听完警察的推断，机长不由倒吸一口冷气，主动对警察说："我也认为这个人有嫌疑，要不，对他展开讯问如何？"

."如果我们直接找到他，他可能不会承认，你可以假装以飞机需要维护为由将他叫到机场，到时候我们再采取行动。"就这样，警察与机长通过沟通达成了抓捕方案。最终在警察的讯问下，菲尔·金·霍顿承认了飞机机翼起火是自己为了发泄情绪所为。

思考：

FBI警察对机长与菲尔·金·霍顿分别采用了何种沟通技巧？这些沟通技巧对查明飞机机翼起火真相各有什么作用？

【参考文献】

[1] 金圣荣. FBI沟通术［M］. 哈尔滨：哈尔滨出版社，2012.

[2]［美］约翰·巴尔多尼. 向领导大师学沟通［M］. 马跃译. 北京：机械工业出版社，2004.

[3] 彼得·德鲁克. 全球沟通管理学精选［M］. 北京：北京大学出版社，2004.

第四章

"三行沟通"技巧

【学习目标】

通过本章学习，了解"上行沟通"、"下行沟通"、"平行沟通"的界定、特点、适用人群及其在人际沟通中的地位与作用，掌握"上行沟通"、"下行沟通"、"平行沟通"的技巧，明确"上行沟通"、"下行沟通"、"平行沟通"的差异，并能在现实生活中熟练地运用同一级别以及不同级别的沟通技巧。

【关 键 词】

上行沟通　下行沟通　平行沟通　平等沟通　恩威并用　勿伤自尊

人都生活在深深烙上了身份等级的不同社会群体里，因而在这个由形形色色的人组成的社会里，我们不可避免地要与同一级别或不同级别的人进行沟通，即所谓"三行"沟通。在人际沟通学上，人们把同一级别间进行的沟通称为"平行沟通"；下级与上级之间进行的沟通称为"上行沟通"；上级与下级进行的沟通称为"下行沟通"。沟通主体级别不同，采取的技巧也就不同。

第一节　上行沟通技巧

"上行沟通"作为不同级别的沟通类型之一，具有既不同于"下行沟通"也不同于"平行沟通"的独特沟通技巧。

一、上行沟通

上行沟通是指下级与上级之间进行的沟通。上行沟通在不同的行业或不同的群体中，沟通主体中有着不同的阐释。在行政单位，指的是部下与领导之间进行的沟通；事业单位指的是下属与负责人之间进行的沟通；私人企业指的是员工与老板之间进行的沟通；学校指的是学生与老师之间进行的沟通；社会、亲戚圈里体现为晚辈与长辈之间进行的沟通。

人与人沟通就需要掌握一定的技巧，这样才能使沟通产生价值和效果，而掌握好上行沟通的技巧在现实生活中显得尤为重要。国际著名沟通专家卡迈恩·加洛曾表示："无论在日常生活还是工作中，人们都不可避免地要与他人进行沟通，沟通是双方增进了解不可或缺的因素，更是洞悉对方心理的关键因素，而这尤其体现在与上级的沟通中。"

在一个人成长成才的过程中，掌握一定的上行沟通技巧非常重要。首先，有助于个人提升。为何有的人在单位能力平平，却能平步青云、步步高升？为何有的员工业绩不是单位最好的，却能得到老板的赏识和提升？关键在于他能与上级领导进行有效的沟通；其次，有助于找到一份好的工作。在现实生活中，为何有的学生成绩中上，在校却能讨老师喜欢，毕业时也能找到一个好单位？原因之一在于该生有较强的上行沟通能力。最后，有助于家中"得宠"。为何有的小孩在兄弟姐妹中学业不是最突出的却受到父母及其他长辈的好评如潮，并得到宠爱？其中最重要的原因在于，他们掌握了一定的与长辈进行上行沟通的技巧。

表4-1   不同风格类型领导的特征

类型	特征
控制型	直接下命令，不允许部下违背自己的意志，关注工作的结果而不是过程。
互动型	亲切友善地与部下相处，愿意聆听部下的困难和要求，努力营造融洽的工作氛围。
实事求是型	按照自己的行事标准要求部下，注重问题的细节，善于理性思考。

二、上行沟通的技巧

在下级与上级的沟通即上行沟通中，要想使沟通达到一定的效果，必须遵循一定的沟通技巧。

1. 想上级之所想

在工作中，下级不可避免地要与上级领导商讨事情或汇报工作，然而，如何才能使讨论的事情或工作汇报圆满成功，事先想办法知道上级内心的想法，从而为此后的沟通做好铺垫，显得非常必要。

如何才能知道上级内心的想法，可采取如下四个步骤：

步骤一：深入思考一下上级平常喜欢听什么样的话。比如，他喜欢下级直言陈述还是委婉表达，喜欢听奉承话还是不夸大其词，等等。

步骤二：充分推测一下上级对你所要讨论或汇报的事情有何想法。比如，他是赞同、基本赞同还是否定、完全否定，等等。

步骤三：注意观察上级听完汇报后的反应，比如，是面露微笑还是眉头紧锁，是高兴还是沉默不语。

步骤四：针对上级的不同反应，采取相应对策，比如，当领导听完工作汇报后表现出愉悦的神情，你可采用顺水推舟的沟通技巧，提出改进意见，从而将此项工作进一步完善；当领导听完你如实汇报之后，显现出不高兴或忧虑的神情时，你可以用"说明"或"劝解"的沟通技巧，打消领导的忧虑，如说明完成此项工作遇到了那些困难，打算如何克服这些困难等，并表明能做好此项工作的决心和信心，劝领导放心，化解领导心中的忧虑。

相关链接 🔍搜索

说服领导的技巧

下级与上级领导沟通，如想说服领导，必须掌握下列技巧：

一是选择恰当的提议时机；

二是资讯及数据都极具说服力；

三是想领导质疑，事先准备答案；

四是说话简明扼要，重点突出；

五是面带微笑，充满自信；

六是尊敬领导，勿伤领导自尊；

总之，在上行沟通中，只有从对方的角度思考问题，进行针对性的沟通，才能达到沟通的效果。

相关链接 🔍搜索

哈伯如愿建大楼

美国的芝加哥大学拟建造一座新的大楼，预计需要上百万美元的资金。该校校长——聪明过人的哈伯将芝加哥的大富翁们一一列了出来，随即就有了主意。

这天中午,哈伯来到了芝加哥电车公司。他趁秘书和其他工作人员都去吃饭的机会,悄悄地走进了总裁洛克菲勒的办公室。哈伯说:"尊敬的洛克菲勒先生,您好!我是芝加哥大学的校长,我叫哈伯。看到外面那间办公室没有人,我只好未经允许就自己走进来了!"洛克菲勒听了点了点头。"我时常想到您,早就想来电车公司拜访您。我知道您赚了很多钱,并且已经建立起了一套良好的电车系统。但是,每次想到您,我都会有一种感觉。那就是您迟早都要进入那个不可知的世界。到那个时候,就会由别人来接管您的财产了。您知道钱一旦换了主人,原来的主人很快就会被人忘掉。所以,在您走后,世界上不会留下任何足以使人记住您姓名的纪念品。"洛克菲勒听到这里不由会心地笑了,他早就对此有所感觉。

"我很想给您提供一个流芳百世的机会,就是让您在芝加哥大学兴建一所大楼,并以您的名字来命名。本来我早就想这样做了,只是学校董事会的一位董事总想把这份荣誉留给您的仇人。老实说,我个人对您一向怀有好感,也是您最有力的支持者。如果您能赞成我的主张,我愿意去说服持反对意见的董事,让他也来支持您。今天我刚好经过这里,就顺便进来坐坐,和您见面谈谈。这件事您可以考虑一下,不必急于作出决定。如果您有意再和我谈谈这件事,那就麻烦您抽空给我打个电话。先生,再见!我很高兴能有这个机会和您聊聊!"说完后,哈伯留下一张名片离开了洛克菲勒的办公室。办公室里,洛克菲勒一个人沉思起来。

当哈伯回到自己办公室的时候,洛克菲勒就打电话过来告诉他说,他希望能和他再面谈一次,地点就在芝加哥大学。

哈伯听洛克菲勒说要到芝加哥大学来面谈,知道资金有望,于是连忙高兴地答应下来。

第二天早上,洛克菲勒如约来到了芝加哥大学。在校长办公室,哈伯和洛克菲勒谈得很愉快,在友好的气氛中,洛克菲勒开出一张价值100万美元的支票给了哈伯。

哈伯之所以能如愿以偿,让洛克菲勒高高兴兴地开出支票,是因为他从对方的立场出发,为对方着想,以对方的利益为起点,让对方明白事情对自己有利。

2. 简明扼要

一般说来,由于领导都比较忙,时间宝贵,因而都要求下级汇报工作时简明扼要。基于此,下级在与上级沟通时,如工作汇报,要尽可能地长话短说,尽量将事情的原委用简明扼要的语言向上级汇报清楚。只有这样,才能使沟通的话题更具有针对性,使上级能够比较快地理解事情的真相,拿出解决方案。如果下级在向上级工作汇报时,拖泥带水,将原本简单的事情复杂化,既达不到有效沟通之目的,也无助于工作的解决。

3. 察言观色

在与上级沟通中，察言观色也非常重要，即通过察言观色，读懂领导背后的意图，理解领导话语背后的含义，并据此采取相应的沟通技巧。比如，当你在汇报工作时，领导突然打断你的话说：对不起！我知道你的意思了！或者说：你能简单点吗？我还有许多事要做；这表明他对你的沟通内容不感兴趣，不想继续听下去了。这时，最明智的选择就是立即停止汇报，或请领导提出意见，这样沟通才能深入下去。

4. 换位思考

不少事例已经证明，相当一部分人与上级沟通时失败，究其主要原因在于：他们在与上级沟通时，以自我为中心，忽视领导的感受，没有进行换位思考，从而使双方的沟通产生分歧，最终没能达到有效沟通的目的。基于此，在与上级沟通时，要尽量从领导的角度出发，摸清领导的心理，换位思考，才能取得良好的沟通效果。

5. 适当迎合

喜欢别人迎合自己说自己爱听的话，乃是人的天性之一。上级领导是人，也喜欢听好话、乖话、赞美的话。因此，在与上级领导沟通时，为了使某项工作能够得到领导的同意和批准，适当迎合领导，说其想听的话，也对上行沟通效果具有积极的影响。基于此，下级在与上级领导沟通时，有必要弄清楚上级领导的心理特征，即他想要听什么话，然后，在沟通过程中能说出一些让领导喜欢听的话，迎合领导的同时也使双方建立起良好的沟通关系，从而为双方之间的深入沟通打下良好的基础。

相关链接 🔍 搜索

沟通"迷路"与"达标"

某公司为了奖励市场部的员工，制订了一项海南旅游计划，名额限定为10人。可是市场部13名员工都想去，市场部经理需要再向上级领导申请3个名额，如果你是部门经理，与上级领导沟通，可能会产生下面两种沟通结果：即沟通"迷路"和沟通"达标"。

沟通"迷路"：部门经理向上级领导说："朱总，我们部门13个人都想去海南，可只有10个名额，剩余的3个人会有意见，能不能再给3个名额？"朱总说："筛选一下不就完了吗？公司能拿出10个名额就花费不少了，你们怎么不多为公司考虑？你们呀，就是得寸进尺，不让你们去旅游就好了，谁也没意见。我看这样吧，你们3个做部门经理的，姿态高一点，明年再去，这不就解决了吗？"迷路原因有二：一是只顾表达自己的意志和愿望，忽视对方的表象及心理反应；二是以自我为中心，出言不逊，不尊重对方。

沟通"达标"：同样的情况下，去找朱总之前用换位思考法，树立一个沟通低姿态，站在公司的角度上考虑一下公司的缘由，遵守沟通规则，做好与朱总平等对话，为公司解决此问题的心理准备。部门经理："朱总，大家今天听说去旅游，非常高兴，非常感兴趣。觉得公司越来越重视员工了。领导不忘员工，真是让员工感动。朱总，这事是你们突然给大家的惊喜，不知当时你们如何想出此妙意的？"朱总："真的是想给大家一个惊喜，这一年公司效益不错，是大家的功劳，考虑到大家辛苦一年，年终了，第一，是该轻松轻松了；第二，放松后，才能更好地工作；第三，是增加公司的凝聚力。大家要高兴，我们的目的就达到了，就是让大家高兴的。"部门经理："也许是计划太好了，大家都在争这10个名额。"朱总："当时决定10个名额是因为觉得你们部门有几个人工作不够积极。你们评选一下，不够格的就不安排了，就算是对他们的一个提醒吧。"部门经理："其实我也同意领导的想法，有几个人的态度与其他人比起来是不够积极，不过他们可能有一些生活中的原因，这与我们部门经理对他们缺乏了解，没有及时调整都有关系。责任在我，如果不让他们去，对他们打击会不会太大？如果这种消极因素传播开来，影响不好吧。公司花了这么多钱，要是因为这3个名额降低了效果太可惜了。我知道公司每一笔开支都要精打细算，如果公司能拿出3个名额的费用，让他们有所感悟，促进他们来年改进，那么他们多给公司带来的利益要远远大于这部分支出的费用，不知道我说得有没有道理，公司如果能再考虑一下，让他们去，我会尽力与其他两位部门经理沟通好，在这次旅途中每个人带一个，帮助他们放下包袱，树立有益公司的积极工作态度，朱总您能不能考虑一下我的建议？""既然如此，就让13个人都去吧！"朱总沉默了一会儿，终于答应了部门经理的请求。

第二节　下行沟通技巧

下行沟通是与上行沟通相对应的一种沟通方式。对上级领导、公司老板、长辈而言，掌握下行沟通技巧，对于确保任务完成、增强单位凝聚力等，具有不可低估的意义。

一、下行沟通

下行沟通是方向型沟通的一种类型。下行沟通与上行沟通一样，在不同的行业或不同的群体因沟通主体不同而有着不同的阐释。

在行政单位，指的是上级领导与下级之间进行的沟通，比如，在工作中，上级领导向下属传达任务安排工作时，必须运用这种沟通方式；在企事业单位，指的是单位负责人或老板与下属之间，比如，在负责人向下属，老板向员工安排工作时，也必须运用这种沟通方式；在有血缘关系的亲戚圈里体现为长辈与晚辈之间进行的沟通，比如，长辈向晚辈布置做某件事情时，也会用这种沟通方式。

掌握下行沟通技巧的好处很多。其一，有助于办好事情，完成任务；一个单位或一个公司，要想办好事情，完成拟定的任务，必须依赖于广大职工或员工，而要想发挥他们的积极性，必须借助良好的沟通技巧；其二，维护上级权威。一个单位或一个公司要想做大做强，上级的权威相当重要，而要想树立上级权威，也离不开良好的下行沟通技巧；其三，增强凝聚力。凝聚力是一个单位或一个公司兴旺发达必不可少的条件。凝聚力的形成，同样离不开上级与下级的良好沟通。

二、下行沟通的技巧

下行沟通作为与上行沟通方向相反的一种沟通方式，由于沟通主体与被沟通的主体以及沟通内容不同，因而在沟通中采取的技巧也截然不同。

1. 身体力行，直达沟通

直达沟通是指上级在分配任务或下达指令时，采用亲自将任务传达给下级的方式进行的沟通。虽然，此沟通方式较之让助理或秘书去传达任务费时费力一些，但它能大大提升任务执行速度、促成任务顺利与圆满完成。因为上级领导亲自分配任务，表明此任务的重要，具体执行者会雷厉风行，尽最大努力、毫不含糊地去执行任务，从而确保任务的完成。

2. 耐心沟通，明确目标

上级向下级分配任务或与下级沟通时，至关重要的一点就是：要让下级明确自己执行任务的具体目标。只有知道了任务的具体目标，下级才有可能完成上级分配的任务。无数事例证明，如果下级在未弄清楚任务目标的情况下，贸然执行任务，最终将因缺乏目的性而撞得头破血流。基于此，上级在分配任务时，首先要做的是：向下级反复强调，使之将任务目标搞清楚，接下来要做的是：如果发现下级对任务目标不清楚或者不很清楚，应立即耐心地与他们沟通，直到每一名接受任务者清楚任务目标为止。

3. 恩威并用

在下行沟通中，恩威并用是一种比较常用，同时也是一种比较有效的沟通方式。"恩威并用"本意是指上级对付下级的两种手段，即施予恩惠和加以惩罚。将其用于沟通，主要指上级在与下级的沟通中，既要有体现威严的一面，比如，下级犯了错，该批评就得批评、该训斥就得训斥，目的是使犯错误者认识到错误的严重性，防止重犯；同时也要体现"恩"的一面，如批评训斥之后，要告诉他如何改正错误，并鼓励他振作起来，将功补过。实践证明，这种沟通方式相对其他方式而言更具有针对性，也更能体现出与下属沟通的价值，因而现实生活中使用的频率最高，沟通效果也比较好。

相关链接 🔍搜索

恩威并用的沟通价值

20世纪70年代，美国国内暴力犯罪非常严重，每天都会上演着不同程度的暴力犯罪活动。一天，美国弗吉尼亚州的一家医院发生了一起严重的暴力犯罪事件，五名因为遭遇车祸而刚做完手术的病人遭到不明人员的杀害。从犯罪现场的情况来看，死者似乎并没有进行挣扎，完全是在睡梦中就丧失了生命。该起案件发生以后，便被传开了，人们一致认为实施犯罪活动的一定是个杀人恶魔。

案发后，弗吉尼亚州的警察第一时间赶往了医院，进行调查。调查中，该州警察并没有意识到要保护犯罪现场，也没有对犯罪现场进行封锁，甚至还让记者对案发现场进行拍照。当FBI指纹档案馆的主管赶到案发现场并看到案发现场被翻得如此凌乱时，他大声呵斥道："为什么没有保护好犯罪现场，这是谁干的？"说完后，FBI指纹档案馆的主管环顾了一下四周，只见一名警服上写有"实习"字样的警察低下了头，言语中带有一丝不安，轻声说道："是我干的。"只见FBI指纹档案馆的主管来到这名实习警察的身边，大声训斥道："难道警察局没人教你要保护好案发现场吗？难道你不知道破坏了现场就意味着毁灭了证据吗？"

这名实习警察被训斥得低下了头并涨红了脸，不敢再看FBI。就这样，过了几分钟，FBI的情绪有所缓和，他用平和的语调打破了紧张的气氛，对这名实习警察说道："出现这种情况也不完全是你的错，你的上级也有责任。好了，现在跟我一起来调查这起案件吧。"听完这些话，这名实习警察紧绷的神经才有所缓和，随后便在FBI指纹档案馆主管的帮助下寻找到了犯罪分子留下的作案痕迹。

经验丰富的FBI来到一处破碎的吊瓶前，戴上手套，从包里拿出一块黑色的棉布和一个放大镜并将破碎的吊瓶放在黑色棉布上，用放大镜仔细地观察了起来。站在一旁的实习警察不知FBI能从破碎的吊瓶上寻找到什么有价值的线索，于是便疑惑地问道："您在寻找什么？"FBI指纹档案馆的主管好像没听到实习警察的声音，继续观察着。就这样，两分钟过去了，FBI指纹档案馆主管依旧在仔细查看着。而就在第三分钟的时候，他忽然站起身，对现场的所有人说道："果然如我所料，犯罪分子是通过拔掉病人的输液管来杀害病人的。可是他还是在吊瓶上留下了指纹。"现场的所有人都为他的这个发现感到高兴。这时，实习警察不解地问道："您能告诉我您为什么将破碎的吊瓶放在黑布上吗？"

"由于吊瓶和放大镜的玻璃都是白颜色的，如果直接用放大镜去看吊瓶的话，只会看到一片白色，根本很难看到指纹信息。但如果将吊瓶放在黑色棉布上，就会给白色的吊瓶增加黑的背景，如此一来，就能很容易地看到指纹信息了。"在FBI指纹档案馆主管的帮助下，这名实习警察学到了很多调查方面的技巧，并最终将杀害五名病人的杀人恶魔绳之以法。

后来，有人问及这名实习警察是否怀恨FBI指纹档案馆主管对其进行的严厉批评，他这样表示道："我从来都没有怀恨过FBI指纹档案馆主管，他对我的批评完全是从帮助我成长的角度出发的。我对他的这种沟通方式非常满意，因为这并没有让我感觉到不悦，而带来更多的则是一种心悦诚服。"

从这个实例中可以看出，FBI指纹档案馆主管与下属，也就是这名实习警察之间所运用的沟通技巧——恩威并用。

"威"体现在：当实习警察在医院调查时没有保护好犯罪现场，反而使现场凌乱并对破案不利时，遭到了FBI指纹档案馆主管的训斥。在FBI指纹档案馆主管看来，这种训斥式的沟通方式是领导与下属沟通时不可或缺的，因为这是对下属错误的指正，同时也能有效地避免下属会继续犯同样的错误。相反，如果领导没有用训斥的方式，那么下属可能就不会意识到自己所犯错误的严重性，甚至还会认为领导没有威严感。在这种情况下，就要像FBI指纹档案馆主管一样将领导的威严显现出来，使下属感受到领导强大的气场。

"恩"则体现在：实习警察由于缺少实际办案的经验，在面对复杂的案件而显得一筹莫展时，FBI指纹档案馆主管帮助其找出了犯罪分子遗留下的作案痕迹，并向其传授办案中所采用的技巧，通过这样的方式让实习警察学到了宝贵的实战经验。

4. 平等待人，勿伤自尊

当上级与下级沟通时，无论在何种场合，也无论情况如何，都要尽可能做到勿伤下级自尊。因为一则从法律的角度来讲，人与人是平等的，不存在身份高低与贵贱之分；二则从沟通学的角度讲，如果在沟通中伤害到下级的自尊，如劈头盖脸式地批评和指责，或者当下级犯错误时，说些"你怎能犯下如此错误"、"你工作干得太差劲了"等，伤害下级自尊的话语，都有可能使下级产生反感，从而使沟通失去意义。要想做到勿伤下级自尊，首先，摆正自己的姿态，不要出言不逊，更不能对下级进行人身攻击；二是遵循一定的沟通技巧，比如，对事不对人，不要将所有责任归咎于下级身上，从下级的角度去思考问题等。总之，上级有必要学会批评下级却并不伤害下级情感的沟通技巧。

三、亲子沟通的技巧

父母作为长辈，与孩子的沟通当属下行沟通的范畴。由于学识、见识、年龄、代沟等因素的作用，一些父母大叹与孩子难以沟通。

父母与孩子的关系是否良好，直接关系到孩子的成长。而父母与孩子良好关系的建立，亲子沟通技巧发挥了关键作用。下面介绍几种实践证明颇为有效的亲子沟通技巧。

1. 沟通从 "心" 开始

父母与孩子沟通，必须从"心"开始。具体应该做到如下几点：（1）视孩子为朋友；（2）以谈心的方式沟通；（3）将心比心，换位思考，进入孩子的内心世界，让彼此的心贴得更近；（4）尊重孩子的选择、兴趣和爱好；（5）注意引导，孩子的未来自己决定。

2. 放下架子注意倾听

在亲子沟通中，放下架子注意倾听孩子的心声和诉求，显得十分重要。因为倾听能让孩子感受到父母的尊重、体会到父母的关爱，尤其是发现孩子的需求，分享孩子的心情，达到沟通之目的。

相关链接 🔍搜索

沟通在倾听中发生

佛教禅宗曾提出过一个问题，"若林中树倒时无人听见，会有声响吗?"答曰："没有。"树倒了，确实会产生声波，但除非有人感知到了，否则，就是没有声响。沟通也是一样的道理，只有接受者在倾听孩子的心声和诉求时，沟通才能发生，才能产生沟通效果。

---

3. 讲究语言技巧

在亲子沟通中，父母的语言语气也对沟通效果有着极其重要的影响。沟通时，父母要尽量用赏识的语言，这是孩子上进的动力；鼓励的语言，这是孩子最大的精神支柱；爱的语言，这是孩子成长的最好营养；如果孩子做错了，批评孩子时，要注意忌用过激的、难听的、指责的、骂人的语言，讲究批评语言技巧。同时，还要注意与孩子沟通时的语气，多用温柔、建议的语气，如："宝宝乖，说给我听听"，"爸爸妈妈很想听听你的想法"。

4. 以宽容的心态沟通

在亲子沟通中，父母要明确宽容并不是纵容，要抱着宽容的心态与孩子沟通。具体地说，要原谅孩子"顶嘴"，理解孩子犯错误，善待孩子的失败，宽待孩子"不争气"，接受孩子"反传统"，同时，如果发现自己错了，还要学会向孩子道歉。

5. 营造和谐的沟通氛围

在亲子沟通中，营造和谐的沟通氛围必不可少。首先，构建民主的家庭氛围，允许小孩有发言权；其次，构建和谐的家庭环境，尽量避免争吵；再次，利用一切有利的时间，如利用就餐、娱乐或睡前等时间进行沟通；最后，创造有效的沟通氛围，如每周安排一次或以上孩子感兴趣的活动，家长与孩子一道参加，在活动中与孩子进行沟通。

相关链接 🔍搜索

走出无效沟通的误区

父母与孩子沟通误区有五：一是溺爱：错误的沟通；二是不打不成器：无能的沟通；三是放任自流：根本没有沟通；四是期望太高：没有结果的沟通；五是心灵施暴：负面的沟通。

第三节 平行沟通的技巧

平行沟通是不同于下行沟通、上行沟通的一种常用的沟通方式。掌握此种沟通技巧，对于建立良好的同事关系、朋友关系、同学关系等，具有极其重要的意义。

一、平行沟通

平行沟通是指同一级别或同一群体之间的沟通。

平行沟通与下行沟通、上行沟通不同，其主要的特点是：沟通的基础是相互尊重；主要目的是相互帮助；沟通主体之间不存在制约关系，因而更多的是平等沟通。

平行沟通的适用范围非常广泛，主要体现在如下几个方面：一是同一级别的沟通，如行政部门中的科级与科级、处级与处级等之间的沟通，企业中经理与经理、总经理与总经理等之间的沟通；二是同事之间的沟通，如行政企业、事业单位的一般员工之间的沟通；三是朋友之间的沟通；四是同学或战友之间的沟通；五是亲人圈如兄弟姐妹等之间的沟通。

在现实生活中，进行平行沟通的实例非常多。平行沟通是进行有效沟通不可或缺的方式。平行沟通就不同的群体而言，作用不尽相同，比如，对行政企业、事业单位而言，良好的平行沟通，有助于最大限度地增强团队凝聚力，并可以向着共同的目标努力创造出共赢的局面，对一个家庭而言，良好的平行沟通，有助于形成和谐的家庭氛围，而家和则万事兴；就个人而言，良好的平行沟通，可助人们构建起良好的人脉关系，为成功奠定坚实的人脉基础。

相关链接 🔍搜索

联想集团的沟通文化："五多三少"

古语云：上下同心，其利断金。联想集团为了充分唤起员工间家庭般的和谐与温暖的感觉，要求本公司员工务必做到"五多三少"，从而营造了一个和谐温馨、信息渠道畅通的工作氛围，达到一种真正的上下同心。

"五多三少"是指：多考虑别人的感受，少一点儿不分场合地训人；多把别人往好处想，少盯住别人的缺点不放；多给别人一些赞扬，少在别人背后说风凉话；多问问别人有什么困难，多一些灿烂的微笑。

二、平行沟通一般的技巧

平行沟通的技巧很多，涉及角色定位、沟通态度、语言技巧、沟通时间等方面。

1. 角色定位，平等沟通

平行沟通是同一级别之间进行的沟通，这是每一个进行平行沟通的人必须明确的角色定位。只有明确这一角色定位了，才能进行有效的平行沟通。然而，在现实生活中，一些人未能明白这一定位，如有的人常常以命令式的口吻与同一级别的人进行沟通，有的人则要求新来的同事帮其做这做那，甚至喜欢以领导的姿态与新同事沟通，结果因沟通不畅产生严重分歧而导致不愉快的事情时有发生。心理学研究已经证明：如果两个人在工作中的级别和职位都相同，而其中一个人经常用命令式的口吻与其进行沟通，那么，另一个人会感到极不舒服，久而久之，双方关系会很紧张，从而导致双方因难以沟通而影响工作。相反，如果在平行沟通时，双方把角色定位好，以平等的方式与对方进行沟通，这样不仅能营造一个轻松愉快的工作氛围，而且能拉近同事之间的距离，使沟通顺利进行下去，从而利于更好地工作。

2. 摆正态度，视同事为朋友

社会上有"同行相轻"的说法。单位上也有所谓：同事归同事，朋友归朋友。意思是说，同事就是同事，不可能成为真正的朋友。实则不然，只要我们掌握一定的与同事沟通的技巧，辅之以真诚相待，同事也能成为朋友。诚如一位在美国联邦调查局服役多年者所言："与同事建立好关系就需要借助一定的沟通技巧，而这个沟通技巧就是将同事看成是朋友一样与其展开沟通，这样自然就会与同事建立起良好的沟通方式。"要想视同事为朋友，最重要的是摆正态度，只有这样，你才能以平等心态与同事沟通，才能有亲和力，才能为同事所接受。

3. 掌握技巧，练好语言功

在平行沟通中，语言技巧显得非常重要。平行沟通的语言技巧主要体现在如下三个方面：

一是用真诚的言语与同事进行沟通。在与同事沟通的过程中，沟通言语是否真诚决定着沟通效果的好坏。无数事例表明：在很多情况下，言语越真诚，就越能感动同事，也就越能建立起良好的沟通关系。如当同事工作中取得了骄人的成绩时，你用真诚的言语对同事取得的成绩表示祝贺，同事就会感到无比欣慰，当你遇到困难同事帮你解决之后，你真诚地说一句道谢的话，同事也会为你的真诚道谢所感动，从而为你们日后进行良好的沟通奠定基础。

二是用平和的语气与同事进行沟通。在平行沟通中，由于双方都认为对方与自己身份地位平等，因而都希望对方在交往沟通中，能用自己所能接受的语气说话。基于此，用平和的语气与同事进行沟通，不仅必要，而且显得必需。尤其是当双方因某种原因出现分歧时，用平和的语气进行沟通显得特别重要。因为唯有如此，沟通才有效果，才有意义，才能解决意见分歧。

三是用赞美言语与同事进行沟通。美国著名女企业家玛丽·凯曾说过："世界上有两件东西比金钱和性更为人们所需——认可与赞美。"人天生喜欢别人赞美，换句话说，世界上恐怕没有任何人会拒绝别人的赞美，因为再小的赞美也会使人有如沐春风的感觉。基于此，在与同事的沟通中，在适当的时机、适当的场合、适当地使用赞美语言与同事沟通，也是一种不可或缺的沟通技巧。比如，当你看见你的同事今天精心打扮了一番，你自然而然地赞美一句："你今天很精神，真漂亮！"一句简单的赞美，或许能给同事内心带来无比的喜悦，她对你的好感也会油然而生，甚至会萌生出与你建立良好关系的念头，这对以后双方的沟通与共事大有裨益。

相关链接 🔍搜索

赞美别人须掌握技巧

×××，35岁，事业有成，但依然单身。在父母的安排下，他与一个条件很不错的女孩子相亲。见面地点定在一家咖啡馆。当×××赴约时，立马被眼前的相亲对象吸引：身材窈窕，穿着一件轻纱薄裙，面容精致，笑容温和而充满风情。他忍不住赞美对方："你真美，跟我想象中很不一样。"女孩很是受用，嘴里却说："你过奖了！呵呵，跟你想象中有什么不一样呢？"×××想都没想地说："你比我想象中性感多了！"话一出口，女孩子脸就红了，看了看自己的纱裙，心想，这男的真是轻薄！于是，借口家中有急事，匆匆与×××告别。

赞美一个女生是很好的，但是，同时要注意用词的得当性，因为有些字眼反会引起对方的反感。如果对方很保守，你夸她性感，她会觉得别扭，还会觉得要么自己衣服没穿合适，要么对方动机不纯。如果×××能这样说："我想象今天会见到一位漂亮姑娘，但未想到您气质与美丽兼有，打扮品位一流。"对方一定会觉得非常开心，并更为自信，接下来的交谈也会更顺利了。

4. 敢于认错，及时沟通

一个人在与同事共事交往沟通的过程中，难免会发生这样或那样的错误，面对自己的错误，大多数人可能不承认，更不会主动与对方就自己的错误展开交流，往往会导致双方的沟通陷入僵局。比如，当你与同事讨论某一问题，在你提出自己解决问题的想法之后，有一名同事对你的想法提出严重质疑或反对意见，双方最后发生争论，你一怒之下拍桌并摔门而出。但事后你很快意识到这种做法是既不理智也不礼貌，如果你能主动找到那位同事，对他说一句："抱歉，那天我情绪失控了，请你原谅。"同事对你心存的怨气会消了一大半。如果你深谙沟通技巧，随即加上一句："那天你的质疑有一定的正确性，我应该多听听你的意见才对，如果因我的举动伤害了你，请你原谅我的无知。"这位同事的怨气肯定全消，并会面带微笑地对你说："没关系，我根本没往心里去。别在意！"

三、职场同事沟通技巧

当你身在职场，工作中的同事人际关系是你每天都必须面对的现实。处理得好，同事之间的人际关系就和谐，于己于公司于工作都大有裨益，反之，则损己、损公司、损工作。那么，如何才能实现你与同事之间和谐的人际关系？掌握沟通技巧至关重要。

职场同事之间的沟通，就沟通的性质而言，属于平行沟通的范畴。在平行沟通的过程中，要想达到沟通效果，需要借助沟通技巧，化解不同的见解与意见，建立共识，搞好工作。

职场同事之间的沟通技巧很多，其中最为重要的有"十要"和"六不"。掌握了这些技巧，在与同事的沟通中，就知道了什么该做，什么该不做，做哪些有利于沟通，做哪些不利于沟通。

1. 同事沟通 "十要"

同事沟通"十要"是指：要坦言、要互相尊重、要聆听、要情感与理性沟通相结合、要肯定、要专业、要"先跟后带"、要自信、要体谅、要勇于认错。

（1）要坦言

在长期的工作过程中，任何人都免不了因某件工作未做好而受到同事的误解、责备、抱怨。如遇到此种情况，你应该主动出击，坦言事实真相。如果说信任是同事之间沟通的基础，那么，坦言则是沟通的润滑剂。

（2）要互相尊重

在职场上，无论与同事从事何种工作，完成什么样的任务，只有给予对方足够的尊重，才能与同事进行有效的沟通。若对方不尊重你时，你也要想办法，甚至要请求对方给你应有的尊重，否则很难深入沟通下去。

（3）要聆听

在现实生活中，下级在与上级沟通时，下级出于尊重、崇拜等心理，比较注意聆听。但在与同事的平行沟通中，则出于我俩"半斤八两"的心理，往往会忽略沟通中的聆听，导致不能有效沟通。因此，同事沟通中的聆听对于达到沟通目的非常重要。需要指出的是，同事沟通中的聆听，不是简单地听就可以了，需要你把对方沟通的内容、意思把握全面，这才能使自己在回馈给对方的内容上，与对方的真实想法一致。例如，有很多人属于视觉型的人，在沟通中有时会不等对方把话说完，就急于表达自己的想法，结果有可能无法达到好的沟通效果。

（4）要情感与理性沟通相结合

在工作中遇到问题需要与同事进行沟通时，最好做到情感与理性沟通相结合，既要顾及同事之间的情感，动之以情，以情来打动对方，使沟通顺畅进行；又要晓之以理，以摆事实讲道理的方式与同事进行理性沟通，因为唯有这样，沟通才会有好结果，否则，沟通将无济于事。

（5）要肯定

在与同事进行沟通时，还要运用肯定的技巧，即肯定对方讲话的内容，不仅仅是说一些敷衍的话。肯定的方式多种多样，可以通过重复对方沟通中的关键词，也可以把对方的关键词语经过自己的语言修饰后，回馈给对方。这会让对方觉得他的讲话得到了你的认可与肯定，从而激发他愿意与你沟通的欲望。

（6）要"先跟后带"

所谓"先跟后带"，是指在与同事的沟通中，即使是你的观点与对方的观点不一致，在沟通中，你也应该先让对方感觉到，你对他的观点在某些方面是理解的，甚至是认可的，然后再通过语言和内容的诱导抛出你的观点，这样，对方才能与你继续沟通下去。

（7）要专业

沟通中的专业性是指在与同事的沟通中，你必须掌握一定的专业沟通技巧，并通过你的一举一动体现出来。这种专业性既来自你的微笑，也来自你的沟通语言和肢体动作。专业的沟通表现会使你赢得同事良好的印象与信任，为深入沟通奠定基础。

（8）要自信

一般说来，经营事业相当成功的人士，他们都有一个共同的特点，不随波逐流或唯唯诺诺，有自己的想法与作风，但却很少对别人吼叫、谩骂，甚至连争辩都极为罕见。他们对自己的认识相当清楚，并且肯定自己，他们的共同点是自信，日子过得很开心，有自信的人常常是最会沟通的人。

（9）要体谅

在与同事沟通时，要体谅对方的行为。所谓体谅是指设身处地为别人着想，并且体会对方的感受与需要。比如，同事在工作中说错了话，做错了事，我们应该设身处地为对方着想：他这样说或许有他的理由，他做错了事也许有不为人知的原因，自己在工作中也难免出错，基于此，应该对他表示体谅与关心。当对方感受或体谅到你的立场与好意，他或许会做出积极而合适的沟通回应，从而促成问题的解决。

（10）要勇于认错

如果在工作中，你犯了错误，同事找你沟通，最明智的做法是勇于承认我错了。别小看了一句：我错了！这可是沟通中的消毒剂，可解冻、改善与转化沟通问题，化解掉多少年打不开的死结，让人重归于好，使问题得到圆满解决。

2. 同事沟通"六不"

同事沟通"六不"是指：不批评、不责备、不抱怨、不口出恶言、不说教、不带情绪沟通。

（1）不批评

同事之间处在同一级别，没有上下级关系，彼此地位是平等的，因而如果同事做错了事，你千万不要批评他，如果你觉得此事非同小可，这位同事应该受到应有的批评，也最好汇报给上级领导，由领导出面批评，这样一则沟通效果会好些，二则你也不会因此而得罪人。

（2）不责备

在与同事沟通时，还应尽量做到不责备。因为你的责备会使同事产生反感，使他认为你把做错事的所有责任都归结于他，这对他不公平。此外，实践也证明，责备不能解决任何问题，

（3）不抱怨

与同事沟通，还应做到遇事不抱怨。因为你的抱怨虽然没有批评、责备那么伤人，但任何人都不喜欢抱怨者，亲人之间是如此，同事之间也是如此。更何况抱怨会使对方有时候无所适从，减弱他的工作积极性和主动性，对工作有负面影响。

（4）不口出恶言

在与同事沟通的过程中，口出恶言往往是沟通的刽子手，因为它只会使事情恶化。如果说了不该说的话，伤了对方的心，还要花费极大的代价来弥补，正所谓"一言既出，驷马难追"、"病从口入，祸从口出"，甚至还有可能造成无法弥补的终生遗憾！所以沟通时不能够信口雌黄、口无遮拦，要坚决杜绝口出恶言。

（5）不"说教"

"说教"的意思很多，比如讲解和教授、生硬机械地空讲道理、宗教般地宣讲教义等，都可以归结为说教。由于说教往往含有教导、训示、指教之意，因而，在与同事沟通时，尽量做到不"说教"，即使是老同事与年轻同事沟通，也应尽量避免，因为即使你说的有道理，很真诚，但对年轻人而言，"说教"多了也会让人生厌，何况不少年轻人本身就不喜欢"说教"。

（6）不带情绪沟通

怀揣情绪与同事沟通，常常无好话，既理不清，也讲不明，尤其是带着情绪沟通，易冲动而失去理性，甚至做出不可挽回后果的情绪性、冲动性的"决定"，令人后悔不已！

四、夫妻沟通技巧

夫妻之间的沟通属于特殊的平行沟通范畴。说它特殊，主要基于夫妻作为家庭成员中最亲密的人，他们被法律赋予了平等的地位。然而，在现实生活中，夫妻之间被法律赋予的平等地位，常常会因沟通时一方的"大男子主义"或"大女子主义"而打破，从而导致沟通受阻，造成夫妻不和，甚至离婚的悲惨结局。因此，掌握夫妻沟通技巧，对于构建和谐家庭，促进美好婚姻，均具有极其重要的意义。

夫妻之间进行沟通，技巧很多。其中最为重要的有如下十一个方面：

1. 明说你的需求

人作为社会动物，每个人都有自己不同的需求。夫妻也一样，各自有不同的需求。但如何才能让对方满足自己的需求呢？关键在于沟通，明说你的需求，而不是玩心理战，试图让对方来猜测你的心意。比如，你想要一枚戒指，可明确告诉丈夫。据说，有一名妇女想要一枚戒指，但她不是直接对丈夫说，而是把手伸到他面前晃一晃，然后问："你不觉得我的手太空了吗？"丈夫若有所思，第二天妻子收到一份礼物，很可惜，不是戒指，而是手套！可见，夫妻之间只有坦诚相待，明白交流，才能满足双方需求。

2. 包容忍让

夫妻不是仇人，夫妻是要携手走过风雨、共度人生的伴侣，所以要彼此包容忍让。为什么可以忍耐敌人的中伤，却不能包容爱人的无心之失呢？夫妻之间应该是互敬互爱，而不是总想着要怎样才能令对方臣服于自己。为了要在口舌之争中一较输赢岂不是太幼稚了么？当你用狠毒的字眼责骂对方的时候，也许有那么一刹那你感到了胜利的快感，但之后呢？你是否也会感到后悔，觉得这架吵得根本就不值得？光滑的木板被钉上了许多钉子，即使后来把钉子拔去了，木板也早已布满伤痕。偶尔的争吵是夫妻生活的调味剂，但盐若是放多了，菜也就苦了。所以在内战一触即发的时候，两个人都把嘴闭上，冷静五分钟，换一种平和的语气把你想说的话说出来，相信会起到很好的效果。

3. 即时沟通

夫妻同处一屋，难免像亲密无间的牙齿和舌头一样，也有磕磕碰碰的时候。遇到此种情形，夫妻之间最好能及时沟通，千万不能搁置一边，更不能夫妻"冷战"。尤其是当一方在气头上说了不该说的话，如"我们离婚吧！"，或犯了原则性的错误，如不小心"出轨"，更应即时沟通。否则，轻则会导致感情疏远，重则导致婚姻破裂。

4. 用"描述式"进行沟通

在夫妻沟通中，"描述式"被证明是一种非常有效用的沟通方式。所谓"描述式"，是指夫妻在沟通时，可用描述来表达自己的内心思想和情感，这样做的好处有：一是对事不对人，不会伤害到对方；二是充分表达自己内心的情绪和情感，让对方知道你现在的真实内心，在减少误解的同时，还能引起对方的情感交流动机。

5. 不发号施令

夫妻之间地位平等，这是婚姻的基石。然而，在现实的夫妻沟通中，强势的一方往往好用命令口吻说话，如经常使用"你应该""本来就是要""你听我的"等词语，这些词语在任何人听来都带有很强烈的主观意识，并且其中的强硬显而易见。

如果一方用这样的口气与自己的另一半沟通，会让对方觉得自己在家里没有地位，得不到应有的尊重，从而在心里产生抵触情绪，导致沟通不畅。基于此，喜欢发号施令的一方可试着用商量的口吻代替强制性的要求，比如"你可以……吗""……这样你觉得如何"。不要把自己当成古代的君王，把爱人当作臣民，在沟通时态度要尽量温和。

6. 不要波及长辈

夫妻之间交流沟通，还有一个最大的忌讳，那就是不要波及长辈。诸如此类的话，如"你跟你爸一副德行！""你就向着你妈！"，这是夫妻之间交流沟通时最大的禁忌，是绝对不能说的。因为无论再大度的人，还是再冷静的人，听到如此不尊重家人的话也难免生气。其实，夫妻吵架是常有的事，人们都说吵吵闹闹才是两口子，正所谓床头打架床尾和。负面的情绪宣泄完了自然就和好如初了。但是一旦把旁人尤其是长辈亲属牵扯进来，那么问题就严重了，对方一则会认为你还未长大，离不开父母，非常幼稚；二则认为你不明事理，不知道"清官难断家事"的道理；三则认为你不尊重他，拿家里人来说事，存心给他难堪。"孝"是一个人应该具备的最起码的道德，若是连这一点都做不到，所有的沟通都失去了意义。

7. 不要用放大镜看问题

夫妻之间交流沟通，还要注意不要用放大镜看问题。虽然"见微知著"很有道理，但是并不代表一切事物都适用，尤其是在夫妻的沟通问题上。比如，夫因为工作忙得焦头烂额，疏忽了对妻子的体贴关怀，妻子抓住这一点不放，很"理所当然"地认为丈夫之所以不关心自己就是因为他已经不爱自己了，甚至还会得出"他每天这么晚回家肯定是在外面有人了"这样的结论。这就属于典型的庸人自扰了，男人都是很粗线条的，不像女人心思细腻又敏感。其实很多事情在冷静下来去思考的时候，就会发现都是一些再正常不过的琐碎小事，但如果一时钻了牛角尖，非要给小错误扣个大帽子，就有可能给自己和对方带来无穷无尽的烦恼。

8. 不要把自己的想法强加给对方

每个人都有每个人的想法，但是在夫妻沟通中，不少夫妻很喜欢玩"心有灵犀"这个游戏，即自认为很了解对方，能够猜中对方的心思。平常这样玩，可能会增进小两口的感情，但如果发生矛盾冲突，夫妻沟通时也使用它，它却是一把利刃。特别是女人，总是不自觉地扮演"情感侦探"的角色，如果丈夫有什么地方做得不合自己心意，就要推理他这样做究竟是出于一种什么心理，然后把这种单方面的想法认定就是对方的真实想法。而男人在听到这种推论的时候，总是会觉得女人不可理喻，心里会有一股无名之火。要么是懒得解释，要么是干脆顺着她的话说"对，我就是这样想的，怎么样吧"。无论是哪种方式，对于解开两个人的误会都是一点帮助都没有，反而还会有火上浇油的效果。解决的办法最好是：每当遇到这种事情，两个人都能够心平气和地沟通交流，说出自己心里的想法，而不是胡乱去揣测对方的心思，妄下结论。

9. 不用 "评价式" 的沟通方式

在夫妻交流中，人们常用"评价式"来进行夫妻沟通，如"你这个人是……"，"你与别的男人（女人）家相比，要比他……"等等。这种评价式的沟通方式，容易让对方感觉只有你是对的，她或者他是错的；感觉你喜欢别的男人或女人，如果在沟通中，经常使用"评价式"沟通，会伤害到对方的自尊心，疏远双方的感情。因此，建议在夫妻沟通中，要尽量不用评价的沟通方式。

10. 不用 "分析式" 的沟通方式

在夫妻沟通中，有的夫妻好用"分析式"，即用自己的价值观来分析发生在对方，或者两个人之间的事情。此种沟通方式，由于分析中不经意间就流露出自己是对的，对方是不正确的，让对方感受到没有被关心和理解，因此，在夫妻沟通中，除非对方要求你对某事进行剖析，否则不能随意使用它。

11. 不用 "总结式" 的沟通方式

在夫妻沟通中，还要避免使用"总结式"的沟通方式，尤其是在夫妻关系不好的时期。因为当你总结时，对方会觉得所有的好与不好都被你说完了，他只能是沉默，结果会导致以后夫妻的真诚交流越来越少。

总之，在夫妻交往与沟通中，既要谨记一言不慎很可能会让夫妻之间的关系变得如履薄冰，又要记住尽量"不妄语"。佛教故事上说，今生的爱人是上辈子埋了你的人，对于上辈子没让你暴尸荒野的人，你要感恩，你要报答，用你今生的所有来对待他（她）呵护他（她）感谢他（她）。基于此，你要善用多元的沟通方式对待你的爱人。对待爱人的沟通方式是多变的，不变的是你对他（她）的永恒的爱！

本章小结

沟通按照级别等级可划分为三种类型，即"上行沟通"、"下行沟通"与"平行沟通"。"上行沟通"作为下级与上级之间进行的沟通，适用于行政单位部下与领导、事业单位下属与负责人、私人企业员工与老板、学校学生与老师、亲戚圈晚辈与长辈之间进行的沟通。在"上行沟通"中，只有掌握"想上级之所想"、"简明扼要"、"察言观色"、"换位思考"、"适当迎合"等沟通技巧，才能进行有效的"上行沟通"。"下行沟通"是一种与"上行沟通"方向相反的沟通，上级或领导或长辈作为沟通主体，决定了他们在与下级或下属或晚辈沟通时，需要采用"直达沟通"、"耐心沟通"、"恩威并用"、"勿伤自尊"等沟通技巧，才能使下级或下属或晚辈心悦诚服，从而达到有效的沟通效果。平行沟通的主体非常庞大，因而适应的范围也异常广泛，既可用于同一级别的沟通、同事之间的沟通，也可用于朋友之间的沟通、同学或战友之间的沟通以及亲人圈中的沟通。在平行沟通中，除了掌握一般的沟通技巧外，还要掌握好职场同事之间的沟通技巧和夫妻之间的沟通技巧，这样才能构建和谐的同事关系和夫妻关系，成就美好的职业生涯，享受家庭幸福与快乐！

【练　习】

　　[1] 什么是"上行沟通"？"上行沟通"的技巧有哪些？

　　[2] 什么是"下行沟通"？"下行沟通"的技巧有哪些？

　　[3] 什么是"平行沟通"？"平行沟通"的技巧有哪些？

　　[4] "上行沟通"与"下行沟通"之间有何差异？为什么？

　　[5] 为什么说"恩威并用"是"下行沟通"中效果比较好的沟通方式？试举中外历史事例证明之。

【案例与思考】

案例一：　唐太宗治李靖

　　李靖，原名药师，雍州三原人。出身官宦世家，隋朝大业末年，曾任马邑丞。唐高祖兵入长安时，将李靖擒获，欲斩之，而秦王李世民求情，高祖遂赦李靖，从此李靖加入唐将行列。

　　贞观四年，李靖破突厥颉利可汗牙帐，因所率部队纪律一时松弛，致使突厥珍物被官兵掳掠殆尽。

　　御史大夫萧瑀弹劾李靖，劾请交付法律部门推勘审理，唐太宗予以特赦，不加弹劾。等到李靖觐见，太宗则大加责备，李靖磕头谢罪。过了很久，太宗才说："隋朝时史万岁打败达头可汗，而隋文帝却有功不赏，反而因其他小罪将其斩首。朕则不这样处理，记录下你的功劳，赦免你的过错。"于是，加封李靖为左光禄大夫，赐给绢一千匹，所封食邑连同以前的共五百户。不久，太宗对李靖说："以前有人说你的坏话，现今朕已醒悟，你不必挂在心上。"又赐给绢两千匹。

　　思考：李世民在与下属臣子的沟通中采用了何种沟通技巧？此沟通技巧对现代政府、企事业管理者处理下属关系有何启示意义？

案例二: FBI 与 CIA 平行沟通击毙基地组织头目

自 "9·11" 事件以后，基地组织对以美国为首的欧美国家的利益造成了巨大的威胁。于是美国联邦调查局与 CIA 决定联手摧毁基地组织。双方就抓捕问题展开了沟通。在沟通过程中，FBI 建议对恐怖分子进行全球通缉，而 CIA 局长却认为擒贼先擒王，只有先对基地组织的头目进行暗杀，才能瓦解基地组织的力量，从而进行有效打击。就这样，双方在此问题上出现了争议，换成别人也许会坚持自己的意见，但 FBI 并没有这样做，FBI 局长主动找到 CIA 局长，耐心地问道："您所说的暗杀基地组织头目的方法是一种策略，但您有多大把握能暗杀成功呢？"

"在我看来，这种方式具有一定的隐蔽性，暗杀成功的概率要比单纯通缉的方式高许多"，CIA 解释道。

"好吧，先按照您的这个策略实施，如果这个策略没有实施成功，再研究其他方法吧。但在暗杀基地组织头目时要注意自身的安全，因为他们是穷凶极恶的。" FBI 通过这样的沟通最终解决了此前产生的争议问题，不仅得到了 CIA 的信任，同时还使沟通达到了最佳的效果。经过双方的紧密沟通与合作，他们成功地将基地组织的几个头目击毙，极大地打击了基地组织的嚣张气焰，并为维护美国国家利益做出了贡献。

思考：FBI 与 CIA 在平行沟通的过程中都使用了哪些技巧？掌握这些技巧对一个单位的同事而言有何重要意义？

【参考文献】

[1] 金圣荣. FBI 沟通术 [M]. 哈尔滨：哈尔滨出版社，2012.

[2] 韩东明. 学口才用口才 [M]. 北京：中国华生出版社，2012.

[3] 柳永. 幽默与社交口才 [M]. 呼和浩特：内蒙古人民出版社，2010.

第五章

口头沟通与书面沟通技巧

【学习目标】

通过本章学习，了解口头沟通与书面沟通的概念内涵、特点及其在人际沟通中的地位与作用，掌握口头沟通与书面沟通的技巧，并能运用于人际沟通实践之中。

【关 键 词】

口头沟通　书面沟通　逻辑思维　记录沟通

如果根据沟通是否采用文字形式划分，沟通又可分为口头沟通与书面沟通。这两种沟通方式虽然在人们看来是最原始的沟通方式，但也是最能达到预期效果的沟通方式。口头沟通与书面沟通各有其特点。只有针对不同的情况，找到相对应的沟通方式，才能有效地实现沟通之目的。

第一节　口头沟通技巧

口头沟通作为借助语言平台来进行沟通的一种沟通方式，构成要素多样，适用于所有群体，且有着不少独特的优点。

一、口头沟通

口头沟通是指人们在进行沟通时借助口头语言来进行的信息交流。在现实生活中，此种沟通方式最便捷也最常用。口头诉说、口头汇报、讨论开会、报告演讲、电话交流等，都属于口头沟通的范畴。

口头沟通与其对应的沟通方式——书面沟通比较，有着书面沟通不可比拟的优点。

1. 口头沟通随时随地都可与当事人进行信息交流

方便及时，不受时间、地点的影响。一旦发现问题，便可立即进行沟通。不像书面沟通一样，要借助纸和笔等工具才能进行信息交流。

2. 口头沟通能立即补充说明

书面沟通一旦送达，即使对方不理解你信中所要表达的意思，你也毫无办法立即补充说明，让对方理解你的意思，从而提高沟通效果。口头沟通则不然，由于口头沟通最大的特点是面对面进行沟通，因而即使余音未散，你也可以继续补充一些话语或做出一些额外的说明，以便对方更加理解你的意思，达到理想的沟通效果。

3. 口头沟通能快速回应对方的反应

在沟通时，被沟通方总会对你发出的信息做出某种反应，如在认真听还是不听，是面露喜悦之情，还是表情抑郁。而这种反应只有在口头沟通时才能被你快速发现，而你通过发现可迅速回应对方的反应，做出有利于实现双方沟通的调整，从而达到良好的沟通效果。

4. 口头沟通可借助音量控制来达到沟通效果

在沟通中，亲人、同事可通过轻言细语来增进温馨的沟通氛围；警察可以用加大声音来增加自己的强势，以达到一定的震慑效果，迫使其屈服而说出实情。例如，美国联邦调查局打探员哈罗德·马尔萨斯，有一次在一个案子上遇到了麻烦，即目击证人不愿意出来做证，于是哈罗德亲自去找证人。没想到证人见了他之后，变得更加嚣张和狂妄，起初哈罗德还好说好笑地与他进行沟通，可是他一开始就要5000美元，此时哈罗德实在是忍无可忍，于是他对着证人大喊一声："你再不说，老子崩了你！"说这话的时候，眼前这个狡猾的证人着实是吓了一大跳，他看到哈罗德生气的样子，又看看他腰里面的枪，于是，他乖乖地说出了他所见到的事实。

总之，口头沟通具有许多优点，而正是这些优点才得以让口头沟通能够持久不衰，并一直被人们所接受和推崇。

二、口头沟通技巧

口头沟通的种种优点，虽然使它成了日常生活必不可少的一种沟通方式，然而，要想实现有效的口头沟通并非易事，因为口头沟通很容易出现阻碍沟通的因素，比如，说话不得要领，啰啰唆唆，废话多等，基于此，有必要掌握一定的口头沟通技巧。

1. 逻辑清晰

在口头沟通中，沟通能否成功，最重要的就是逻辑要清晰。逻辑清晰包含两层意思：一是逻辑思维要清晰。在现实生活中，只有逻辑思维清晰的人，才能与人进行有条不紊的沟通，从而使沟通顺畅；二是表达要清晰。沟通学已经证明，沟通的主要目的就是能够表达出自己的意愿使对方理解，而要想让对方理解，只有把内容表达得十分清晰才能使对方充分理解，换言之，人们在沟通时必须表达清晰，才能为有效的沟通奠定坚实的基础。

2. 表达准确

在口头沟通中，表达的准确性也显得非常重要。因为不准确或错误的信息会导致对方误解，从而阻遏沟通的有效实现。要想在口头沟通时表达准确，除了沟通前要对所要沟通的内容深思熟虑外，还要尽可能在遣词造句上多下些功夫。

3. 语气与措辞得当

在口头沟通中，要想达到理想的沟通效果，语气与措辞得当也是必须考虑的技巧。"耶"、"嗯"、"啊"、"哦"这些语气助词，如果在沟通中用得恰到好处，对沟通效果将会起到一定的作用。按照心理学家乔·本森特的观点，如果一个人将不同的语气词加入自己的谈话中，可表明他的态度和想法，比如说，用"耶"这个语气助词，表明他是赞同你的观点，用"嗯"、"啊"、"哦"，则表明对方实际上是犹豫的，是不够自信的。在口头沟通中，有选择地使用词汇，同样会对沟通效果产生一定的影响。

4. 坚持自信

自信对提升一个普通人的整体素质和气质，具有极其重要的作用。在口头沟通中，坚持自信，会产生比别人更具说服力的效果，从而实现沟通之目的。如某位领导，下属与自己意见不合，上级领导派他去说服下属放弃己见，但他觉得没有把握，试想这位缺乏自信的领导，会说服得了自己的下属吗？显然不能。

5. 加强说服力

约翰·道格拉斯曾经说过："说服力是深入发指的一种灵魂。"这句话表明了说服力的重要性。在口头沟通中，说服力非常重要，甚至可以这样说，谁掌握了说服力谁就在沟通中占据了上风。在口头沟通中，加强说服力的方法很多，如投其所好，使对方感到亲切；又如，让对方看到利益所在，使其相信你是一个真诚帮他的人，所有这些，都有助于有效地进行口头沟通。

6. 走入内心

在口头沟通中，体谅他人的行为，走入对方内心，也是必须掌握的技巧。常言道：走入他人内心的沟通才算得上真正的沟通。沟通时要想走入对方内心，方法有二：一是体谅理解他人的行为，设身处地为他人考虑；二是体谅理解对方的心理感受和心理需求。只要做到了如上两点，就能实现有效口头沟通之目的。

相关链接 🔍搜索

大作家语言试探获芳心

俄国著名作家陀思妥耶夫斯基的妻子玛丽亚和他的哥哥相继病逝后，为了还债，他为出版商赶写小说《赌徒》，请了速记员，她叫安娜·格利戈里耶夫娜，一个年仅20岁，性情异常善良和聪明活泼的少女。

安娜非常崇拜陀思妥耶夫斯基，工作认真，一丝不苟。书稿《赌徒》完成后，作家已经爱上了他的速记员，但不知道安娜是否愿意做他的妻子，便把安娜请到他的工作室，对安娜说："我又在构思一部小说。""是一部有趣的小说吗？"她问。"是的。只是小说的结尾部分还没有安排好，一个年轻姑娘的心理活动我把握不住，现在只有求助于你了。"他见安娜在谛听，继续说，"小说的主人公是个艺术家，已经不年轻了……"

主人公的经历就是作家自己，安娜听出来了，她忍不住打断他的话："你干什么折磨你的主人公呢？""看来你好像同情他？"作家问安娜。

"我非常同情，他有一颗善良的心，充满爱的心。他遭受不幸，依然渴望爱情，热切期望获得幸福。"安娜有些激动。陀思妥耶夫斯基接着说："用作者的话说，主人公遇到的姑娘，温柔、聪明、善良，通达人情，算不上美人，但也相当不错。我很喜欢她。"

"但他们很难结合，因为两人性格、年龄悬殊。年轻的姑娘会爱上艺术家吗？这是不是心理上的失真？我请你帮忙，听听你的意见。"作家征求安娜的意见。

"怎么不可能！如果两人情投意合，她为什么不能爱艺术家？难道只有相貌和财富才值得去爱吗？只要她真正爱他，她就是幸福的人，而且永远不会后悔。"

"你真的相信，她会爱他？而且爱一辈子？"作家有些激动，又有点犹豫不决，声音颤抖着，显得窘迫和痛苦。

安娜怔住了，终于明白他们不仅仅是在谈文学，而是在构思一个爱情绝唱的序曲。安娜小姐的真实心理正如她自己所言，她非常同情主人公，即作家陀思妥耶夫斯基的遭遇，且从内心里爱慕这位伟大的作家，如果模棱两可地回答作家的话，对他的自尊和高傲将是可怕的打击。于是安娜激动地告诉作家："我将回答，我爱你，并且会爱一辈子。"

就这样，俄国著名作家陀思妥耶夫斯基通过精心设计的语言试探，走入了安娜的内心，便以此获得了小秘书的芳心，"逼"她供出了底牌。

---

7. 信任与坦诚

在口头沟通中，要想打开彼此的心门，还必须做到两点：一是信任。口头沟通中只有在信任的前提下，才能产生沟通的效果。如果彼此之间不存在信任，那么沟通将毫无意义，权当说笑而已，不会产生任何沟通效果。因此，有信任的沟通才是良好而有意义的沟通。二是坦诚。坦诚是深入进行沟通的必要条件。在口头沟通中，对方只有感受到了你的坦诚，他才会与你继续沟通交流。反之，对方则会停止与你的沟通。因为你的不坦诚相待，伤害了他人的感情，损害他人的利益，失去了沟通的本意。

8. 来点幽默

幽默被人们称之为交往的绿色通道。在口头沟通中，如果能恰到好处地来点幽默，会产生良好的沟通效果。其一，幽默能使沟通气氛变得轻松。美国著名演说家罗伯特有许多朋友，其中不少是无名之辈，他们同他首次见面时，总是有些拘谨。有一次，罗伯特 60 岁生日，许多朋友去看他，有人见他头秃得厉害，就劝他不妨戴顶帽子。罗伯特回答说："你们不知道光头有多好，我是第一个知道下雨的人！"这句幽默的话一下子使聚会的气氛变得轻松起来。人们之所以喜欢同罗伯特交往，不仅因为他是个极有才华的人，而且也因为他的幽默能使第一次交往就成为朋友的欢聚。其二，幽默还是信任之桥的建设者。美国大众心理学家特鲁·赫伯在他的著作中引用过一件逸事：林肯总统在会见某国元首时，还没有握手就谈笑风生："啊，原来我的个子还没有你高，怎么样，当总统的滋味如何？"那位总统有点拘束，说："你说呢？""不错，像吃了火药一样，总想放炮。"这段对话使两位总统间的猜疑、戒备之心立刻消失了，以后的会见完全是在信任、坦率的气氛中进行的。其三，幽默能化解人际交往困境。人际交往中，有时难免会有尴尬的场面发生，幽默是化解困境的最友好方式。一次，一位作家在家中宴请几位朋友，不知什么缘故，几位客人激烈地争论了起来，情绪越来越激动。这位主人为了平息餐桌上的争论，于是提出了一个十分意外的问题："诸位，刚才是一道什么菜？大概是鸡？""是的，"一位客人答道，"一定是公鸡！"主人一本正经地说。"原来是鸡作祟，难怪大家要斗起来。"说完他举起酒杯："来点儿灭火剂吧，诸位！"干戈顿时化为玉帛，一场餐桌上的战争偃旗息鼓了。著名心理学家凯瑟琳说过："如果你能使一个人对你有好感，你就有可能使周围的每一个人甚至是全世界的人，都对你有好感。只要你不只是到处与人握手，而是以你的友善、机智、幽默去传播你的信息，那么时空距离就会消失。"

三、会议沟通的技巧

会议与报告沟通作为作为两种最基本的口头沟通类型，各有不同的技巧。只有掌握两者沟通的技巧，才能取得会议与报告之预期目的。

1. 确保会议沟通成功的技巧

要想确保会议沟通成功，必须做到如下三点：一是明确目的。作为会议主持人，必须首先明确你沟通的目的是什么，你想要通过会议沟通来达到一个什么样的结果，二是充分准备。会议准备工作是否充分，直接关系到会议的成败。比如，你知道开场白如何说，重点是说什么，如何结束会议，那么，你就会放松。而你越放松，就越能在会上妙语连篇，收到与听众良好的沟通效果。三是准时开会。对于每一位与会人员而言，最头痛、最深恶痛绝的事情莫过于对方不准时开会。在高速运转的信息社会，时间意味着抢占商机，时间意味着金钱和财富，时间意味着一切。人们常说："浪费别人的时间就等于谋财害命。"从沟通的角度看，不准时召开会议会加剧与会者的焦躁抵触情绪，导致沟通障碍。

2. 引导会议沟通的技巧

作为会议主持人，一定要先明确自己的意愿是什么，然后按照你的方向去引导对方。比如说"让我们试试"，"这是一个好的思路，让我们继续下去"，提出一些简短的意见以指引会议讨论的进程；又比如说："小王，你对这个问题怎么看？""小王，你同意这种观点吗？"用提问的方式加以引导，这种针对目前所讨论的问题加以引导性的提问，会使与会者的思路迅速集中到一起，提高沟通效率。

相关链接 🔍搜索

会议问题的类型

就会议问题而言，一般分为四种类型，即棱镜型问题、环形问题、广播型问题和定向型问题。

棱镜型问题是指会议主持人把别人向他提出的问题反问给所有与会者。例如，与会者："我们应该怎么做呢？"你可以说："好吧，大家都来谈谈我们应该怎么做。"

环形问题是指会议主持人向全体与会者提出问题，然后每人轮流回答。例如："让我们听每个人的工作计划，小王，由你开始。"

广播型问题是指会议主持人向全体与会者提出一个问题，然后等待一个人回答。如："这份财务报表中有三个错误，谁能够纠正一下？"这是一种具有鼓励性而没有压力的提问方式，因为你没有指定人回答，所以大家不会有压力。

定向型问题是指会议主持人向全体提出问题，然后指定一人回答。如："这份财务报表存在三个错误，谁来纠正一下？小王，你说说看。"这种提问方式可以让被问及的对象有一定的准备时间。

---

3. 应对会议沟通困境的技巧

任何一次会议，都不可避免地出现这样或那样的问题。其中最常见的问题有四：一是"一言堂"。在会议讨论时，常有一些人试图支配会议，当此种情形发生时，其他人通常就会只是坐着听。这时，主持人应该想办法改变这种局面，如提出一些直接的问题，将与会者调动起来，或暂时休会，并利用休会时间与那个人私下沟通一下，也许会有所帮助。二是争论。开会时出现争论，虽说是很正常的事，但如果不加以控制，会影响到会议沟通的结果。主持人解决争论的办法有：或提出其他问题化解争论；或直截了当地提醒争论的后果，如扰乱了会议的进程，浪费了宝贵的时间等，从而使会议在友好的气氛中继续下去。三是某些人和身边的人开小会。当与会者人数很多时，经常会发生这种情形。解决的最佳办法是：请这个人告诉大家他刚才所讲的内容，另一个办法就是沉默，然后看着那个破坏秩序的人。四是跑题。开会时，有一些人习惯于跑题，从而使会议偏离方向，达不到预期目的。解决此类问题的办法是：对跑题者，感谢或肯定这个人以及他（她）的良好意图，但要提醒他紧扣主题。例如，假设小王是个很风趣的人，但他在会议上讲笑话跑题。主持人可对他说："小王，我有个建议！""首先，你的笑话都棒极了！""但是我仍然不清楚你那聪明的脑袋对这个问题到底是怎么看的。说真的，你是否能够告诉我们你的建议？"如果他还是没有改变，或者你可以更加严厉一些："别这样了。我们已经乐过了，但是现在的要点究竟是什么呢？"如果这些公开的干预仍然不能够见效，你可以问小王是否可以在休息的时候和他单独谈一谈。私下里告诉他：你看到了他做的那些事情，你如何评价他的这些做法，你的感受和你希望他做些什么。这样的谈话可以比公开场合中的语气更为坚定和严厉。

4. 圆满地结束会议的技巧

无论是什么类型的会议，圆满地结束会议是终极目的。而要想达此目的，必须掌握如下技巧：一是总结主要的决定和行动方案以及会议的其他主要结果；二是回顾会议的议程，表明已经完成的事项以及仍然有待完成的事项；说明下次会议的可能议程；三是给每一位与会者一点时间说最后一句话；四是就下次会议的日期、时间和地点问题达成一致意见；五是对会议进行简单评估，在一种积极的气氛中结束会议，如对每一位与会者的表现表示祝贺，表达你的赞赏，然后大声地说"谢谢各位"来结束会议。

四、报告沟通技巧

报告沟通既是口头沟通的重要形式，也是我国的各级领导宣传群众、组织群众的有效工作方法之一。精彩的报告往往能吸引听众，产生反响，澄清模糊认识，统一思想，统一步调，推动工作，为群众喜闻乐见。然而，在现实场景中，领导者做报告常常会出现两种情况：一种情况是领导者的报告照本宣读，讲得干干巴巴，让人听得索然无味；另一种情况是领导者的报告内容丰富，语言生动，领导者讲得绘声绘色，非常有吸引力。之所以会产生两种截然不同的情况，除了领导者的职业素质之外，很重要的一个方面，就是做报告沟通技巧问题。同样的报告内容，报告沟通技巧不同，就会产生不同的效果。

1. 吃透精神，精心准备

如果领导仅仅拿文件在大会上宣读一遍，这就算不上做报告。因为，就报告的内容而言，很多行政领导大多是传达上级指示，贯彻会议精神，说明时事政策，介绍经验体会。尽管如此，做报告还是一种带有个性特色的创造性的讲话方式，它是对上级精神学习理解、融会贯通后，由报告人将内容重新组织而再表达出来的过程，是一种再创造。因此，只有理解了、吃透了上级精神，才能抓住重点要害，条理清楚地将精神概括起来，形成具有领导者本人个性的报告内容和完整的格局、体系。这样的报告才能既符合上级精神，又不是原件的翻版、复制。

2. 针对性强

领导做报告语言的针对性也非常重要，这是报告的生命所在。领导者做报告的一个基本要求，就是要抓住难点、疑点、热点，要敢于触及现实问题。对于那些群众中存在的疑难问题，对于那些群众普遍关心的热点问题，领导者在报告中必须有说服力的回答。如果领导者摸不准群众的思想脉搏，抓不住问题存在的症结，无的放矢，照本宣科地只讲一些笼而统之的空话，是很难受到群众欢迎的。

3. 语言准确精练

所谓语言准确，就是说报告中不要讲大话，不要讲言过其实的话，不唱冠冕堂皇的高调，不违背客观事物的本来面目。语言的准确性主要来自思维的准确性，只有想得明白，思考得周密，才能讲得准确，讲得恰如其分；同时，要根据不同的听众，挑选精当的语言，运用各种比喻和具体事例紧紧围绕所要阐述的内容，讲清说透，信口开河或泛泛而谈是不会抓住听众的。而语言的真实性主要表现在两个方面，一是讲的事必须真实，不能颠倒黑白；二是要讲出听众的肺腑之言。

除了语言准确之外，做报告还要力求语言精练。精练的语言，可以准确鲜明地表情达意，能收到言简意赅的效果。有的领导做报告，好啰唆重复，多冗词赘语，不但显得多余，而且带来害处。斯大林就曾这样称赞列宁：只有列宁才善于把最复杂的事情描述得这样简单和明确，这样扼要和大胆——他说的每一句话，都是一颗子弹。

4. 语言新鲜生动

领导者做报告，不论是宣传上面的新精神，还是反映下面新事物，都要力求运用富有新意的语言，体现时代感和新鲜感，给人以新的信息和启迪。尤其是说的话，要有自己的总结和提炼，尽量避免讲那些别人早就说过的、被磨光了棱角的、生搬硬套的、群众不爱听的套话。语言的内容要言之有物，切忌空话连篇。

5. 通俗易懂

通俗易懂就是要运用通俗的群众语言来做报告。也就是说人人皆懂、群众喜闻乐听、有地方特色的群众语言。群众语言就是能反映群众的感情、呼声和心愿的心里话。著名教育家叶圣陶说："通行的说法是大多数人用来传达意思的，是大多数人说惯听惯了的，咱们拿来用，就一丝儿不隔。语言出在咱们心里，意思透进人家的耳里心里。不太通行的说法、绕一些弯子的说法就不然……"领导做报告是让人听的。如果说的话，让人听不明白，尽用一些生疏的行业术语和专业名词，或滥用方言土语，又不能细致介绍一下，那就必然影响宣传效果。

第二节　书面沟通的技巧

书面沟通作为借助文字平台来进行沟通的一种沟通方式，除了与口头沟通一样构成要素多元化之外，还有着自身独特的优点和沟通技巧。

一、书面沟通

书面沟通是指以文字为主体信息，通过公函、文件、信件、广告等来传递信息的沟通方式。间接性是书面沟通最大的特点。在书面沟通中，沟通人员之间不是直接面对面地交流信息，而是通过文字以书面交流信息的方式来达到沟通的目的。书面沟通函件叫"内部沟通函"，有的企业则把其叫作"业务联系函件"，等，称呼不一。但实质是相同的，就是在企业管理和工作实践中，严格按要求执行该书面函件。

书面沟通虽然不能像口头沟通那样面对面地进行沟通，也没有口头沟通所具备的那些优点。但在沟通中，它有着口头沟通不能比拟的优点。

1. 成本较低

书面沟通成本低，主要体现在：书面沟通不必像口头沟通那样，无须对沟通者进行必要的安置，可免除一些消费开支。

2. 时空不限

书面沟通与口头沟通不同，无须约定沟通时间和地点，也不受时间、地点的影响和场所限制，是一种非常经济的沟通方式。

3. 避免出错

书面沟通不受特定的时间限制，沟通者有足够的时间来考虑沟通的内容，因而一般说来，经过周详考虑的沟通内容难以出现差错。

4. 避免争议

书面沟通白纸黑字，一旦形成文字，便成了不可更改的既定事实。书面沟通作为一种非常可靠和准确的沟通方式，最大的优点在于：既能避免一些不必要的争议，也有利于解决一些沟通中出现的争议问题。

相关链接 🔍 搜索

谁之责

作为总经理，我给新来的总经理助理曹小姐布置了一个任务，要求她向各个部门下发岗位职责空白表格，并要求各个部门在当天下午两点之前上交总经办。我问曹小姐是否明白我的意思，她说完全明白，于是就去执行。

结果到了下午，事情出来了：到了规定的时间，技术部没有按时上交，我问曹小姐：你向技术部怎么传达的？曹小姐说，完全按正确的意思传达的。我又问为什么技术部没上交，曹小姐说技术部就是没上交，不知道为什么。我把曹小姐和技术部都召集到总经办会议室，问这个事情。技术部负责人回答说，当时他没有听到曹小姐传达关于上交时间的要求。而曹小姐说，自己确实传达了，为什么公司十二个部门就技术部没听清楚？技术部负责人说，确实没有听到。到底是曹小姐没传达，还是技术部没听到？没有书面的东西，说不清楚。

该案例留给我们最重要的启示在于：办公人员在传达文件的时候，一定要严格按照 ISO 9001：2000 的文件管理标准的要求，一定要有传达的书面函件，该签字的要求签字，该署名的要求署名。否则，出现上述情况，既耽误了工作，又难以说清责任，同时还反映了管理水平的落后和管理方式的不足。

---

5. 避免不便

书面沟通所具有的间接性特点，决定了在沟通时，整个沟通与人员没有多大的关系。沟通双方只需考虑书面上的沟通内容是否接受就可以了，避免了因沟通者的身份而造成的很多争议或者不便，同时，也更有利于促成沟通成功。

书面函件具有是非分明、防止扯皮、内容清晰可查、具体明确、具有证据力等众多优势。因此，权衡利弊之下，一般单位、企业与外单位、企业沟通，均采用书面函件沟通方式，形成制度并监督执行到位。

表 5 - 1　口头沟通与书面沟通利弊比较

利弊分析 沟通类型	优点	缺点
口头沟通	1. 能观察收信者的反应 2. 能立刻得到回馈 3. 有机会补充阐述及举例说明 4. 可以用声音和姿势来加强 5. 能确定沟通是否成功 6. 有助于建立共识与共鸣 7. 有助于改善人际关系	1. 通常口说无凭（除非录音） 2. 效率较低 3. 不能与太多人双向沟通 4. 有时因情绪而说错话 5. 言多必失 6. 对拙于言辞者不利 7. 偏向啰唆，大多数人不会言简意赅
书面沟通	1. 可留下记录及证明 2. 需对许多人沟通时，比较快 3. 相对电话、开会、讲座、讨论等口头沟通，比较经济 4. 一般不受场地的限制 5. 可利用副本照会有关人员	1. 无法立即得到回馈 2. 缺乏感情 3. 对文字表达能力较差者而言是一大苦事 4. 如果太简洁，表达可能不足；如果长篇大论，又可能没有人看

二、书面沟通技巧

书面沟通由于受到不能面对面沟通等因素的限制，因而要想达到预期的沟通效果，必须掌握如下沟通技巧。

1. 目的明确，主题鲜明

无论是叙事还是说理，是请托还是慰唁，是询问事情还是回答问题等，运用书面沟通必须目的明确，这样才能达到书面沟通之目的。

进行书面沟通时，还要做到沟通主题鲜明，这样才能使对方知其所以然，沟通才能顺畅。否则，沟通将无法进行。要想做到书面沟通主题鲜明，最为重要的是，在撰写用于书面沟通的信件或报告或演讲稿或电子邮件之前，一定要深思熟虑，尽量做到主题鲜明。

2. 语言得体，表意明了

进行书面沟通，措辞、语气要以"自谦而敬人"为原则，切合沟通者与被沟通者的关系；语体风格要相对统一，尽量避免文白夹杂。

书面沟通与口头沟通不同之处在于：书面沟通不能像口头沟通那样，可以无拘无束面对面地说一些话题以外的事情，以缓解一下心情和氛围。书面沟通就显得不那么自由了，书面沟通只能通过文字的形式写在纸上，把自己想要表达的意思告知对方。因此，层次清晰，详略得当，简单明了，让对方一目了然，便成了书面沟通时必须掌握的技巧，因为唯有如此，才能提高沟通效率。

3. 格式规范

无论是公函还是书信，称呼、问候语、正文、祝颂语、署名、日期等构成要素应基本完整，各就其位，这样才能达到沟通顺畅之目的。

相关链接 🔍搜索

商务公函范文

商务公函是用来商洽工作、联系业务、询问和答复有关具体实际问题的一种公文。公函是平行文。在写作时，一般包括四大部分：标题、行文对象、正文、落款。标题一般采用公文规范标题法，即标题由发函机关、事由、受函机关和文种组成。也有的只有事由和文种。行文对象是指公函受文者，写在事由之下的第一行左边，顶格，后面加冒号。正文是公函的内容即事项，是发函者要告诉对方的具体事情，由三部分组成，即发函因由，发函事项以及结语等，事项部分基本上是叙述和说明的方法，如有要求部分则要根据行文内容来安排，不可过多。结语多使用"特此复函"。落款包括发函单位的名称和主要负责人的签名以及日期。商务公函范文如下：

关于有关保险事宜的说明函

××公司：

贵方有关保险事宜的6月25日来函知悉，特函告如下：

一、综合险。在没有得到我们顾客的明确指示的情况下，我们一般投保水渍险和战争险。如贵方愿投保综合险，我方可以稍高的保费代保此险。

二、破碎险。破碎险是一种特别保险，需收取额外保费。该险现行保险费率为2%，损失只赔超过5%的部分。

三、保险金额。我方注意到贵方欲为装运给贵方的货物按发票金额另加10%投保，我方当照此办理。

我方希望上述答复将满足贵方的要求，并等候贵方的答复。

×××公司

××年×月×日

---

4. 引起欲望

在书面沟通中，引起被沟通者读下去的欲望，也是必须掌握的沟通技巧之一。要想让对方有一种继续读下去的欲望，首先，要找到一个合适的表达方式，明确地表达出自己的意思；其次，需要了解和留心观察被沟通者的性格特点和兴趣爱好等，在书面沟通时有的放矢，从而达到引起被沟通者读下去的欲望。

5. 真心实意

在书面沟通中，真心实意地表达自己的想法，也是有助于实现目标的沟通技巧之一。

所谓真心实意，指的是书面沟通时，把沟通对象放在心上，使他能够实实在在地感受到你的真诚，你对他的关心！这样既可拉近沟通双方的距离，又能增强彼此的理解，从而达到沟通共识。

6. 记录沟通

记录沟通也是书面沟通的一种技巧。主要适用于会议或警察与犯人的沟通。记录可以指记录别人说过的话，也可以指记录整个会议或事情的过程。记录沟通体现了沟通的严谨性和周密性。很多政府机构的管理者们常常这样说："没有记录，就等于没有发生。"记录沟通的好处在于：为沟通提供了一个良好的平台和空间，能准确及时地记录事项进程、讨论内容以及行动细则，并充当作为每个工作项目历史档案的功能。例如，你要协调团队完成一项销售任务，时间非常有限，离规定的完成日期不远，此时准备一份书面备忘录给你的队员、主管以及合作伙伴，将使你更加清楚采取什么步骤，如何对每个人进行跟进。它促使每个人共同关注一件事、说同一种语言，以及清楚哪些已经做完，还有哪些需要做。书面跟进还能保证论功行赏，确保分辨出哪些人履行了承诺，哪些人因及时完成了工作而得到肯定。

相关链接 🔍搜索

一封沟通函件

这是合易公司咨询顾问针对某制造企业（本文称 HD 公司）导入绩效管理、薪酬项目后运行 2 个月与该企业董事长（本文称李总）的一封沟通函件。

关于贵企业绩效管理运行情况的汇报与建议

李总：

您好！

上次人力资源部王经理亲自到我们济南公司进行了一个体系诊断交流会议，会议之后，我有些感想和针对绩效体系下一步推行深化的几点建议在此先书面向李总汇报一下：

人力资源项目从 2008 年 8 月正式开工，至今已 9 个多月，正式运行 2 个月，因为我经历的考核激励企业项目比较多，自己有一个横向比较。整体感觉，我认为经过 2 个月的正式运行，HD 公司能运行到此程度，与其他很多导入项目的企业比较成绩是相当不错的了。现在我们 HD 考核成绩完全收齐，目标的制定、打分基本符合规范、各级管理者相对比较重视，能按流程完整顺利运转。当然现在运行还存在这样那样的问题，说实话，只要绩效管理在运行，就会存在问题，就需要不断去完善。毛泽东说过："只要有人的地方，就会有矛盾存在。"管理本来就是个悖论，组织要求达到效率最优，每个个体也都在追求个人效率最优、个人利益最大化，他们之间永远是存在矛盾的，所以管理就成为一个永恒的话题，不存在一个管理工具、方法会一蹴而就，会不依靠管理者的努力而自动自发的运转。当年摩托罗拉杭州公司成立时，经过了 3 年时间才算在公司内部导入绩效管理成功。绩效管理是长跑运动，不是 100 米短跑，靠的是耐力韧性，而非爆发力，绩效管理在现实中是没有终点的。

HD 现在绩效管理遇到的问题，和其他很多我经历的客户类似，不仅仅是通过技术的完善、改进能够解决的，我们再回到原点重新思考几个问题，以让我们明确我们现在在做一件什么事情，以及未来要做什么事情：

1. 要不要在 HD 推行规范的绩效管理体系

这个问题，我们大家首先要统一思想。答案我想应该是比较明确的，起码在公开场合大家的答案应该毫无疑问是统一的，否则我们也不会有这个项目。美国已故管理大师德鲁克说过"没有绩效管理的企业基本等同于没有管理"，现在在中国国内，据我了解，应该是 99.9% 的企业在推行或者企业内局部推行绩效考核工作。这是企业管理的一般规律和管理趋势，而且随着企业规模的扩大，要求企业的绩效管理也越来越规范。

2. 是回复到原来的绩效考核还是继续新的模式

有的员工认为原有的考核模式是适合我们 HD 的现状，是符合我们的"企情"的，符合我们的员工素质的。原来的考核只是到量化的部门，职能部门基本没有，只是扣分。新的考核恰恰是希望管理者每月要与员工沟通下月目标，回顾上月整体工作，强调计划性、目标性、工作的规范性。

如果我们一味满足于现状，对现状都非常满意，我们社会就不会有发展，就不会有飞机出现、登月球成功。很多大的突破一定是源自对现状的不满意而产生动力。李总您为什么会把企业办这么大、这么成功？而且还顺利带领企业完成了产业转型？一定源自李总您骨子里永远对现状的不满意，永远在追求的坚定信念。

这个问题是个深层次问题，如果 HD 的大多数员工这么想，还有情可原，但如果我们 HD 的高层们也这么想，那的确使我很担忧，以点带面，由绩效管理这件事可以拓展到企业经营管理的其他方面，这是 HD 未来能发展多大、能走多远的根本。

3. 高满意不一定等于高绩效

"高满意不一定等于高绩效。"这个观念并非我的观念，它是管理大师德鲁克说的。德鲁克还有个观念：任何管理规范的企业都是非常平静的，甚至有些死气沉沉，特别是针对制造型企业的产业工人。制造企业要求员工要严格遵守操作规程、劳动纪律、操作工艺，有的甚至要在高温、有毒、噪声的环境下工作，如果让工人满意，完全人性化，我们就不该让他们在这种环境下工作。海尔张瑞敏有次在一个论坛上也讲过同样的话。特别是我们刚开始推行一些规范的管理措施，员工要有个逐步认识的过程，而且我们永远不要期望员工能热烈欢迎公司对自己本人严格考核。工作中我们要严格要求、考核，人性化我们可以在 8 小时之外体现，让员工去感受。

4. 推行绩效管理谁是主要责任者

大家一定会说肯定是人力资源部。回到原点我们回答一个问题：绩效管理是个什么东西？它是个管理工具、管理方法。既然是管理工具、管理方法，在企业中谁使用它最多？肯定各级管理者是最主要的使用者，我们各级管理者是绩效管理的重要推行者，人力资源部只是组织者、咨询者、工具设计者，管理者首先应该是人力资源管理者，因为管理者的主要工作对象是人，是你率领的团队，需要掌握一定的人员管理技巧、方法。如果大家都认为这只是人力资源部的事情，与我们管理者没有关系，那绩效管理体系推行一定是不成功的。如果有的管理者甚至认为是在给自己找麻烦、增加工作量，自己在绩效管理中作壁上观，那更可怕了（现在 HD 还没有出现这种现象，只是出现了这种现象的思想苗头）。希望李总能在会议上给我们的高层管理者再强调一下，让大家重视、认真对待绩效管理，态度上重视了，没有做不好的事情。

我想，现在 HD 公司绩效管理遇到的问题，包括我们人力资源部调查总结的问题，是非常好，非常及时的。这些问题表面看起来是很多绩效方面的技术问题，其实这些技术问题并不是很难解决，在薪酬、绩效体系中原来就已经有很多措施了，只是有的没有开展。但根本原因是我们管理者的思想问题、观念问题，面对需要改变自己管理习惯、管理理念时我们的立场是什么的问题，是排斥、挑剔，还是积极参与，积极发现问题并不断改进完善，使我们的管理能螺旋上升呢？

建议下一步的措施：

1. 希望您能在适当的高层会议上再次强调绩效管理的重要性，让高层管理者重视并认真对待。我记得在一个上市医药公司的项目中，其董事长在绩效体系推行过程中对中高层管理者说过这样一句话："绩效管理体系我们要坚定地推行下去，有问题我们可以不断完善，如有不支持者，不换脑袋就换人。"

2. 我们合易公司再针对管理者和员工分开进行一场绩效管理的培训宣贯，让大家更清楚明白。

3. 我们针对前两个月运行中发现的问题进行体系完善，例如：一定要把各事业部和总部的整体业绩与各岗位考核成绩挂钩，避免出现公司亏损，员工业绩没有影响；各事业部的业务奖金方案集团应进行审核把关，不应由各事业部放任自流（项目期间，我们试图参与各事业部的业务奖励办法的制定，但遭到各事业部领导的强烈抵触。李总您的想法非常好，放权给他们，让他们自主经营，但前提条件是相关领导的基本素质能跟得上，否则应该在放权的基础上必须有相应的监督控制措施，不能完全依赖个人的品质，否则容易出问题，而且一出就是大问题）。

4. 我们现在 HD 基本属于集团运作，而且办公地点比较分散，不在一个工业园区内，为了提高管理的效率和规范，特别是绩效考核中的基础经营管理数据传递得快捷、准确，建议下一步公司可以考虑强化信息化建设。

李总，先交流到此，如有不当或偏颇之处，敬请领导批评指正。

×××

×年×月×日

总之，口头沟通与书面沟通这两种沟通方式，虽然可以称之为最原始的沟通方法，但在不少沟通专家看来，越是最原始的沟通越能达到预期的效果。

本章小结

口头沟通与书面沟通堪称最原始的沟通方式。口头沟通包括口头诉说、口头汇报、讨论开会、电话交流等类型，具有沟通方便及时、即时补充说明、快速回应对方的反应、以控音达成效果等优点。在进行口头沟通时，只有做到逻辑清晰、表达准确、信心满满、富有说服力、走入内心、诚实信任、坦诚相待，才能达到沟通效果。书面沟通包括公函、文件、信件、广告等类型，具有沟通成本较低、时空不限、避免出错、避免争议、避免言谈不便等优点。在进行书面沟通时，要想达到预期的沟通效果，必须掌握如下沟通技巧，即做到沟通主题鲜明、简单明了、激发对方欲望、真心表达自己的想法，坚持记录沟通。

【练 习】

1. 什么是"口头沟通"？"口头沟通"的优点有哪些？

2. 什么是"书面沟通"？"书面沟通"的优点有哪些？

3. 口头沟通有哪些技巧？掌握这些技巧对沟通有何意义？

4. 试比较口头沟通与书面沟通的差异。

【案例与思考】

案例一：　马休·史密斯的故事

在进入 FBI 之前，马休·史密斯是一个无所事事的混混儿，但是他内心却有着十分崇高的理想，那就是想要当一名联邦警察。他的内心充满着正义感和同情心，特别是有一次，在街道上他亲自参与了一件事情，同时也改变了他的一生。

当时，街道办事的人抓住了一名偷窃面包的人，并且进行了公开审理，很多人在围观，马休也在场，然而马休看到的罪犯却是一位年过八旬的老奶奶，人们不敢相信，都在指责这个老奶奶。审理人问老奶奶为什么要偷面包，老奶奶回答说："我需要面包来喂养我那几个饿着肚子的孙子，要知道，他们已经两天没吃到任何东西了……"但是审理人却说："我要依照这个街道的规定办事，你选择是接受罚款 5 美元还是关在黑屋子里 10 天？"这时候人们并没有因为老奶奶的遭遇而感到同情，由于她根本拿不出 5 美元，于是她决定接受关押，但此时马休出现了。马休摘掉自己的绒帽，并且从里面拿出了自己辛苦卖报纸攒了好几个月得来的 4 美元，然后走向旁边的每一个人，并且说道："先生们，小姐们，现在请在场的每个人都拿出 10 美分的罚金吧，这是为我们的冷漠所付出的惩罚费，处罚我们生活在一个要老奶奶去偷面包来喂养孙子的城市与贫民区。"这番话令每个听众都十分愧疚，于是每个人都愧疚地拿出了 10 美分。

这件事情不但拯救了老奶奶，也拯救了马休自己，因为旁边不远处有一个 FBI 的老牌探员，他把这一幕仔细地记录了下来，他认为马休的那句话非常具有说服力，能够在众人面前用这样简单清晰并且有说服力的话来与人们沟通，并且最终实现了有效的沟通，人们也充分地理解了他，这不正是 FBI 所需要的全能人才吗？于是马休的命运在一夜之间发生了改变，最终，他成为 FBI 最有名的警探之一。

思考：

1. 马休为什么能说服众人拿出钱来救济老奶奶？

2. 该案例说明掌握口头沟通技巧对一个人的成长有何意义？

案例二：　强尼求爱

强尼是一名侦探。他爱上了一位美丽的姑娘。一次，他买了一大束玫瑰花来到了女友的家门前。可是足足等了一个钟头也不见女友出来，最后他很失望地走了。

后来，他才得知，女友的母亲反对他们交往，因为女友的爸爸曾经是一名私家侦探，然而却在一次外出行动中不幸遇难，因此女友的母亲不想让女儿嫁给一个经常会在外面遇到危险的特工。

强尼送玫瑰花失败了，两人也因此事而分手，但是彼此之间依然没有忘记对方。

有一次，下起了大雪，强尼在外执行任务，闲余时间不禁又想起了女友，于是他触景生情，回忆起了大学时代与女友一起在雪中嬉戏打闹的甜蜜场景，便不由自主地写了一封长信寄到女友的家中。强尼的女友看完信后心潮澎湃，她毅然决定要与强尼一起生活，于是，她极力地说服了母亲，最终幸福地嫁给了强尼。

思考：

1. 强尼的一封信为何会改变他的爱情命运？

2. 从该案例中，书信沟通对拉近彼此的距离有何作用？

案例三： 美国联邦调查局与中央情报局联手反恐获大胜

众所周知，联邦调查局（FBI）和中央情报局（CIA）是美国两个最重要的情报和安全部门，它们共同维护着美国情报方面的安全和利益。按照分工，联邦调查局主要针对国内的间谍进行抓捕和截获，而CIA主要针对的是国外，包括对本·拉登及其基地组织的追捕。美国"9·11"事件发生以后，美国内部一片混乱。为了反恐，两者展开了合作。但它们的内部却存在着很大的矛盾，在沟通的时候，两个情报机构不可能也不会面对面地直接洽谈，而是通过书面沟通的方式进行协商。就这样，信函架在了它们中间，为了各自的利益和在美国的地位，它们终于达成了一致，即一个对内一个对外共同打击恐怖主义。这样，两个有矛盾的情报机构通过书面谈判很好地做到沟通，达成谈判效果，击毙了本·拉登，从而取得暂时的反恐战争的胜利。

思考：

1. 书面沟通为何时能化解FBI和CIA彼此之间的矛盾？

2. 在现实生活中，单位与单位、人与人之间不可避免地存在着这样或那样的矛盾，该案例对我们化解现实生活中的矛盾有何启示？

案例四： 双方都有责

二〇〇六年三月某日，本公司外派维修的售后服务工程师陈某电话要求工厂售后服务部门为其在安徽芜湖的维修现场发送配件一个，按规定要求，陈某应当书面传真具体的规格型号然后发货，以保证准确性，结果陈某讲自己干了三年多，都很熟，声称要节省传真费用，且客户很急，要求电话口头报告型号，售后服务部担当人员鉴于这种情况，就相信了陈某，按陈某说的型号发去了配件，结果发到现场后，型号错误，又要重发，造成出差费用、运输费用等的增加，更重要的是影响客户生产。

事后处理此事，陈某一口咬定自己当初报告的就是第二次发的正确型号；而售后服务担当人员则坚持陈某当初报告的就是第一次错误的型号。但是没有书面函件，该相信谁？最后因为双方都在明知公司规定的情况下，违反了书面沟通程序规定，造成了损失，都有责任，分别进行了处理。

思考：

1. 在企业经营管理实践中，书面沟通与口头沟通哪个最重要？

2. 该案例留给我们什么样的启示？

【参考文献】

[1] 刘墉. 说话的魅力：刘墉沟通秘笈［M］. 南宁：接力出版社，2009.

[2] ［美］卢尼昂. 沟通的力量［M］. 罗汉，陈其善，喻国平译. 上海：格致出版社，2010.

[3] ［美］戴尔·卡内基. 卡内基沟通与人际关系［M］. 北京：中信出版社，2013.

[4] ［美］基恩·泽拉慈尼. 用演示说话—麦肯锡商务沟通完全手册［M］. 马振晗，马洪德译. 北京：清华大学出版社，2011.

第六章

非语言沟通与网络沟通技巧

【学习目标】

通过本章学习，了解非语言沟通与网络沟通概念内涵、特点及其在人际沟通中的地位与作用，掌握非语言沟通与网络沟通的技巧及其差异，提高人际沟通水平。

【关 键 词】

非语言沟通　　网络沟通　　肢体语言　　网络虚拟　　情感因素

在人类沟通类型中，还有两种非常特殊也非常重要的沟通形式，即非语言沟通与网络沟通。说它们特殊，是因为前者先于人类"语言沟通"而存在，后者则是现代计算机技术发展的产物。非语言沟通与网络沟通也有着自身的特点和技巧，掌握这些技巧，对有效实现人际沟通大有裨益。

第一节　非语言沟通技巧

非语言沟通是现代沟通研究者新引入的概念，但实际上，"非语言沟通"却是先于人类的"语言沟通"而存在的。

一、非语言沟通

非语言沟通与语言沟通相反，指的是人们运用不说话的方式进行人与人之间的交流。

非语言沟通主要特点有四：一是它是先于人类"语言沟通"而存在。换言之，人们在没有掌握"语言"这一个交流工具之前，就已经开始用自己的肢体、形态来表达自我感受，进行频繁的沟通与交流了。二是它与语言沟通不同，并非借助语言，而是通过肢体、表情、形态等进行人际沟通。三是无意识性。例如，与自己不喜欢的人站在一起时，保持的距离比与自己喜欢的人要远些；有心事，不自觉地就给人忧心忡忡的感觉；正如弗洛伊德所说，没有人可以隐藏秘密，假如他的嘴唇不说话，则他会用指尖说话。一个人的非言语行为更多的是一种对外界刺激的直接反应，基本都是无意识的反应。四是情境性 。与语言沟通一样，非语言沟通也展开于特定的语境中，情境左右着非语言符号的含义。相同的非语言符号，在不同的情境中，会有不同的意义。同样是拍桌子，可能是"拍案而起"，表示怒不可遏；也可能是"拍案叫绝"，表示赞赏至极。五是可信性。当某人说他毫不畏惧的时候，他的手却在发抖，那么我们更相信他是在害怕。英国心理学家阿盖依尔等人的研究，当语言信号与非语言信号所代表的意义不一样时，人们相信的是非语言所代表的意义。由于语言信息受理性意识的控制，容易作假，人体语言则不同，人体语言大都发自内心深处，极难压抑和掩盖。六是个性化。一个人的肢体语言，同说话人的性格、气质是紧密相关的，爽朗敏捷的人同内向稳重的人的手势和表情肯定是有明显差异的。每个人都有独特的肢体语言，它体现了个性特征，人们时常从一个人的形体表现来解读他的个性。

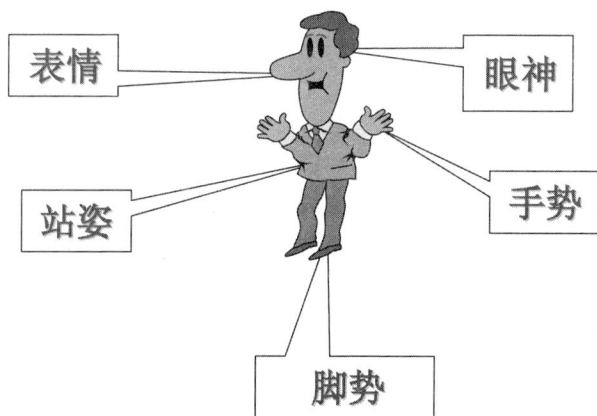

图6-1　肢体语言的组成

　　非语言沟通在人际沟通中作用巨大，具体表现在如下几个方面：

　　其一，非语言沟通是人际沟通非常重要的手段，借助这一手段，能达到不少语言沟通不能达到的目的。

其二，代替语言。长久以来，人类交流已经形成了非常有效的肢体语言、暗号以及约定俗成的规矩。在一些特定的时候，我们甚至不需要发出声音就可以完美地达到沟通的目的。从这一意义上说，非语言沟通可以代替语言直接成为沟通双方之间的纽带、桥梁。

其三，非语言沟通可以强化沟通效果。比如，在演讲时，人们可以借助肢体语言来表达演讲内容，以促进听众理解演讲内容。人际沟通学家彼得·德鲁克说得好："人无法只靠一句话来沟通，总是得靠整个人来沟通。"

相关链接 🔍 搜索

肯尼迪借用肢体语言强化演讲沟通效果

肯尼迪是越战的发动者。在最初的时候，肯尼迪对越南作战的斗志非常旺盛，每次在公众场合演讲时，只要说起"越南战争"，他总是喜欢用力挥拳，而且这样的姿势看上去无比坚定，台下的听众也无不闹成一片，恨不得跳上台来附和肯尼迪。所以，很多时候，非语言沟通是可以强化沟通效果的，就像肯尼迪的用力挥拳、坚定不移的表情、冷峻的眼神都对外起到了非常明显的作用。

其四，非语言沟通可以判断真相。因为相对语言沟通来说，非语言沟通往往是发自内心的真情流露，它是无意之间表露出来的内心的真实想法。所以，在沟通时，观察对方一些不经意的动作，会判断出事实的真相。

总之，非言语沟通的功能作用就是传递信息、沟通思想、交流感情。

二、非语言沟通技巧

非语言沟通技巧很多，主要包括眼神交流、面部表情、体势、手势、脚势、微笑等。

1. 眼神交流

眼神交流，又叫目光接触，是人际间最能传神的非言语交往。"眉目传情"、"暗送秋波"等成语，形象地说明了目光在人们情感交流中的重要作用。眼睛是心灵的窗口，人们都喜欢通过眼神来判断一个人是否在说谎。传统观点认为，敢于直视责难的眼神就可以证明一个人的清白无辜。但是，专家研究发现，并非所有的说谎者都会遮遮掩掩、目光游离。英国朴次茅斯大学的研究者们还发现，如果犯罪分子正在编织谎言的话，他会尽量使自己处于一个静止状态，包括眼皮不眨动、瞳孔无移动等。因此，他们得出的结论是，人们在说谎的时候，每分钟眨眼的次数将会降低5

次左右。另外，FBI 还沿用了生理学家的理论，他们认为，如果一个人在说话的时候眼珠偏向右上方，那么他很有可能就在撒谎。

运用眼神交流，应注意的地方很多，如沟通不能随意睽视，它会令人感觉不自然。眼神交流不要过于频密，不要以敌视的眼神望着对方。在沟通中，讲话者应看一眼对方后再开始讲话，以表尊重；讲完第一句之后，不宜再迎视对方的目光，除非两人关系已密切到了可直接"以目传情"。讲话者说完最后一句话时，才将目光移到对方的眼睛。这是在表示一种询问"你认为我的话对吗"或者暗示对方"现在该轮到你讲了"。对听者而言，应看着对方，表示关注。

2. 面部表情

面部表情是身体上最易引起注意的部位，同时也是非常复杂的表情管道。惊讶、害怕、生气、嫌恶、伤心等心理现象，都可以通过面部表情显现出来。如人在紧张的时候，其面部往往会发生一些可见性的变化，比如"脸红"、"肌肉抽动"等。此外，根据语言、生理学家的意见，人的大脑分为两个半球，左脑主控语言和逻辑，右脑主控图片处理。主管方向不同，反应速度也就会出现偏差，尤其是当一个人"言不由衷"的时候，他的面部表情就会很僵硬。在沟通时，如果你对被沟通方或当时的情况了解的话，你可能会很正确地判断出对方面部表情所代表的情绪。与人沟通时，面部表情如果生动丰富，会产生吸引力。对说话者而言，要想达到理想的沟通效果，面部表情需要配合说话内容，对听者而言，要注意对方说话时的表情变化，以便加深对说话的理解。

3. 体势

我国自古以来，就非常重视在交往中的身体姿态，认为这是一个人是否有教养的表现，因此，素有大丈夫要"站如松，坐如钟，行如风"之说。在日本，百货商场对职员的鞠躬弯腰还有具体的标准：欢迎顾客时鞠躬 30 度，陪顾客选购商品时鞠躬 45 度，对离去的顾客鞠躬 45 度。文艺复兴时期著名画家达·芬奇曾经说过，精神应该通过姿势和四肢的运动来表现。同样，在人际沟通中，人们的一举一动，都能体现特定的态度，表达特定的含义。譬如，在沟通时，如果对方身体各部分肌肉绷得紧紧的，表明其内心有些紧张、拘谨；双手交叉或双腿交叠太紧，显示你紧张的心绪或没有兴趣和别人交往；面向别人并向前倾，显示敬意和投入；略微倾向对方，表示热情和兴趣；微微起身，表示谦恭有礼；身体后仰，显得对别人若无其事和轻慢；侧转身子，表示嫌恶和轻蔑；背朝人家，表示不屑理睬；拂袖离去，则是拒绝交往的表示。

总之，你的身体摆出来的姿势等于告诉别人，你想不想与别人发生交往关系，希望和别人发生什么样的交往关系，以及你对与你沟通的人所说的事有没有兴趣。

4. 手势

在沟通时，适当配合手势也非常重要。它既可加强内容表达，也可增强感染力，从而达到沟通效果，比如，一些伟人如列宁、毛泽东等，他们在演讲与听众沟通时，都会自觉与不自觉地使用一些手势，以达到沟通效果。

运用手势沟通交流虽然非常重要，但使用时要注意技巧。

首先，要了解各种手势的基本意思，如伸出大拇指，表示你赞同人家，摇手则表示不赞同；将双臂放在身前或者身后的人，都表示在对外传递着有一种"拒绝"意思的信息；如果一个人在双手插兜并将自己的大拇指外露时，那么这个人就是无比自信、感情外化的；相反，那些喜欢将自己的大拇指藏在裤子口袋而将其他四指外露的人，就会显得心事重重、不好交往；那些将手臂背在身后的人则展示出了一种无所畏惧的挑战姿态：既不欢迎你，也不理睬你！

其次，要掌握古今、不同民族同一手势之差别，如现代人大拇指往上，表示赞扬，而在古罗马时代的角斗士竞技场上，大拇指往上，表示放倒地者一条生路，反之，则表示要杀死输者。

最后，手势运用要自然，不要太夸张，与人沟通交流时，不要咬指甲、扳手指关节、抠鼻眼，更不要玩耍东西物件等，因为这些手势动作都会给对方一种印象：你在应付他，漫不经心地对待他，不尊重他。

5. 脚势

在沟通专家看来，一个人的脚部动作姿势，其实也是最容易暴露人们真实想法的地方。因为，脚部会将一个人脑海当中设计、玩味的下一个想法、目标统统展示出来。如一个人的脚尖朝向最容易反映出这个人实际想要去的地方。如在沟通时，对方欢迎你，他就会挪动双腿，将两个脚尖指向你；如果在沟通时，对方虽然人未走，他脚的朝向发生了变化，扭转了过去，脚尖指向门的方向，那么表明，他实际上已经不愿意继续交谈下去了。除了脚尖以外，大腿也是暴露一个人内心世界的重要点。在沟通专家看来，那些跷起二郎腿并且将自己的大腿高高叠起，横贯在对方面前的人，表达的意思是：不想与你交流沟通。因为这种姿势，就好像是给沟通双方竖立起了一道无形的屏障，表示"我不想让你靠近我"。要想掌握脚势沟通技巧，一要明白各种脚势的意蕴内含；二要在沟通时认真观察，才能真正明白其中的含义，从而做出正确的判断。

6. 微笑

微笑是最有感染力的交际语言，是放之四海而皆准的"人际交往的高招"。微笑能很快缩短你与他人的距离，表达出你的善意、愉悦，给人春风般的温暖。微笑来自快乐，但它也具有带来快乐、创造快乐的功能。在人际沟通中，微微笑一笑，双方都能从发自内心的微笑中获得这样的信息：我是你的朋友。一个人在笑的时候，如果嘴角咧向一边，就说明他是装出来的，实际上他并没有接受到让自己开心的信息。微笑虽然无声，但是它说出了如下许多意思：高兴、欢悦、同意、尊敬。作为一名成功的沟通者，请你时时处处把"笑意写在脸上"。美国著名旅店帝王希尔顿在一文不名的时候，他的母亲就告诉他，必须寻找到一种简单容易、不花本钱而行之长久的办法去吸引顾客，方能成功。希尔顿最后找到了这样东西，那就是微笑！依靠"今天你微笑了吗"的座右铭，他成了世界上最富有的人之一。

相关链接 🔍搜索

微笑小技巧

技巧之一：笑得自然。微笑是美好心灵的外观，微笑需要发自内心才能笑得自然，笑得亲切，笑得美好、得体。切记不能为笑而笑，没笑装笑。

技巧之二：笑得真诚。人对笑容的辨别力非常强，一个笑容代表什么意思，是否真诚，人的直觉都能敏锐判断出来。所以，当你微笑时，一定要真诚。真诚的微笑让对方内心产生温暖，引起对方的共鸣，使之陶醉在欢乐之中，加深双方的友情。

技巧之三：微笑要看场合。微笑使人觉得自己受到欢迎、心情舒畅，但对人微笑也要看场合，否则就会适得其反。如，当你出席一个庄严的集会，去参加一个追悼会，或是讨论重大的政治问题时，微笑是很不合时宜，甚至招人厌恶的。当你同对方谈论一个严肃的话题，或者告知对方一个不幸的消息时，或者是你的谈话让对方感到不快时，也不应该微笑。因此，在微笑时，你一定要分清场合。

技巧之四：微笑的程度要恰到好处。微笑是向对方表示一种礼节和尊重，我们倡导多微笑，但不建议你时刻都笑。微笑要恰到好处，比如当对方看向你的时候，你可以直视他微笑点头。对方发表意见时，一边听一边不时微笑。如果不注意微笑程度，微笑得放肆、过分、没有节制，就会有失身份。

---

7. 其他

眉毛、嘴唇都是评判一个人内心世界真实想法的依据，在沟通中，也应引起注意。如果一个人抿着嘴唇，那么就代表他对眼下的事情持否定态度；眉毛同眼眶之间的距离同样也可以暴露一个人的内心，如果这个距离变大，那么这个人就是高兴的；如果缩小，就表示他心情失落、生气，甚至是愤怒。

第二节　网络沟通技巧

随着现代社会信息技术的高速发展，网络沟通作为新型沟通方式也以令人难以置信的速度发展起来，并迅速受到人们尤其是青年人的热捧。虽然网络沟通有利也有弊，但从总体看，还是利大于弊。人与人之间进行网络沟通，也必须掌握一定的技巧，才能达到沟通效果。

一、网络沟通

网络沟通借助于互联网平台进行的人与人之间的交流，有着其他沟通类型所不具备的特点。网络沟通最大的特点是利与弊共存，让人纠结。

网络沟通是指通过互联网平台进行的人与人之间的交流。当人们开始接触网络沟通时，出于对网络之好奇，犹如登上了太空一样新鲜，但随着斗转星移，现在每个人都已经习惯了网络沟通，甚至还会有些许的倦意。

之所以会出现此种状况，主要基于网络沟通有一个非常不同于其他沟通形式的特点，那就是利弊共存，让人纠结。

网络沟通作为一种新奇的沟通方式，其利主要表现在：

一是即时。如今，网络通信设施已经十分高端和发达，一旦人们需要交流，随时可以通过 QQ、微信、邮件进行即时沟通，这就大大提高了沟通效率。

二是方便快捷，不易受干扰。网络沟通中的优点便是便捷，其他的沟通方式，比如，电话沟通和面对面的沟通则需要对方接电话或者是出现在自己的面前，而网络沟通不用这样麻烦，即使对方不在，只要发个电子邮件或者是留言就可以传递到对方那里，这就除去了很多限制，也不会影响到正常的生活和工作。此外，网络沟通几秒钟内，便可收到相隔万里的来信，在最短的时间内获得各地各种详细的、自己想知道的信息。

三是拓展了我们的知识面，给予了我们遨游的空间。它的出现改变了人们传统的思想方法，在我们的学习生活中给予了极大的帮助；坐在家中即可浏览众多网上图书馆丰富的图书收藏；通过各学校开办的远程教育网了解更多的知识等。

网络沟通的弊主要表现在如下方面：

其一，生硬无感情。网络沟通依赖的是互联网平台，而构成这一平台零件的都是些毫无感情的冷冰冰的金属制品。沟通双方因不能直接会面，而是面对着冷冰冰的电脑屏幕，除了 QQ 视频通话可以看到对方面部表情外，微信、邮件等一般不能做到这一点。

其二，降低了其他沟通频率。频繁的网络沟通也造成了人们的纠结，即人们越来越依赖于网络沟通方式，这就大大地缩减了很多其他的沟通方式，导致其他沟通方式使用频率的降低。而在有的时候，网络沟通非常无关痛痒，花费同样的时间却得不到相应的沟通效果。

其三，易偏离主题，导致沟通目标不明确。

其四，网络沟通有时被人们错用，从而引起不必要的麻烦。

其五，网络沟通有时候没有一个电话或者登门问候来得更实际一些。

其六，网络沟通，如采用邮件进行沟通，最容易出现失误和难以操控，并且会被具有恶意的第三方干扰和破坏，例如互联网黑客，而且在沟通和信息传递对象上也可能存在选择错误的现象。

二、电子邮件沟通技巧

电子邮件沟通作为网络沟通类型之一，主要借助于信息技术（IT）的计算机网络来实现信息沟通活动。

电子邮件（electronic mail，简称 E - mail，标志：@，也被大家昵称为"伊妹儿"）又称电子信箱，它是一种用电子手段提供信息交换的通信方式。

电子邮件是 Internet 应用最广的服务。通过网络的电子邮件系统，用户可以用非常低廉的价格（不管发送到哪里，都只需负担电话费和网费即可），以非常快速的方式（几秒钟之内可以发送到世界上任何你指定的目的地），与世界上任何一个角落的网络用户联系，这些电子邮件可以是文字、图像、声音等各种方式。同时，用户可以得到大量免费的新闻、专题邮件，并实现轻松的信息搜索。这是任何传统的方式所无法相比的。正是由于电子邮件的使用简易、投递迅速、收费低廉、易于保存、全球畅通无阻，使得电子邮件被广泛地应用，它使人们的交流方式得到了极大的改变。另外，电子邮件还可以进行一对多的邮件传递，同一邮件可以一次发送给许多人。最重要的是，电子邮件是整个网间网以至所有其他网络系统中直接面向人与人之间信息交流的系统，它的数据发送方和接收方都是人，所以极大地满足了大量存在的人与人通信的需求。

邮件沟通是当下人们最常用的网络沟通方式，虽然优点很多，但要想确保信息传递万无一失，达到沟通之交流的目的，有必要掌握如下邮件沟通技巧。

1. 主题精当，标题明确

发邮件时，主题应当精当，不要发送无主题和无意义主题的电子邮件。邮件的标题很就像是一篇文章的题目，是文章所要表达的主题意思。因此，在与人们交流沟通的过程中，一定要重视标题的书写。书写标题：首先，要做到标题明确，能让别人一眼便能够看出所言何物。因为一封邮件的标题是否明确或是否言之有物直接影响到接收人对这封邮件所持的态度和重视度。其次，标题要写得尽量易懂并且具有描述性，在短短的一行字里显示出整封邮件的主旨大意，这样便有助于让信息接收方迅速地了解所表达的内容并更加清晰地记忆，有利于双方沟通的顺利完成。

2. 称呼要认真考虑

在与对方进行邮件沟通时，要注意称呼，避免冒昧，首要位置如何称呼对方，不能随意填写，应认真斟酌。当与不熟悉的人通信时，请使用恰当的语气，适当的称呼和敬语。一般说来，要表达自己的敬意，体现出自己的涵养和礼貌，因为没有人愿意和没有礼貌的人交往和共事。做到了这一点，能够使对方对自己产生一种不错的初期印象，为以后的沟通打下良好的基础。

3. 发送对象要讲究

在使用邮件沟通时，发送对象同样也有讲究。作为一个合作研究或破案团体，在传递相关信息时，既要主动把重要信息发送给相关人员，还要注意抄送一份给自己的直接上司和对方的直接上司。这样做，前者的好处是：一是保持与自己上级的及时沟通；二是积极主动的报告更能取得上司的信赖和欣赏，从而得到上司的大力支持。后者的好处是：一是表示自己对其上司的尊重；二是使对方上司能够更好地了解合作进展状况，做出对下属更合理的调配。总之，准时抄送邮件给上司，对做好工作具有非常大的帮助。

4. 转发或发送邮件要谨慎

不要随意转发电子邮件，尤其是不要随意转发带附件的电子邮件，除非你认为此邮件对于别人的确有价值，在病毒泛滥的今天，除非附件是必需的，否则应该避免 Word，PPT 附件，多使用 PDF。在正文中应当包含附件的简要介绍。邮件要使用纯文本或易于阅读的字体，不要使用花哨的装饰。最好不使用带广告的电子邮箱。如果不是工作需要，尽量避免群发邮件。特别不要参与发连环信这种活动，如把这条消息发送给 10 个好友之类。在给不认识的人发送邮件时，请介绍一下自己的详细信息，要么在签名中注明自己的身份，没有人乐意和自己不明底细的人讨论问题。群发邮件容易使得收件人的地址相互泄露，因此最好使用邮件组。两个人商量事情牵涉到第三方时，应该将邮件抄送（CC）给第三方。

5. 沟通内容有技巧

在使用邮件沟通时，对于沟通内容也要讲究技巧。这些技巧包括：一是邮件内容应图文并茂。只有信息丰富才能说明问题；二是邮件正文的字数也不要太长，尽量做到正文内容的条理清晰、精练易懂；三是避免重复发送同一内容，因为所有人都不会喜欢啰唆、做事烦琐、不干练之人；四是每次的邮件沟通都需要有不同的侧重点，这样才能让对方感受到邮件沟通的价值；五是沟通内容因人而异，与同事的邮件沟通，应尽量详尽地描述细节，以利于对方进行思考和判断，而与上司则相反，尽量避免细节性的内容，力求言简意赅，因为上级的工作是对大方向的把握，而不是具体如何做；六是注意发送带有与邮件本身紧密地联系在一起的附件。邮件的正文一般对附件进行说明和总结，避免沟通对象需要一一打开才能获悉具体情报的麻烦。

6. 妥善处理分歧

在进行网络虚拟沟通时，双方的意见有可能会发生分歧，从而导致沟通受到阻碍。遇到此种情况时，要想妥善处理分歧，必须做到两点：一是换位思考。所谓换位思考，即站在对方的角度和立场上去思考问题，使意见达成初步统一。然后再借助于其他的沟通方式进行进一步沟通，从而成功解决分歧。二是就事论事。由于沟通距离等原因，还常常会导致沟通目标不甚明确，甚至远离主题，转而引发争论其他无关紧要的事情，如此，不但于事无补，还有可能伤及沟通双方彼此的感情。因此，进行网络沟通时，一定要就事论事，千万不要对别人进行人身攻击或将矛头对准对方的人格。否则，一旦产生误会，更难以解释和弥补。

7. 注入感情因素

情感沟通在人类交往中占有非常重要的地位，人们往往会因为情感上的触动而做出一些决定。但网络沟通有一个十分明显的弱点，那就是显得有些生硬和不含感情。双方的情感也就没有像面对面那样表达得真切和感染人，人的感性特质因此会被大大地压抑和隐藏，是故，即使是网络虚拟性沟通，仍然要注意感情因素的应用，即力求使沟通对象能够感觉到自己的情谊，用自己的真诚打动对方。基于此，在使用邮件沟通时，要尽量使用温婉的书辞和谦逊的语句，字里行间散发出互相鼓励、团结协作的良好气息。虽然文字本身没有感情，但却能够让对方感受到你的真诚。

8. 确认与反馈

实践证明，单种途径的沟通不一定会引起关注和重视，有必要在发送电子邮件之后，以其他沟通方式进行确认和反馈。如果发出的重要信息没有收到对方的反馈，应尝试重复沟通和提醒，才能达到沟通的有效性。

总之，电子邮件形式的网络虚拟沟通看似简单轻巧，实际上，仍然有不少应该注意的地方和技巧。只有注意和掌握以上邮件沟通的方法，才能使网络虚拟性沟通变得更加轻松而有效。

三、微博沟通的技巧

微博客（英语：microblogging 或 microblog），简称微博，一个基于用户关系的信息分享、传播以及获取的平台。

2006 年 3 月，美国人威廉姆斯发布了 Twitter（推特）网站，它支持手机、即时通信、网页等多种客户端来发表文字、图片、音乐、视频等内容。

推特可以快捷地进行多媒体交互传播，因此迅速风靡世界。2007 年全球就有上百家仿推特网站上线。这一年，在中国也出现了饭否、腾讯滔滔、叽歪等网站。2009 年 8 月，新浪微博试探性上线。次年，新浪采用此前经营博客的成功经验，拉名人入伙，开始全力打造微博。

2011 年，在郭美美、"7·23"动车事故等事件中，微博大显身手，让所有网民都感受到了微博这种多媒体、多渠道迅捷传播和人际互动的力量。2012 年 12 月底，新浪微博注册户数量超过 5 亿，日活跃用户数达到 4620 万，成为新世纪人际沟通新媒体。

微博的独特之处在于，它不仅是社会成员个体间的传播工具，还可以围绕某个特定的议题，引发公众参与和讨论，它的信息共享便捷迅速。可以通过各种连接网络的平台，在任何时间、任何地点即时发布信息，其信息发布速度超过传统媒体甚至网站媒体，是一个发展迅速的网络自媒体。

微博作为一个新媒介，虽然为公众的交往提供了新的多元化途径，改变了我们过去的信息交流方式和传播模式，也使得人们的信息沟通平台多样化，但运用微博沟通，要想达到一定的效果，也必须采用一定的技巧，才能达到目的。

需要指出的是，不同的社会成员，运用微博进行沟通，因沟通主体、目的、内容不同，因而沟通方式与技巧也不尽相同。

1. 官员微博沟通技巧

官员微博又称政务微博。微博以短信式的发布方式和网页式的共享平台构建了一个不同以往的传播模式。此种特性催生了官员微博。官员开微博是信息时代所趋，是群众信息需求的渠道，是亲民爱民的"时髦"方式，所以在中国，很多地方硬性要求开微博，以顺应时代需求。然而，由于种种原因，不少官员微博形同虚设，常成新闻中的"座上宾"，也动辄获咎，招致"管理惰性"或"信息公开不够"的鞭挞。这让不少官员无限郁闷，为何跟着时代走，开通了微博群众却不买账，努力付流水。究其原因虽然很多，如有的官员是赶鸭子上架，不懂如何操作微博，开了微博却不知更新，常年搁置；有的则使用不当，只知道在微博上晒政绩、晒信息、晒希望，借网络宣传一下自己；有的则重视不够，找个"替身"随便写上几条无关痛痒的"废话"应付交差等。其中还有一条重要的原因，那就是还未掌握官员微博的使用技巧。

官员开微博，其根本目的是形成政务公开、信息互动的良好氛围，但若不掌握微博技巧，将会淤塞信息公开渠道，影响其"公开、沟通"等政务功能的发挥。因此，官员开微博，应掌握如下技巧：

（1）说群众关心的事。官员写微博，要说要事、说正事、说群众关心的事，真正把微博传播消息的功能发挥出来，形成一条快捷便利的官民沟通之路。

（2）晒家常要适度。官员不是明星，官员微博的好坏与个人魅力关系不大，官员微博粉丝看重的是官员及其背后的机构是否有作为，而非官员家中情况如何。在微博中，官员晒家长里短并非不可以，但是要适度。

（3）切莫"书卷腔"。官员微博粉丝追求的是高质迅捷的网络信息，不太在乎语言是否优美、意境多么深远、是否回味无穷。因此，切莫"书卷腔"，非要"玩一票"，把微博信息弄得铿锵有力、政策满墙，势必会招人反感，影响有效信息的传播速率。只需短短140字左右，道出最有用最实在的"料"就行。

（4）切记"欲说还休"。对于官员微博，群众粉丝期盼能从这一平台上直接找到事情的真相。因此，官员写微博，一就是一，二就是二，切记"欲说还休"、含糊其辞。因为官员微博不是猜灯谜，"欲说还休"必然引人猜忌，遭人质疑，甚至因为你的模糊回应引得社会谣言四起。

（5）回答及时无误。官员微博作为一座官员与民沟通的桥梁，及时与确切无误的回答群众提出的问题，显得非常必要。因为只有这样才能凸显官员微博快速便捷、让群众了解事实真相的功能，才能快速纠偏，让群众放心，确保信息通畅。

2. 企业微博营销技巧

由于运用微博进行营销，可达到创业之目的。因而对于企业来说，建立一个企业微博，显得非常重要。不同的企业需要不同的经营之道，同样，一个企业微博，也是需要独特的方法与技巧的。企业微博互动沟通技巧很多，下面介绍几种沟通技巧。

（1）细心揣摩客户心理

运用微博与客户沟通交流时，要注意揣摩对方心理，因为企业营销人员跟客户对话沟通，其实就是一个销售的过程，也是一个揣摩对方心理的过程。有经验的客服人员，会根据客户所提问题，细心揣摩，最终判断出这个客户到底会不会购买产品以及购买多少产品。

（2）真诚交流

运用微博与客户沟通交流时，真诚同样重要。只要以一颗坦诚的心对待客户，让客户感受到了你的诚心，自然地也会真诚地对待你。

（3）耐心沟通

在与客户沟通的过程中，足够的耐心也非常重要。哪怕是一些小细节的问题，也必须一丝不苟地回答。常言道：细节决定成败。此话同样适合微博互动沟通。

（4）注意语言魅力

众所周知，有魅力的语言才有吸引力。在运用微博平台互动沟通时，企业营销者无论是发表评论，还是回复客户提问，语言切不可太生硬，力图做到趣味性、生动性、礼仪性，偶尔跟客户开开玩笑，或许会起到更好的效果。

（5）切中要害

所谓打蛇打七寸，在运用微博与客户沟通交流时，企业营销者发表评论或回复客户提问，既不要拐弯抹角，也不要吞吞吐吐，一定要切中要害，否则会让客户一头雾水，达不到效果。

（6）及时回报与转交

运用微博与客户沟通交流，不可避免地会遇到不是很明白或者客户的要求比较独特等相关问题，此时，要记得及时记下问题，然后将问题反馈给上级领导，以便使问题能够得到及时处理。

（7）合理运用图片

运用微博与客户沟通交流，发博文是重要手段之一。如果发博文时，只是些枯燥的文字，会影响人们阅读的兴趣，而附上一张好的图片，能使博文图文并茂，提高转发率。但在博文上加图片，不能随意乱加，一定要根据内容，合理地利用图片。

（8）转发公益活动

运用微博与客户沟通交流，积极主动转发一些公益活动，也显得非常必要。因为公益活动具有很高的转发率，对提升公司形象，增加粉丝数，均具有一定的作用。

总之，企业要想做强做大，离不开微博。而运用微博与客户沟通交流，关键在于掌握一定的沟通技巧，才能达到事半功倍的效果。

3. QQ、微信沟通的技巧

QQ 是 1999 年 2 月深圳市腾讯计算机系统有限公司推出的一款基于 Internet 的即时通信（IM）软件。腾讯 QQ 支持在线聊天、视频、远程协助、QQ 群聊、点对点断点续传文件、共享文件、网络硬盘、自定义面板、QQ 邮箱等多种功能。并可与移动通信终端等多种通信方式相连。微信是腾讯公司于 2011 年 1 月 21 日推出的一款通过网络快速发送语音短信、视频、图片和文字，支持多人群聊的手机聊天软件。

相关链接 🔍搜索

QQ、微信简史

1996年夏天，以色列的三个年轻人维斯格、瓦迪和高德芬格聚在一起决定开发一种软件，充分利用互联网即时交流的特点，来实现人与人之间快速直接的交流，由此产生了ICQ的设计思想。当时是为了他们彼此之间能及时在网上联系以交流用的，可以说近乎一种个人的"玩具"，并且成立了一家名为 Mirabilis 的小公司，向所有注册用户提供 ICQ 服务。后来，美国在线以 2.87 亿美元收购了 ICQ，在 1998 年 5 月它的用户数量已经突破1亿大关，每天平均有 1000 万用户在线，每个用户平均在线时间为三个小时。1999 年，国内冒出一大批模仿 ICQ 的在线即时通信软件，如 Picq、Ricq、Ticq（TQ）、Qicq、Micq、PCicq、Oicq、OMMO 等；新浪、网易、搜狐、百度等也开发了类似的软件，如新浪的 UC，网易的泡泡，百度的 Hi。1999 年 2 月，腾讯正式推出第一个即时通信软件，即"腾讯 QQ"，QQ 在线用户开始时只有 2 人，现在已经发展到上亿用户，在线人数超过 1 亿。QQ 既是目前使用最广泛的聊天软件之一，也是人与人之间进行沟通交流的重要方式。

微信是腾讯公司于 2011 年 1 月 21 日推出的一款通过网络快速发送语音短信、视频、图片和文字，支持多人群聊的手机聊天软件。微信一经推出，并呈现出无可比拟的发展活力。2012 年 3 月 29 日，微信注册用户超过 1 亿，是年 9 月 17 日，微信用户从破亿到突破 2 亿。2012 年 8 月，微信公众平台创建，15 个月内，微信公众账号超过 200 万，信息交互次数高达亿万次。2013 年 11 月 18 日，腾讯微信在广州举行首次"微信·公众"合作伙伴沟通会。微信在会上提出"平台化，公开化，自助化"的理念，表明微信的开放体系初步形成了框架。

QQ、微信作为网络沟通平台的出现，极大地改变了传统的沟通方式，并成为当今社会一种全新的生活方式。尤其是微信，它成了当下人们最喜爱的沟通方式。之所以如此，主要是由下列原因造成的：

其一，费用低廉。微信打破了通信运营商和跨操作平台的壁垒，用手机进行远距离的沟通，需要支付较高的费用。就拿发送短信来说，10 元只可以发送 100 条手机短信，而同样的价格用来买流量用于微信信息的发送，则可以发送上千条不同形式的信息。

其二，方便快捷。微信用户来自手机通讯录、QQ 好友和基于地理位置认识的陌生人，也就是说只要打开微信这一款软件就可以同时给通讯录好友、QQ 好友或是陌生人发送信息，不需要使用不同工具进行信息分类传播，这使人们之间的交流变得更加方便快捷。

其三，结识更多新朋友。微信是跨平台操作的软件，在群聊的时候，甚至可以将通讯录、QQ 好友和微博好友聚在一起，这意味着人们可以以你为中心形成交际圈，就像是"六度空间"理论说的那样扩散链接，在这个庞大的交互的圈子里，可以找到更多与自己有关系的人群，结识更多的新朋友。

其四，微信可创造亲密纽带。低廉的费用以及操作的便捷可以让我们随时随地和好友分享每一刻的心情。一段语音信息，让对方听听自己的声音，感受心情变化；一张图片，记住每一刻的微笑和悲伤；邀请多人群聊，感受大家坐在一起聊天的快乐氛围；组建一个自己的圈子，一起分享最近发生在身边的各种事情。

其五，微信可构建"湿世界"。

美国学者克莱·舍基在《Here Comes Everybody——The Power Of Organizing Without Organizations》一书中提出了一个"湿世界"的概念。他认为，未来的世界是湿的。这里的"湿"是特指借由社会性软件，使得人与人之间充满了人情味，变成有黏性、湿乎乎的存在。在黏性社会中，人们不再像机关、工厂那样永远依靠制度被捆绑在一起，而是可以轻易地组建各种群体，发现志同道合的人，共同以从前无法想象的方式完成某个项目。从这个意义上来说，微信让我们的社交世界成为一个有黏性的、"湿湿"的世界。因为微信将 QQ 好友、手机通讯录和通过 IBS 定位、"摇一摇"和"漂流瓶"认识的人结成一个整体，让我们的社交圈子成为一个涵盖范围广、方便快捷又充满人情味和生活乐趣的大圈子，从而实现了虚拟社交圈与实际社交圈的交融，使以前由于网络的虚拟性而产生的空虚和寂寞感逐渐消失。

QQ、微信等推广的本质在于人与人之间的互动与交流，而要想达到满意的效果，掌握沟通技巧同样显得非常重要。

(1) QQ、微信沟通的礼仪技巧

运用 QQ、微信平台进行人与人之间的沟通交流，最为重要的是要注意如下沟通技巧：一是加不加你为好友是别人的权利；二是不要随意给别人发送链接或者不加说明的链接。随意发送 URI 是一种很粗鲁的行为，属于强制推送内容给对方，而且容易让别人感染上病毒；三是不要随便发弹窗（发送视频邀请）或是振动，这都是非常不礼貌的行为。四是尊重他人的隐私，不要随意公开聊天记录和视频等内容；五是尊重他人的劳动，不要剽窃，随意修改和张贴别人的劳动成果，除非他人主观愿意。

(2) QQ、微信沟通的语言技巧

QQ、微信交流只能看到文字，无法看到表情。换言之，不管你在交流时的内心感受如何，对方都看不到，只能通过文字去感受。所以运用 QQ、微信沟通时，要特别注意如下语言技巧：一是勿乱用称呼称谓，如在称呼别人时，一般不要用小李、小王、小张之类的"小"字，因为中国人非常讲究称谓，"小"字通常是长辈称呼晚辈，或是上级称呼下级时才使用的。对于不熟识的人，称呼×兄、×大哥、×总等比较恰当，且不容易出问题；二是沟通时多用柔性情感词汇，如"您好"、"请"、"谢谢"等，它们会产生非常神奇的效果；三是慎用下列语气助词，如哈哈、嘿嘿、呵呵、啊、HOHO 等。有人曾专门做过网络调查，调查标题为："当你的网友说下面哪个词时，你最想抽他"。结果在单选调查中有 64% 的人选择了"呵呵"。"呵呵"这个词高票当选，表明当你和对方进行 QQ、微信沟通交流时，如果你不停地说"呵呵"，容易使对方产生你轻视、侮辱他。有一位女网友对上述词汇的负面影响总结得非常精辟。她说："'哈哈'太随意，'嘿嘿'太玩笑，'嘻嘻'太幼稚，'呵呵'太敷衍，'啊'感觉跟神经病一样，'HOHO'感觉只有女孩才这么干，一大男人要这样估计离人妖不远了！"四是忌说不友好的话，更不要说脏话。

（3）选择沟通时间的技巧

通过 QQ、微信沟通时，时机的选择很重要，一般应注意如下几点：一是尊重他人的时间，在别人状态为 Busy 的时候，不要打扰；二是如谈工作尽量长话短说，因为 QQ、微信主要不是用来工作交流的；三是千万不要看到在线就留言，比如半夜 12点，这个时间段只要不是很重要的事，就不要打扰别人。这个点还在线，一定有事。即使对方很闲，但是此时人的精力、判断力处于一天当中的低谷，而且这个时间段是人情绪最低落、最容易与人发生矛盾的时候。

（4）速度控制技巧

在 QQ、微信网络上沟通交流，主要通过打字进行，这就涉及速度问题。QQ、微信网络沟通速度控制技巧有二：一是发出信息遵循"就慢不就快"的原则。比如对方一分钟打 30 字，而我们一分钟能打 120 字，这时就要迁就一下对方，按照对方的节奏交流。否则对方就会跟不上我们的思路，使沟通产生障碍。而且从心理体验的角度说，对方有话说不出来，只能看着我们滔滔不绝地打字，感觉会非常痛苦；二是回复对方速度要适中，不能过快，也不能过慢。比如对方很严肃地问了一个他认为很重要的问题，那即使我们知道答案，也不要马上回复。否则对方就有可能会感觉我们对这个问题不够重视，敷衍了事。

（5）QQ、微信沟通其他技巧

在 QQ、微信上沟通交流，要想达到理想的沟通效果，还需注意如下一些小细节、小技巧：一是谦虚低调。不要好为人师，不要自诩高人一筹，不要做鉴定师和价值判断人；二是慎发图片表情。表情是大家在 QQ、微信上沟通中最喜欢用的元素之一。一个恰当的表情能够起到调节关系、缓和气氛的作用。但是同语气助词一样，不当地使用表情，同样会使别人产生不愉快的心理感受。在使用图片表情时，尽量不要用那些可能会引起别人抵触情绪、让人反感，或是降低自己形象的图片。比如一些过于色情和暴力，或是非常低俗的图片。此外，所发图片表情要准确，千万不要发错了，否则，会产生不良后果，如把表示"愤怒"的图片当作"高兴"的图片发，对方很可能会产生误解；三是字号字体莫乱改。QQ、微信沟通时，默认的文字是 10 号黑色宋体字，然而，有的人不喜欢默认字体，于是就乱改一通，比如改成大红大绿、火星文等。这些颜色的字在显示器中会非常刺眼，甚至会伤害到眼睛，尤其是火星文等个性字体，阅读起来比较吃力，不便于沟通。

总之，在 QQ、微信沟通交流过程中，要多考虑对方的感受，多尊重对方。只有我们尊重别人，别人才能尊重我们；只有我们为别人着想，别人才能为我们着想。如果我们彼此做到了这一点，QQ、微信沟通就会更加顺畅，效果也就会更好。

本章小结

非语言沟通与网络沟通是两种非常特殊的沟通形式。作为先于人类"语言沟通"而存在的非语言沟通，主要借助肢体、形态等实现人际沟通，但需配合语言沟通才能达到最佳效果。非语言沟通作为人际沟通非常重要的手段，具有替代语言、强化沟通效果、判断真相之作用。网络沟通作为新型沟通方式虽然一经兴起便受到人们尤其是青年人的热捧，但其"利与弊共存"之特点，让人纠结。电子邮件沟通主要技巧有七：标题明确、称呼恰当、对象发送有讲究、沟通内容技巧、处理分歧要妥善、注入感情因素、确认与反馈等；利用微博平台进行沟通，不同类型的微博沟通有着不同的技巧。作为官与民沟通的桥梁——官员微博，官员应掌握五点技巧，即说群众关心的事、晒家常要适度、切莫"书卷腔"、切忌"欲说还休"、答问及时无误，才能把微博快捷便利的官民沟通功能充分发挥出来；企业微博营销技巧多种多样，其中最为重要的技巧有八，即细心揣摩客户心理、真诚与客户交流、耐心与客户沟通、注意语言魅力技巧、评论或回复客户提问要切中要害、及时回报与转交棘手问题、合理巧用图片、主动转发公益活动，以提升公司形象；运用 QQ、微信平台进行人与人之间的互动沟通，必须掌握沟通技巧包括：礼仪技巧、语言技巧、选择沟通时间的技巧、速度控制技巧，以及其他一些小技巧，才能达到理想的沟通效果。

【练　习】

1. 为什么说非语言沟通先于人类"语言沟通"而存在？
2. 非语言沟通与语言沟通相比有何利弊？
3. 为什么说眼睛是心灵的窗户？眼神交流应注意哪些问题？
4. 网络沟通有何特点？为什么说它是最让人纠结的沟通方式？
5. 在网络沟通中为何要注入感情因素？

【案例与思考】

案例一：　探员智擒毒品罪犯

在 1963 年，FBI 就成功指认了一名叫作马杜罗·赫兹的毒贩子。于是，为抓住罪犯，一名 FBI 探员假装成一名过路人，谎称自己的车子需要加水，就这样和赫兹搭讪起来，当那名 FBI 探员提到"美国南部毒品交易泛滥、政府正在派出大批警力前往惩治"的时候，赫兹脸上突然一红一白的，因为"毒品"和"警察"这些字眼让赫兹很不舒服，也正是这样的表现使赫兹暴露了自己，并将自己投入了大牢。

思考：

1. FBI 探员是如何抓住毒品罪犯赫兹的？

2. 从该案例中，警察掌握肢体语言对破案有何意义？

案例二：　尼古拉斯·马奇的故事

尼古拉斯·马奇是一位资深探员。他曾讲述他自己的一个经历。"当时我从远处看见了自己的上级巴克斯特先生，他背对着我，正在和一个朋友谈话，我快步走过去，向巴克斯特先生问好，而后巴克斯特先生也笑眯眯地回过头来，向我打招呼。"

但是巴克斯特并没有挪动自己的腿脚，只是扭动了上半身来回应马奇。此时马奇知道，对方并不希望他介入这次谈话。

"如果他欢迎我的到来的话，他就会挪动双腿，将两个脚尖指向我。虽然他很友好地冲我微笑，但是我看见他的脚却死死地贴住地面，于是我知趣地走开了。"

思考：尼古拉斯·马奇为何会知趣地走开？他是通过什么判断他的上司不希望他介入谈话的？

案例三：美国联邦调查局破获 "僵尸网络"

一个十八岁的新西兰少年组建了一个网络犯罪团伙，他们利用"僵尸网络"病毒入侵了美国、荷兰等多国的电脑网络，成功窃取了许多人的银行卡密码，并且操控股票交易，甚至破坏企业电脑系统等，这样大的犯罪行为使各国蒙受了总价值约2500万美元的损失，美国联邦调查局不得不对此案进行侦破调查。

因为网络覆盖面涉及全球，所以搜索范围实在是太过广阔，要找到实施犯罪的黑客无异于大海捞针。

不过FBI探员们并没有气馁，他们同样也会运用网络沟通的手段，即他们与多国警察联合起来，用网络的力量共同对整个世界进行了一番大调查。

2006年2月，美国宾夕法尼亚大学工程学院服务器意外瘫痪，调查原因是下载请求骤然增加，仅仅是因为一个学生的电脑下载达到了七万次，这种十分不正常的现象引起了FBI的极大怀疑。

于是，他们立刻通过网络对这次事件实施追踪并逐级搜查线索。后来，经过多方调查和网上取证，他们发现这次案件的主谋与袭击多国一百三十多万台电脑的案件有关。

他们顺藤摸瓜，顺利地在网络上找到了两个涉案的计算机代码，其中一个来自于美国，另外一个则来自于新西兰。对此，FBI立刻对美国的罪犯实施了抓捕，之后，又通过网络沟通联系新西兰警方，请求对方予以联手，对方欣然同意。

从6月开始，网络调查一直持续到11月底，FBI广泛使用网络沟通手段，多方寻找线索，最终将目光锁定在新西兰一个十八岁少年身上。

11月30日，FBI及新西兰警方突袭到罪犯家中，成功将网名为"头号杀手"的少年逮捕，并没收了他的数台电脑作为证据。

在此之前，FBI已经抓获了多名在美国活动的犯罪组织成员，并用网络发布了十三张全球通缉令。至此，这个庞大的网络犯罪组织的主犯已被抓获，FBI获得了阶段性的胜利。

思考：

1. 在该案例中，网络性沟通的重要性及其强大的力量体现在哪些方面？

2. FBI是如何通过网络性沟通破获"僵尸网络案"的？

案例四：黑黛补发以平等沟通跻身微博营销之林

黑黛董事长罗林川先生在黑黛2周年庆典上的演讲中，重点介绍了微博在营销中的重要作用，内容摘要如下：

黑黛公司是一家用美国高科技物理添发技术为脱发人做增发的公司，目前有70

人，其中有40多人分布在全国10个城市的服务中心，他们的服务对象虽然一目了然，但属小众。传统的增发服务除了假发以外，中国人已经对药物治疗和开刀治疗有了认识，要对物理增发这个新的概念重新了解，确实有许多困难。黑黛公司成立正好两年，前一年在如何营销的摸索中，第二年进入互联网，在微博这个平台上找到了方法之后，营销局面有豁然开朗的感觉。

黑黛公司的微博营销战略是这样的：第一，70名团队成员中有63名写微博，包括董事长和总经理；第二，有一个企业QQ群，用来内部沟通和培训大家写微博；第三，规定微博中不准做直白广告，只是把当天对每个客户的服务的故事用140字写出来；第四，有潜在客户需要咨询的可以由各个中心和总部的咨询服务中心和他们平等沟通；第五，欢迎客户到各个中心去体验。

和轰炸式广告比较，小企业在微博上的这种营销模式显然不会有普遍开花和结果，但是黑黛对这样的操作很有亲切感。平等沟通，持之以恒，虽然在小众的寻找上在一开始会有很茫然的感觉，但是一旦找到就有他乡遇知音的感觉。坚持下去，口碑传播会带来几何级的影响。现在，黑黛公司微博（http：//t. sina. com. cn/4008880690hd）上的潜在客户在不同地区和城市对黑黛技术的反应热度，已经成为黑黛指导新的中心在那里建立的风向标。原来，黑黛的10个服务中心是一个月建一个，现在已经是一个月建两个，在年底就可以再建立10个服务中心。黑黛估计，不过三年，在全国各地可以建立起300个服务中心。

自然，我们不能把黑黛的发展全部归功于微博，但是小企业会在黑黛案例上感觉到平等沟通的前景，以及自己也可以这样做的信心。我在文章开始的时候说："我比别人有更多的感受体验了一段新闻，这是因为我是黑黛微博的顾问的原因，我清楚黑黛微博营销的每一个细节，也了解我辅导的其他小企业在微博营销上的魅力。我想告诉每一个小企业，在微博营销上，小企业一点不输给大企业，甚至会有更快决断更快反应的灵动。"

有一种说法，互联网正在培养企业一种新的能力，这种新能力很可能成为企业之间的竞争力。对这种新能力的描述是：企业开始收集和梳理客户的各种特点，客户的这些特点是动态的和持续的。这种收集和研究是在和客户的互动中完成的，并且是长期跟踪的结果。我认为，小企业完全有能力在这一点上比大企业做得更好。

思考：

1. 黑黛微博营销成功靠的是什么？它对小企业微博营销有何启示？

2. 从该案例中，我们可以总结出哪些微博营销技巧？

【参考文献】

[1] [美] 纳瓦罗，波茵特.FBI 教你破解身体语言 [M].于乐译.北京：中华工商联合出版社，2010.

[2] [美] 乔艾琳，狄米曲斯，马克·马扎瑞拉.读人 [M].张苘译.天津：天津教育出版社.2009.

[3] [美] 尼尔伦伯格等.白宫智囊的读心术 [M].龙淑珍译.北京：新世界出版社，2011.

[4] [美] 斯滕伯格.认知心理学 [M].杨炳钧等译.北京：中国轻工业出版社，2006.

[5] [英] 博格.身体语言：教你超强读心术 [M].林伊玫译.重庆：重庆出版社。2010.

[6] [英] 皮斯等.身体语言密码 [M].王甜甜，黄佼译.北京：中国城市出版社，2010.

[7] 江礼坤.网络营销推广实战宝典 [M].北京：电子工业出版社，2014.

下 篇

商务谈判

第七章

商务谈判概述

【学习目标】

通过本章学习，掌握谈判、商务谈判的基本概念及其特点，从不同角度了解商务谈判的类型，既要明确商务谈判对个人成功的作用，更要了解商务谈判在企业发展国家现代化建设中的作用。

【关 键 词】

谈判 商务谈判 国际商务谈判 货物买卖谈判 合资谈判 投资谈判 国际商法 助推器

谈判是社会发展到一定阶段的产物。随着人类社会的发展与进步，需要处理的各种关系或矛盾越来越多，谈判的事项和领域也就逐步扩大。随着商品经济的产生，商务谈判应运而生，并随其发展而不断完善。在现代社会，大到国际间的商务贸易纠纷，小到企业、个人之间的利益冲突，人们都需要通过商务谈判来解决。商务谈判的出现，使人类的商务活动有了比较清晰的运行规则和合法的程序，为当事人各方维护和争取各自的利益提供了合法有效的工具和广阔的空间。商务谈判无论对个人的成功，还是对企业、国家的发展，都具有不可低估的作用。

第一节 谈判与商务谈判的界定

学习商务谈判，首先要弄清楚商务谈判的定义及其基本特征。何谓商务谈判？无论国外还是国内，对这一概念的界定尚存分歧。关于商务谈判的特征，虽然有学者进行过探讨，但从学术的角度看，尚有待深化。

一、谈判的界定及其特点

谈判有多种类型，商务谈判是谈判重要的类型之一。谈判虽然自古以来就存在，但谈判作为一门学问产生还是现代的事。

美国是最早进行商务谈判研究的国家。1968 年，美国谈判学会主席杰勒德·尼伦伯塔在其《谈判艺术》一书中，从人际关系和行为学角度，认为：“谈判是人们为了改变相互关系而交流意见，为了取得一致而相互磋商的一种行为。”美国著名谈判咨询顾问 C. 威恩·巴罗和格莱恩·P. 艾森在合著的《谈判技巧》一书中，对谈判的界定是：“谈判是一种双方都致力于说服对方接受其要求时所运用的一种交换意见的技能，其最终目的就是要达成一项对双方都有利的协议。”罗杰·费希尔与威廉·尤瑞合著的《谈判技巧》则认为：“谈判是为达成某种协议而进行的交往。”法国谈判学家克里斯托夫·杜邦把商务谈判界定为：“谈判是使两个或数个角色处于面对面位置上的一项活动。各角色因持有分歧而相互对立，但他们彼此又互为依存。他们选择谋求达成协议的实际态度，以便终止分歧，并在他们之间（即使是暂时性的）创造、维持、发展某种关系。”英国学者 P. D. V. 马什的《商务合同谈判手册》把谈判定义为：“所谓谈判，是指有关各方为了自身的目的，在一项涉及各方利益的事物中进行磋商，并通过调整各自提出的条件，最终达成一项各方较为满意的协议这样一个不断协调的过程。”

在国内，谈判作为一门学问，虽然产生较晚，但一经产生便引起了学者的极大兴趣和关注，关于什么是谈判，国内学者也持有多种不同意见。其中最有代表性的观点有：一是认为“谈判是谈判双方（各方）观点互换、情感互动、利益互惠的人际交往活动”。二是认为“谈判就是具有利害关系的双方或多方谋求一致而进行协商洽谈的沟通协调活动”。三是“谈判是指人们为了各自的利益而进行相互协商并设法达成一致意见的行为”。

需要指出的是，中外学者对谈判概念的表述虽然不尽相同，但无一例外地都涉及如下一些基本点：一是谈判活动主体必须有两个或两个以上；二是参与者之间存在着一定的利益关系；三是谈判是建立在人们需要的基础上；四是谈判各方之间在利益、立场、观点等方面存在着某种分歧，但双方都希望通过谈判旨在寻求解决分歧的途径；五是谈判活动中各方运用各种策略，为自己争取最大限度的利益；六是谈判是一种过程，最终目的是达成协议。

综上所述，谈判是参与谈判各方为了满足各自的需要和维持各自的利益进行协商从而达成协议的过程。

谈判与人类社会其他活动比较，具有复杂而又多元化之特点。

1. 谈判体现了特殊的人际关系

谈判所体现的特殊人际关系主要表现在：参与谈判活动的各方是出于某种利益而结成的相互关系或共同体，具有动态性、短暂性的特点，且这种由谈判活动所建立的人际关系，一旦谈判过程完成，相互之间的关系便告结束。

2. 谈判是满足人的需要

人的需要涉及的内容较为广泛，当人们有交换意见、改变关系或寻求同意等需要时，就必须进行谈判。需要推动人们进行谈判，且需要越强烈，谈判的动因就越明确。但谈判又是两方以上的行为，只有各方的需要能够通过对方的行为满足时，才会产生谈判。所以，无论什么样的谈判，都是建立在满足人的需要之基础上的。

3. 谈判是信息传递的过程

在谈判时，谈判双方需要阐述自己的想法和意见，同时也要听取对方的想法和意见，这一过程实际上是一个不断传递信息并随时反馈信息的过程。双方之间交换信息越充分，彼此走向一致的可能性就越大。谈判的成功需要以信息交流和思想沟通为基础。谈判的沟通性特点涉及三个层次：信息交流、思想沟通和利益互换。这三个层次既各自独立，又相互影响。思想沟通依赖于信息交流，信息交流、思想沟通的程度制约或决定着谈判结果。

相关链接 🔍 搜索

迪士尼公司因信息不灵而惨败

20世纪90年代初，世界著名的迪士尼公司在法国巴黎耗资50亿美元兴建主题公园。快要完工准备开业之时，当地建筑承包商要求追加近150万美元的工资。由于欧洲迪士尼公司并不了解建筑承包商有备而来及其他相关信息，因此，初次接洽，公司总经理称建筑承包商的要求为敲诈，不予理会。但在第二次的交涉谈判中，欧洲迪士尼公司通过进一步了解，发现了诸多不利于公司的信息，如建筑商获得了法国新闻界的支持，许多报纸开始公开报道并夸大宣传此事，更令迪士尼公司感到威胁的是，建筑商决定要在主题公园的盛大开业日举行示威游行。基于公司处于一个无法取胜的境况，迪士尼公司立刻转变态度，愿意与对方全面协商，并雷厉风行，很快达成了追加工人工资的协议，平息了工资风波。

---

4. 谈判主体地位平等

谈判主体地位平等是谈判的本质要求，因为谈判的各方只有地位平等，相互间才能协调分歧、有效磋商问题，实现合作共赢的目的。

囚犯争得"万宝路"

在人们的心目中，囚犯与看守永远不可能地位平等。但有一个聪明的囚犯，却有效地利用自己的话语权，通过与卫兵谈判，改变了双方的实力对比，争得了平等权。

一个犯人被单独监禁，正当他饥肠辘辘时，他敏锐的鼻子嗅到了一种万宝路香烟的味道。他通过监狱门上的小窗口，看到门廊里一个卫兵正在吸烟。囚犯平时喜欢抽万宝路这种牌子的香烟，浓浓的烟味勾起了他的烟瘾，于是，他决定向卫兵弄根香烟抽抽。

他客气地敲了敲门。卫兵慢慢地走过来傲慢地向他哼道："你要干什么？"囚犯回答说："对不起，请给我一支烟……就是你抽的那种万宝路。"

卫兵感到很惊异，囚犯还想要烟抽，真是异想天开。他嘲弄地哼了一声，就转身走开了。

这个囚犯却不这么看待自己的处境。他认为自己有选择权，他愿意冒险检验一下他的判断，所以他又敲了敲门。那个卫兵被激怒了，扭过头问道："你又想要什么？"囚犯回答道："对不起。请你在几秒之内给我一支香烟。否则，我就用头撞这混凝土墙，直到弄得自己血肉模糊，失去知觉为止。如果监狱当局把我从地板上弄起来，让我醒过来，我就发誓说这是你干的。当然，他们绝不会相信我。但是，想一想你必须出席每一次听证会，你必须向每一个听证委员会证明你自己是无辜的；想一想你必须填写一式三份的报告；想一想你将整天为此事出庭作证；所有这些都只是因为你拒绝给我一支劣质的万宝路！就一支烟，我保证不再给你添麻烦了。"听到这里，卫兵明白了事情的得失利弊，从小窗里塞给囚犯一支烟，并给他点上烟。

5. 谈判合作性与竞争性并存

谈判既具有合作性的特点又具有竞争性的特点。事实上，每场谈判都是在合作与竞争的状态下进行的。

谈判的目标不是一方独得胜利，另一方完全失败，而应该是参与各方都感到自己有所收获，即"双赢"或"多赢"才能达成协议。一般来说，每个谈判者都要考虑双重利益：一是通过谈判能够得到的实质利益；二是双方保持关系的利益。这就决定了谈判各方只有重视谈判的合作性特点，在合作的基础上进行协商，为实现各方的利益目标而努力，才能使谈判取得一致。

谈判的本质是满足需求，谈判的目的就是通过与对方的合作使自己的需求得到满足，为了满足需求就必须交换条件。处于优势地位的一方难免会有利益独占的倾向，而处于劣势地位的一方也要力争有所挽回，于是各自采取着不同的策略和技巧，施展着各自的本领和能力。所以，谈判又具有竞争性的特点，没有竞争的谈判几乎不存在，或者不能称为真正的谈判。

总之，谈判需要合作，合作是为了竞争。谈判人员如果不重视谈判的合作性与竞争性的特点以及两者的相互关系，在处于优势地位的情况下，单凭自己的主观愿望一意孤行，只打自己的"如意算盘"，得寸进尺，逼人太甚，就有可能使谈判中止，导致不欢而散。

6. 行为性

谈判是人的行为，而且是人的理性行为。谈判无论是在国家之间进行，还是在组织之间进行，参与谈判活动者总是具体的人。人都有思想、情感、爱好、性格、风俗、习惯、价值观等，这些会决定人的动机，而动机又支配和影响着人的行为。谈判就是在人的动机支配下采取的一种为了满足需求的行为活动。

相关链接 🔍 搜索

两个推销员的故事

　　某地两家皮鞋厂的两个推销员，不约而同地到了某个海岛上去推销皮鞋。他们发现，该岛上的居民都是光着脚，没有一个人穿鞋。第一个推销员见此情景，连样品都没有勇气拿出来，便匆忙地离开了此地。而第二个推销员，见此情景甚是高兴，在给本厂拍回的电报中说："很好，此地无一人有鞋，我将在此长住。"第二个推销员住下后，便向岛上居民宣传穿鞋的好处，终于打开了销路，为该厂开辟了一个颇具消费潜力的市场。

　　两个推销员的不同行为，说明他们具有不同的世界观。前者认为海岛上的居民没有人穿鞋，是因为没有穿鞋的习惯；没有穿鞋的习惯就不会花钱买鞋。这种片面的、静止的观点属于形而上学的唯心主义世界观。后者认为虽然岛上居民没有穿鞋的习惯，但不等于他们不需要穿鞋，只要使他们认识到穿鞋的优越性，他们就有花钱买鞋的可能，只要有人买鞋，就会影响其他人，使销路逐渐打开。这种辩证的、发展的观点属于辩证的唯物主义世界观。

　　两个推销人员，在相同的条件下，都有干一番事业的雄心壮志，但前者失败了，后者却成功了。导致失败与成功的直接原因则是他们具有不同的世界观。

二、商务谈判的界定及其特点

商务一般泛指一切有形与无形资产的交换或买卖事宜。按照国际惯例，商务活动可分为四种类型：一是直接的商品交易活动，如商品的批发、零售等；二是直接为商品交易服务的活动，如加工整理、仓储、运输等；三是间接为商品交易服务的活动，如租赁、信托、金融、保险等；四是具有服务性质的活动，如广告、咨询、饭店、商品信息等。

无论国外还是国内，关于商务谈判的界定，虽然角度不同，界定也不一样，但根据上述谈判的定义，我们可以将其界定为：商务谈判是指在商务活动中，不同的经济实体各方为了自身的经济利益和满足对方的需要，通过沟通、协商、妥协、合作、策略等各种方式，把可能的商机确定下来的活动过程。

商务谈判构成因素有四：一是谈判主体，即参加谈判活动的双方人员；二是谈判客体。谈判客体涉及内容有谈判"标的"即买卖的具体货物，以及谈判议题，即谈判需商议的具体内容或交易条件，如质量、支付方式、价格等；三是谈判目标，即在争取到自己最大利益的情况下与谈判对手达成的协议；四是谈判环境，即商务谈判活动进行时所处政治环境（社会制度、国家关系等）、经济环境（市场需求状况等）、文化环境（宗教信仰、企业经营理念等）等客观条件。

商务谈判是一项集政策性、技术性、艺术性于一体的社会经济活动，它除了包含一系列经济活动的特点以外，同样具有一般谈判的特征。同时，商务谈判与其他类型的谈判，如政治、军事谈判相比，有着自己独有的特点。

1. 以获取经济利益为目的

不同类型的谈判者参加谈判的目的是不同的。如外交谈判涉及的是国家利益；政治谈判关系的是政党、团体的根本利益；军事谈判主要是关心敌对双方的安全利益。虽然这些谈判都不可避免地涉及经济利益，但是常常是围绕着某一种基本利益进行的，其重点不一定是经济利益。而商务谈判则十分明确，谈判者以获取经济利益为基本目的，在满足经济利益的前提下才涉及其他非经济利益。虽然，在商务谈判过程中，谈判者可以调动和运用各种因素，而各种非经济利益的因素，也会影响谈判的结果，但其最终目标仍是经济利益。与其他谈判相比，商务谈判更加重视谈判的经济效益。在商务谈判中，谈判者都比较注意谈判所涉及的策略或技术的成本、效率和效益。所以，人们通常以获取经济效益的好坏来评价一项商务谈判的成功与否。不讲求经济效益的商务谈判就失去了价值和意义。

2. 以价值谈判为核心

商务谈判涉及的因素很多，谈判者的需求和利益表现在众多方面，但价值则几乎是所有商务谈判的核心内容。这是因为在商务谈判中价值的表现形式——价格最直接地反映了谈判双方的利益。谈判双方在其他利益上的得与失，在很多情况下或多或少都可以折算为一定的价格，并通过价格升降而得到体现。需要指出的是，在商务谈判中，我们一方面要以价格为中心，坚持自己的利益；另一方面又不能仅仅局限于价格，应该拓宽思路，设法从其他利益因素上争取应得的利益。因为，与其在价格上与对手争执不休，还不如在其他利益因素上使对方在不知不觉中让步。这是从事商务谈判的人需要注意的。

3. 重合同条款的严密性与准确性

商务谈判的结果是由双方协商一致的协议或合同来体现的。合同条款实质上反映了各方的权利和义务，合同条款的严密性与准确性是保障谈判获得各种利益的重要前提。有些谈判者在商务谈判中花了很大气力，好不容易为自己获得了较有利的结果，对方为了得到合同，也迫不得已做了许多让步，这时谈判者似乎已经获得了这场谈判的胜利，但如果在拟定合同条款时，掉以轻心，不注意合同条款的完整、严密、准确、合理、合法，其结果会被谈判对手在条款措词辞表述技巧上，引你掉进陷阱，这不仅会把到手的利益丧失殆尽，而且要为此付出惨重的代价，这种例子在商务谈判中屡见不鲜。因此，在商务谈判中，谈判者不仅要重视口头上的承诺，更要重视合同条款的准确和严密。

需要指出的是，上述特点只是反映了一般商务谈判特征，并不适合于国际商务谈判。国际商务谈判，是国际商务活动中不同的利益主体，为了达成某笔交易，而就交易的各项条件进行协商的过程。

国际商务谈判既具有一般商务谈判的特点，又具有国际经济活动的特殊性。

1. 政治性强

国际商务谈判既是一种商务交易的谈判，也是一项国际交往活动，具有较强的政策性。由于谈判双方的商务关系是两国或两个地区之间整体经济关系的一部分，常常涉及两国之间的政治关系和外交关系，因此在谈判中两国或地区的政府常常会干预和影响商务谈判。因此，国际商务谈判必须贯彻执行国家的有关方针政策和外交政策，同时，还应注意国别政策，以及执行对外经济贸易的一系列法律和规章制度。

2. 以国际商法为准则

由于国际商务谈判的结果会导致资产的跨国转移，必然要涉及国际贸易、国际结算、国际保险、国际运输等一系列问题，因此，在国际商务谈判中要以国际商法为准则，并以国际惯例为基础。所以，谈判人员要熟悉各种国际惯例，熟悉对方所在国的法律条款，熟悉国际经济组织的各种规定和国际法。这些问题是一般国内商务谈判所无法涉及的，要引起特别重视。

3. 以平等互利为原则

在国际商务谈判中，要坚持平等互利的原则，既不强加于人，也不接受不平等条件。我国是社会主义发展中国家，平等互利是我国对外政策的一项重要原则。所谓平等互利，是指国家不分大小，不论贫富强弱，在相互关系中，应当一律平等。在相互贸易中，应根据双方的需要和要求，按照公平合理的价格，互通有无，使双方都有利可得，以促进彼此经济发展。在进行国际商务谈判时，不论国家贫富，客户大小，只要对方有诚意，就要一视同仁，既不可强人所难，也不能接受对方无理的要求。对某些外商利用垄断地位抬价和压价，必须不卑不亢，据理力争。对某些发展中国家或经济落后地区，我们也不能以势压人，仗势欺人，应该体现平等互利的原则。

4. 难度更大

由于国际商务谈判的谈判者代表了不同国家和地区的利益，有着不同的社会文化和经济政治背景，人们的价值观、思维方式、行为方式、语言及风俗习惯各不相同，从而使影响谈判的因素更加复杂，谈判的难度更加大。在实际谈判过程中，对手的情况千变万化，作风各异，有热情洋溢者，也有沉默寡言者；有果敢决断者，也有多疑多虑者；有善意合作者，也有故意寻衅者；有谦谦君子，也有傲慢自大盛气凌人的自命不凡者。凡此种种表现，都与一定的社会文化、经济政治有关。不同表现反映了不同谈判者有不同的价值观和不同的思维方式。因此，谈判者必须有广博的知识和高超的谈判技巧，不仅能在谈判桌上因人而异，运用自如，而且要在谈判前注意资料的准备、信息的收集，使谈判按预定的方案顺利地进行。

第二节　商务谈判的类型

商务谈判的类型丰富多样，因为划分的角度、根据不同，商务谈判的类型也不一样。

一、以数量分类

商务谈判如以数量分类，可分为两种形式，即根据利益主体数量分类和谈判人员数量多少分类。

1. 根据谈判利益主体数量分类

根据谈判利益主体数量进行分类，一般可分为双方谈判和多方谈判。

双方谈判又叫双边谈判，是指只有两个利益主体参与的谈判。在现实商务活动中，此种谈判类型大量存在，如在商务活动中，一个卖方和一个买方参与的交易谈判就是双方谈判。此外，在国际商贸活动中，国与国间进行的双边谈判也叫双方谈判。双方谈判，一般来说涉及的责权划分较为简单明确，因而谈判也比较易于把握。

多方谈判又称多边谈判，是指有三个或三个以上的利益主体参与的谈判。多方谈判由于涉及的利益主体数量较多，需要顾及的方面也越多，其谈判条件也相应的复杂，因而谈判相对而言难以把握。

2. 根据谈判人员数量多少分类

根据谈判人员数量多少进行谈判分类，一般可分为三种类型，即"一对一"谈判、小组谈判和大型谈判。

"一对一"谈判是指出席谈判的双方代表只有一个人的谈判。此种谈判往往针对小型的商贸交易项目。"一对一"谈判往往是一种最困难的谈判类型，因为双方谈判者只能各自为政，得不到助手的及时帮助，因此，充分的谈判准备显得尤为重要。

小组谈判是指出席谈判的双方代表有几个人参加的谈判。此种谈判一般针对较大的交易项目。谈判小组的构成虽然不太复杂，但各人之间分工明确，相互有协作，取长补短，各尽所能，可以大大缩短谈判时间，提高谈判效率。

大型谈判是指出席谈判的双方代表由代表团构成的谈判。此种谈判一般针对特大或超大的交易项目，且多为省（市）级以上的商务谈判，尤其是国与国之间的商务谈判，如中国加入世贸组织的谈判就属于此类谈判。由于大型谈判关系重大，有些谈判还会影响到国家利益，因此，参加此类谈判的各方，都非常重视，计划周详，准备充分。有的还配备顾问团或智囊团。

二、按地域分类

商务谈判如按地域分类，可出现两种情况：一是按地点分类；二是按地域范围分类。

1. 按地点分类

商务谈判如按地点分类，一般可分为主场谈判、客场谈判和第三地谈判。

主场谈判是指在自己一方所在地组织的谈判。主场谈判有利有弊，但从总体看，利大于弊。这种利主要体现在：占"地利"优势，熟悉环境、方便谈判准备、便于请示等；不利因素有：需要支付接待费等。

客场谈判是指在谈判对手所在地进行的谈判。客场谈判有利也弊，但从总体看弊大于利。虽然客场谈判不需要支付接待费，但受环境陌生、资料准备不便、不能接请示等各种条件的限制，无法争取到满意的谈判结果。客场谈判要注意的问题有：入境问俗、入国问禁；要审时度势、争取主动；要配备好自己的翻译、代理人。

第三地谈判是指在谈判双方（或各方）以外的地点安排的谈判。第三地谈判对双方而言利弊相同。可以避免谈判双方地域上的优势与劣势，避免主、客场对谈判的某些影响，为谈判提供良好的公开环境和氛围，但有可能增加双方的谈判成本以及由于第三方的介入而使谈判各方的关系发生微妙的变化。第三地谈判应注意以下两个问题：一是确定阶段利益目标，争取不同阶段最佳谈判效益；二是坚持主谈人的连贯性，换座不换帅。

2. 按地区分类

商务谈判如按参与方所在地区或国域界限分类，可以分为国内商务谈判和国际商务谈判。

国内商务谈判是指谈判参与方同属一个国家的谈判。国内商务谈判各参与方政治制度、文化背景、思想观念、生活方式基本相同，因而参与方无须考虑上述因素给谈判带来的不利影响，谈判的关键问题是如何运用谈判策略与技巧，把蛋糕做大，寻求更多平衡点，满足各方利益需求。

国际商务谈判是指谈判参与方不属一个国家而是由其他两个或两个以上的国家参与的谈判。由于参与方谈判人员国籍不同，政治制度、意识形态、语言、文化、信仰、价值观念等诸多不同，因而国际商务谈判与国内商务谈判比较，呈现出更为复杂的特点。这些特点会对谈判进程造成一定的影响。

三、按内容分类

按商务谈判的内容划分谈判，可分为货物买卖谈判、技术贸易谈判、劳务谈判、合作谈判、合资谈判、投资谈判等类型。

货物买卖谈判主要是指有形商品的供应和需求的谈判，包括双方易货贸易。货物供需谈判（或购销谈判）的内容十分广泛，一般都要包括标的、质量、价格、日期、验收、责任等条款。

技术贸易谈判是指技术的接受方（买方）与技术的转让方（卖方）就转让技术的形式、内容、质量规范、使用范围、价格条件、支付方式等双方在技术转让中的一些权利、义务和责任关系等方面所进行的谈判。

技术贸易与货物贸易相比，具有如下特点：一是价格的不确定性；二是交易关系的长期性；三是技术贸易如技术使用权的转让；四是技术服务贸易受技术转让方政府的干预和限制较多；五是技术服务贸易涉及的法律和问题较多。

技术贸易谈判应注意以下几点：一是对于技术贸易转让的技术或研究成果不是实品的，谈判双方应该对其技术经济参数作出详细说明；二是对于技术转让的最后期限一定要写明日期范围，以免发生纠纷时消除不必要的影响；三是技术商品的交换形式有两种，即所有权改变与不发生改变。前者买方付清技术商品的全部价值并可自行决定如何使用和处理，卖方不再对其拥有使用权及转让销售权；后者买方只获得技术商品的使用权；四是技术贸易谈判的计价及支付方式与一般的货物买卖谈判不同，技术贸易谈判中技术的价格无法以价值为基础，决定价格的因素主要是接受方运用此项技术后所能带来的收益；五是技术贸易谈判的责任和义务与一般的货物买卖谈判存在差异。技术贸易谈判中技术转让方的主要义务是：按照商务合同规定的时间和进度，交付技术成果，并积极协助和指导技术接受方掌握科技成果，达到协议规定的技术经济指标，以达到预期的经济效益。技术受让方的主要义务是：按协议规定的时间和要求，及时提供协作项目所必需的基础资料，按照商务合同规定为接收的技术成果支付酬金。

劳务谈判是指劳务合作双方就劳务提供的形式、内容、时间、劳务价格、劳务费、签证费、服装费、征募费、审查费、旅费的支付方式、医疗卫生与劳保，以及有关合作双方的权利、责任、义务关系等问题所进行的谈判。劳务合作已成为经济合作的重要组成部分，其发展速度日益高涨，市场竞争十分激烈，已普遍得到国内外企业的关注和重视，因此，劳务谈判也成了商务谈判重要的构成要素。

合作谈判是指谈判双方因为合作生产或合作经营而进行的谈判。合作是指按照契约形式运作的各种类型的商务协作，因此，合作谈判内容包括来料加工、来图加工、来件装配、补偿贸易等形式。合作谈判具有谈判直接、对抗性小、谈判面广、影响深等特点。

合资谈判是指有两个或两个以上的个人或组织进行的按资金比例联合投资办厂的谈判。此类谈判涉及的内容主要有：投资总额和注册资本、出资方式和资产评估、投资比例、组织结构等。需要说明的是，合资谈判的目的是建立并维持长期的友好合作关系，而不仅仅为了一次合作交易，因此，谈判要着眼于长远合作考虑。

投资谈判是指因各种各样的投资而引发的谈判。投资类型很多，如按国民经济部门划分，有农业投资、工业投资、商业投资等；但无论哪种类型的投资，在谈判过程中都应注意投资回收期、利率、风险、利润等经济因素，以及参加投资谈判双方的素质、投资起止时间等因素。

此外，如果以谈判内容透明度分类，商务谈判还可分为公开谈判、半公开谈判、秘密谈判；按谈判的态度分类，商务谈判可分为软式谈判、硬式谈判和原则式谈判。

第三节　商务谈判的作用

商务谈判作为市场经济的产物，在全球一体化的今天，越来越受到人们的普遍重视，其作用也在现代人们的经济活动中越来越大。原因在于：一是在商品经济十分活跃的今天，商务谈判无处不在；二是现代人都不可避免地要与经济生活如商业贸易、商业合作等发生这样或那样的关系，而这种关系的存在势必会产生冲突和矛盾，需要借助谈判来解决；三是和平与发展是当今社会的主流，在此种背景下，人们期盼经济活动发展过程中所遇到的问题通过谈判来协商解决；四是1945年颁布的《联合国宪章》，明确禁止使用武力和武力威胁等一切非和平方法，并进一步规定了包括谈判在内并以谈判为主的和平解决争端的种种方法。在宪章精神的指导下，通过谈判解决争端的办法成为时代主流；五是全球一体化社会步伐加快，使全球范围内商务活动成为一个不可分割的有机整体，促使人们在解决商务活动中出现矛盾与分歧时，必须借助谈判来解决矛盾与分歧。

一、商务谈判有助于个人成功

在商品经济时代，没有人不渴望成功，不渴望得到金钱、名誉和地位。要想达到上述目的，就必须同别人谈判，从别人那里得到你想要的。

1. 商务谈判有助于构建人的最佳知识结构

知识结构对一个人成才成功至关重要，只有具备良好的知识结构，才能适应现代社会的需要。商务谈判是一门涉及行为科学、社会科学、经济科学、法学和技术科学等多个学科领域的综合性应用学科（见图7-1），学习与掌握商务谈判知识与技巧，对构建人的最佳知识结构大有裨益。

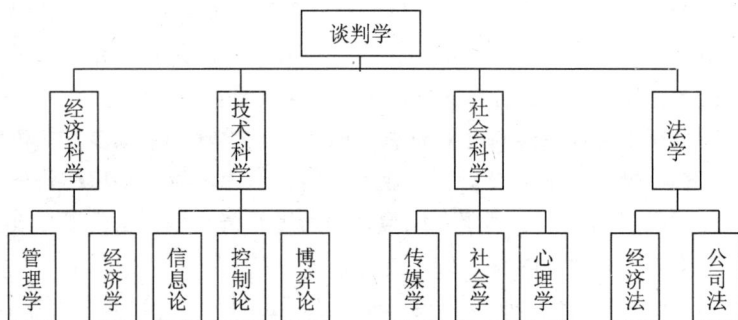

图7-1　谈判与各学科的关系

2. 商务谈判有助于提升人的综合素质

人的综合素质高低，对一个人的成功同样具有极其重要的作用。商务谈判作为一种复杂而又需要运用多种技能与方法的专项活动，要求谈判人员具有较高的综合素质，如谈判学专业知识素养、良好的人际沟通能力、较高的语言技巧等。

3. 商务谈判有助于赢得金钱

在经济生活中，谁会谈判，谁掌握了谈判的技巧，谁就能更好地指导自己的行为，以争取更大的发展空间和更多的实际利益。美国前总统克林顿的首席谈判顾问罗杰·道森说："全世界赚钱最快的办法就是谈判！"事实也正是如此，现实生活中有不少这样的例子，如一个两手空空的创业者，凭借自己的谈判技巧，贷款成功一百万元，他就成了名副其实的百万富翁；贷款成功一亿元，他就成了亿万富翁。

相关链接　🔍搜索

基辛格的谈判魅力

美国前国务卿基辛格是一个谈判高手，在国际事务中他总是能协调好各方要求，在复杂条件下寻求到各种利益的平衡点，从而在国际谈判中赢得了很大的尊重。

一次，基辛格为了"练兵"，主动为一位贫穷老农的儿子说媒。他对老农说："我已经为你物色了一位最好的儿媳。"老农回答说："我从不干涉我儿子的事。"

基辛格说："可这姑娘是罗基切尔德伯爵的女儿（罗基切尔德是当时欧洲很有名望的银行家）。"

老农说："嗯，如果是这样的话，我会尽力促成这门婚事。"

基辛格找到罗基切尔德伯爵说："我为你女儿找了一个万里挑一的好丈夫。"罗基切尔德伯爵忙婉言拒绝道："我女儿还太年轻。"

基辛格说："可这位年轻小伙子是世界银行的副行长。"

罗基切尔德伯爵说："嗯，如果是这样，我没意见。"

基辛格又找到世界银行行长，道："我给你找了一位副行长。"

行长说："可我们现在不需要再增加一位副行长。"

基辛格说："可你知道吗？这位年轻人是罗基切尔德伯爵的女婿。"

于是，世界银行行长欣然同意基辛格的提议。基辛格也便促成了这桩美满的婚姻，让农夫的穷儿子摇身一变，成了金融寡头的乘龙快婿。

二、商务谈判有助于企业的生存和发展

企业的生存和发展既离不开信息的获取、企业间的合作，也离不开良好的经营手段与形象的树立，而这一切都与商务谈判有着密切的关联。

1. 商务谈判有助于企业获取有益的信息

商务谈判的过程是谈判双方获取信息的过程，换言之，谈判人员在向对方传达

信息的同时，也在接收对方发出的信息。由于谈判中获取的信息具有准确、充分、最具说服力等特点，大多是企业自己难以收集到的信息，如对方产品的重要信息、自方产品不足的信息以及自己企业对市场影响程度的信息等。这些信息的掌握，无论对谈判的顺利进行，还是对改进企业之不足，都是大有裨益的。

2. 商务谈判有助于企业之间的联系

在谈判学家看来，商务谈判是企业间联系的纽带。这是因为：一则任何一个企业只有通过谈判，才能与其他企业进行沟通与联系，从而完成生产经营活动；二则在市场经济条件下，企业作为商品生产者，具有独立的法人资格。企业之间的交往与联系，必须遵从市场经济的客观规律，在自愿互利的基础上进行公平交易，因而谈判不可避免地成为企业之间经济联系的纽带。

3. 商务谈判有助于树立企业形象

虽然任何一次商务谈判都不能保证取得成功，但可以肯定的是，每一次商务谈判对树立企业形象都具有极其重要的意义。这是因为：一则谈判人员作为企业形象的代表，在谈判中一言一行，一举一动，都会尽可能以良好的形象展示给对方，从而达到树立企业形象之目的；二则在每次谈判中，企业都会在宣传自己、扩大知名度、树立良好形象方面下足功夫。

4. 商务谈判有助于企业获得效益

在当今社会，商务谈判已成为企业运作的重要环节，成为各种经济实体之间交易、合作不可或缺的经济活动。企业要想生存，不能没有商务谈判；企业要想发展，必须依赖成功的商务谈判。其主要原因在于：一是企业通过商务谈判，可找到可靠的合作伙伴，签订互惠协议，从而实现企业的发展目标；二是企业通过商务谈判，解决交易活动中出现的问题与纠纷，为企业发展创设良好氛围；三是企业通过商务谈判，可实现原材料、资金、技术、设备和劳动力的最佳组合，为企业发展打下基础。总之，通过商务谈判可获得企业效益，而效益乃是企业生存发展之本。

三、商务谈判是国际贸易发展的助推器

当历史的车轮驶入 21 世纪之后，全球经济一体化已成为世界经济发展的大趋势，各国之间的贸易也早已跨越国界和地域的限制，呈现出前所未有的发展趋势。促进国际贸易的因素虽然很多，但商务谈判乃是促进国际贸易发展重要动力之一，被人们誉为国际贸易发展的助推器。

1. 商务谈判有助于培养贸易谈判人才

从 20 世纪 50 年代到 80 年代，世界贸易额增长了 20 多倍，进入新世纪之后，国际贸易更是呈现出快速发展的态势。现代国际贸易的飞速发展，导致了国际贸易竞

争日趋激烈。国际贸易竞争关键是人才的竞争。我国长期以来对外贸易发展速度不快，原因之一在于我们对外贸谈判重视不够，缺乏一支精悍的、训练有素的、高水平的谈判人员队伍。因此，如果我们重视商务谈判，对谈判人员进行专门而又系统的训练，势必会造就一批精通谈判理论、策略技巧与综合素质较高的商务谈判者，这对提高我国国际贸易竞争力无疑具有十分重要的意义。

2. 商务谈判有助于开拓国际市场

国际贸易的发展离不开国际市场的开拓。因为历史已经证明，当今任何一国的国际贸易都是在不断拓展国际市场中发展起来的，任何一个国家的贸易都不能只依靠本国的资源、生产能力、科学技术来满足国内的需求；此外，在知识大爆炸和科学技术腾飞的时代里，任何一个国家都必须学习和利用其他国家的长处、优势，借鉴别人的科技成果，才能在现代社会立足发展。而所有这些，只有通过商务谈判才能达到目的。

3. 商务谈判有助于解决国际贸易摩擦和矛盾

进入新世纪之后，受世界经济发展不平衡加剧的影响，国际贸易摩擦不断。尤其是欧美国家，针对中国的贸易摩擦更是此起彼伏。2002 年 1 月，欧盟一些国家以中国进口的部分动物源性食品中含有氯霉素残留未达到要求为由，开始全面禁止从中国进口动物源性产品；2005 年以来，在纺织品贸易领域，欧美一而再再而三地挑起与中国的摩擦；2011 年 10 月 12 日，美国国会参议院不顾中方坚决反对程序性通过"2011 年货币汇率监督改革法案"立项预案。所有这些都表明：欧美发达国家从政治意识形态和自身利益出发，人为制造不利于我国国际贸易发展的环境。而要想解决这些摩擦和矛盾，必须通过谈判才能解决。

3. 商务谈判有助于扩大对外贸易，加快现代化建设步伐

当今世界，任何一个国家，要想加快现代化建设步伐，必须扩大对外贸易，参与到国际经济大循环中来。而要想做到这一点，必须通过谈判才能成为现实。以我国加入世贸组织为例，加入世贸之前，我国的国际贸易空间比较狭小，经过一系列艰苦的双边和多边谈判，历时十三载，终于在 21 世纪初成为世界贸易组织成员。入世之后，我国的国际贸易空间不仅得到空前拓展，而且贸易总额也逐年攀升。2012 年 1 月，我国进出口贸易总值为 2693.32 亿美元，其中出口额居世界第一，进口额居世界第二，国际贸易总额进出口仅次于美国，居世界第二。2013 年，我国进出口贸易总值达 25.83 万亿元人民币（约合 4.16 万亿美元），扣除汇率因素同比增长 7.6%。我国年度进出口总值首次突破 4 万亿美元关口，超过美国成为全球最大的贸易国，大大加快了我国现代化建设的步伐。

本章小结

在现代社会，商务谈判虽然无处不在，但人们对它的界定却尚存分歧。一般商务谈判具有经济利益的主导性、以价值谈判为核心、重合同严密性与准确性的特点；国际商务谈判则具有政治性强、以国际商法为准则、以平等互利为原则以及难度更大等特点。商务谈判类型多样，以利益主体数量可分为双方谈判和多方谈判；以人员数量分类可分为"一对一"谈判、小组谈判和大型谈判；以地点分类可分为主场谈判、客场谈判和第三地谈判；以地区或国域分类可分为国内商务谈判和国际商务谈判；以内容可分为货物买卖谈判、技术贸易谈判、劳务谈判、合作谈判、合资谈判和投资谈判。在商品经济高度发达的今天，商务谈判无处不在，并对个人、企业和国家均产生了极大的影响。对一个人而言，商务谈判有助于构建人的最佳知识结构、提升人的综合素质、助人赢得金钱；对一个企业而言，商务谈判是一个企业生存和发展之本，借助于它，企业可获取有益的信息、增强与其他企业的联系、树立企业良好的形象以及获得效益，确保企业生存和发展；对一个国家而言，商务谈判是名副其实的国际贸易发展的助推器，借助于它，可培养出一大批贸易谈判人才，开拓更为广阔的国际贸易市场，解决国际贸易摩擦和矛盾，加快现代化建设步伐。

【练 习】

1. 什么叫谈判？它的特点有哪些？

2. 什么叫商务谈判？它与政治、军事谈判有何差异？

3. 商务谈判根据内容可分为哪几种类型？各类型有何特点？

4. 商务谈判对一个人的成功有何影响？

5. 为什么说商务谈判是一个企业生存和发展之本？

6. 商务谈判对一个国家的国际贸易发展有何影响？试以中国加入世贸为例加以论证。

【案例与思考】

案例一： 保罗·格蒂与乔治·密勒合作共赢

保罗·格蒂是美国石油公司的大富豪。乔治·密勒是他手下的一名主管，负责监督洛杉矶郊外的一片油田。此人勤奋、诚实、懂行，在格蒂眼中，他的薪水跟他所负的责任相称。但保罗·格蒂每次到油田察看钻探现场、油井和装备设施时，总会发现工作效率不高、错误迭出，如经费失控、工序脱节、后勤保障不到位等问题。保罗·格蒂认为，症结在于乔治·密勒热衷于坐在洛杉矶的办公室里进行遥控指挥，很少亲临现场监督作业情况，没有很好地行使监督人员的职责。于是，他决定跟密勒进行"男人与男人的谈话"。

为使谈判达到预定的目的，保罗·格蒂做了认真的准备，自以为对乔治·密勒了如指掌，便气势夺人地跟他摊牌："我认为你的工作方式还有不少需要改进的地方，我只在现场待了一个小时，便发现有好多地方需要改进，坦率地说，我不懂你为什么看不出来。"乔治·密勒回答说："先生，您忽略了一点，脚下踩的是您自己的油田，油田的一切跟您都有切身利益关系，这就足够叫您眼光锐利，发现问题。至于解决办法，当然多得是！可是工地上有谁与您一样呢？"格蒂没有想到乔治·密勒另有缘由，他只得说"让我考虑考虑"，暂停了谈话。

第二次，保罗·格蒂干脆利落地亮出底牌说："假如我把这片油田交给你，利润按9：1分配，不再给你薪金，你看怎么样？"

乔治·密勒考虑了一会儿说："我同意这种分配方式，但我想得到由我创造的应得的利润。""那么请你开个价。"保罗·格蒂谨慎地说："格蒂，你做了基础投资，但管理是我一个人做的，所以，至少应按8：2分享利润："乔治·密勒坚定地说。"好吧，让我们共同来做一个实验。"保罗·格蒂边说边伸出了手。"你不会吃亏的。"乔治·密勒也伸出了他的手。

协议达成，变化立即出现。乔治·密勒开始真正关心降低费用，提高产量。用一种完全不同的眼光看待油田作业，以前的工作效率低、人浮于事的现象有了根本的改观。经乔治·密勒的不断努力，油田的产量不断提高，费用却在逐渐降低。

保罗·格蒂嘴上说做个实验，心里却想"吃小亏占大便宜"。他捺着性子等了两个多月之后，带着挑剔的目光来到油田。他仔细察看了作业情况，却找不出什么毛病，最后，他信服地对乔治·密勒表示，油田状况令他十分满意，就此开始了两个人长久的合作。

思考：

1. 该案例反映了谈判的哪些特性？为什么？

2. 保罗·格蒂与乔治·密勒的谈判为何会取得成功？这种成功对双方意味着什么？

案例二： 小贩成功卖披肩

小林川是日本一家企业的销售部主任，也是一位知名的谈判高手。有一年，他陪太太去墨西哥度假。与往常一样，太太照旧很快加入了购物的人群，而小林则依照他的"只观光，不买任何纪念品"的信念，在街头闲逛。

突然，他发现在他的前方有个小贩正在叫卖墨西哥披肩："1200 比索！"

街头叫卖的小贩就已经把一条披肩的价格喊到了 1200 比索。很显然，这个小贩很明了谈判的技巧。他给自己留下了足够多的谈判余地。

"他在对谁喊价啊？"小林自问，"肯定不是我。他怎么知道我是观光客？我又没做任何暗示，而且我对披肩根本没有兴趣。"

小林不理睬他。

"好啦，"小贩道，"大减价，800 比索好了。"

这时小林对他说："朋友，我实在感谢你的好意，也很敬佩你锲而不舍的精神，但是我丝毫没有兴趣，请你找别人好吗？"

说完后，小林转身离去。但令他惊奇的是，小贩的脚步仍在他的耳边响起，而且一遍又一遍地说着"800 比索，就 800 比索……"

小贩的披肩已经降到了 800 比索，和 1200 比索相差了 400 比索。一下子做出如此大的让步，说明他给自己留下的谈判空间真的是足够大。

真正的谈判也是如此，当你开出的价格或者条件高于你的实际预算的时候，一旦对方提出希望你能让步的要求，起码你还可以装作不情愿的样子让一让他。但是，如果你不给自己留下任何让步的空间，即使你的价格已经是最低的了，对方也不会感激你的。

小林忍无可忍，开始跑步试图甩开小贩。可是小贩也以同步的速度跑起来，而他的要价已降低到 600 比索了。因为遇上红灯，他们必须在街口停下，而他仍然自言自语："600，600 就好……500，500 比索……好啦，好，400 比索。"

当绿灯亮起，小林已快速通过马路，希望能摆脱他的纠缠。在他想转头察看之前，耳边又听到小贩拖拉的脚步声以及叫卖的声音：先生，先生，400 比索。"这时小林已经浑身燥热，汗流浃背，又累又渴，对小贩的腔调感到厌烦无比。他转身面对小贩，咬牙切齿地道："浑蛋，我告诉你，我不买你的东西，别再跟着我！"令他始料不及的是，小贩回答道："好吧，算你赢了。只卖你 200 比索。"

"什么，200 比索？"这令不想买任何东西的小林大吃一惊。"先生，这个披肩在墨西哥，最便宜的价是 175 比索，是一个加拿大人创造的纪录，因为他的父母是墨西哥人，所以他也算是墨西哥人。"

小贩看起来已没有耐心了："先生，200 比索，我已经很累了，您就买了吧。"

"不行，170 比索，多一个子儿也不买。"

"先生，您不能这样。"

"卖还是不卖？"

小贩非常委屈，汗流浃背的他望着小林，最后说："好吧，先生，它归您了。您现在是新纪录的保持者了。"

尽管天气炎热，出了一身汗的小林仍将披肩披在肩上，得意扬扬地回到旅馆。

一见到太太，他就兴奋地喊："嘿，瞧瞧我买了什么？"

"什么？"

"一件美丽的墨西哥披肩。"

"多少钱？"

"一位当地的谈判家开价1200 比索，可你丈夫——一位国际交涉家，只用170 比索就完成交易了。"小林得意扬扬。

"是吗？我买了一件一模一样的，才150 比索，就在柜子里。"

小林先是一呆，然后打开柜子，果然一模一样。

思考：

1. 在这场"马拉松式"的交易谈判中，小林这位谈判高手为何会输给一位小贩？

2. 从小贩成功卖出披肩这一案例中，我们从中领悟到熟谙谈判对一个人的成功有何作用？

案例三： 奥康与 GEOX 公司的合作谈判

浙江奥康集团是国内知名鞋业生产企业，GEOX 公司是世界鞋业巨头之一。2003 年 2 月 14 日，两家企业达成协议：奥康负责 GEOX 在中国的品牌推广、网络建设和产品销售，GEOX 借奥康之力布网中国，而奥康也借 GEOX 的全球网络走向世界。在中国入世之初，GEOX 把目光对准了中国，意图在中国建立一个亚洲最大的生产基地。2002 年年初，GEOX 总裁波莱加托先生开始到亚洲的市场中调研。经过一段时间的实地考察，他将目标对准了中国奥康集团。但奥康能否接住 GEOX 抛过来的"红绣球"，实现企业发展的国际化战略，最终起决定作用的是商务谈判制胜原则的精彩运用。

GEOX 曾用两年时间对中国市场进行调研，先后考察了 8 家中国著名的鞋业公司，为最终坐到谈判桌前进行了周密的准备。谈判中，波莱加托能把几十页的谈判框架、协议条款熟练背出，令在场的人大吃一惊。波莱加托的中国之行排得满满的，去奥康考察只有20% 的可能，谈判成功预期很低，合作机会也很小，波莱加托竟做了如此周密的准备，是值得国内企业家们学习和借鉴的。

尽管奥康对与 GEOX 合作成功的心理预期也是极其低的，但他们的宗旨是：即便只有 0.1% 的成功机会也绝不放过。奥康为迎接波莱加托一行进行了周密的准备和策划。首先，他们通过一份香港翻译全面了解对手公司的情况，包括对手的资信情况、经营状况、市场地位、此行目的以及谈判对手个人的一些情况。其次，为了使谈判对手有宾至如归的感觉，奥康公司专门成立了以总裁为首的接待班子，拟订了周密的接待方案。从礼仪小姐献给刚下飞机的谈判方波莱加托一行的鲜花，到谈判地点的选择、谈判时间的安排、客人入住的酒店预订，整个流程都是奥康公司精心策划，刻意安排的，结果使得谈判对手"一直很满意"，为谈判最终获得成功奠定了基础。

王振滔（奥康集团总裁）努力寻找奥康与 GEOX 公司的共同点，并把此次谈判的成功归结为"除了缘分，更重要的是奥康与 GEOX 公司有太多相似的地方"。的确，GEOX 以营销起家，短短 10 多年时间，年产值就达 15 亿欧元，产品遍及全球 55 个国家和地区，增长速度超过 50% 以上，由一家酿酒企业跨入世界一流制鞋企业行列。而奥康是从 3 万元起家，以营销制胜于中国市场，15 年的发展，产值超过 10 亿元。年轻、富有远见和同样的跳跃性增长轨迹，奥康与 GEOX 在很多方面是如此惊人的相似，难怪两位总裁惺惺相惜。

为了营造氛围消除利益对抗，奥康在上海黄浦江包下豪华邮轮宴请谈判对手，借游船赏月品茗的美好氛围消除利益冲突引发的对抗，平衡谈判双方实力，此举可以称之为谈判领域的经典案例。

在 2003 年 2 月 14 日，也就是西方传统情人节，GEOX 与中国皮鞋业巨头奥康集团签订了合作协议。在中秋月圆之夜，王振滔与波莱加托举杯对饮，共谋发展大计。追求浪漫是现代人共同的价值取向，选择西方传统节日情人节为此次合作增添了浓郁的文化氛围和浪漫气息，结果正如王振滔所愿，波莱加托对王振滔亲自策划的这些活动非常满意，也对奥康集团的策划能力有了更深的认识。

谈判毕竟不是为交友而来，谈判者花在联络感情上的时间总是有限的，如果找一种方法，能够用较少的成本赢得对手的友谊和好感，那就非赠送礼物以表情达意莫属了。王振滔选择寓含奥康和 GEOX 完美无缺之意的"花好月圆"青田玉雕，送给波莱加托先生。礼物虽轻，但表达了赠送人的情真意切。谈判双方建立起真诚的友谊和好感，对日后的履约和合作具有重要的意义。

GEOX 公司有备而来，拟定了长达几十页的协议文书，每一条都相当苛刻，为了达成合作，双方都做了让步。但在两件事上出现了重大分歧，一是对担保银行的确认上，奥康一方提出以中国银行为担保银行，对方不同意，经过权衡，双方本着利益均衡的原则，最后以香港某银行为担保银行达成妥协。另一件事是双方关于以哪国法律解决日后争端的问题产生了分歧，此问题使谈判一度陷入破裂边缘。波莱加托提出必须以意大利法律为准绳，但王振滔对意大利法律一无所知，予以坚决抵制。王振滔提议用中国法律，也因波莱加托对中国法律一窍不通而遭到了坚决反对。眼看所做的努力将前功尽弃，最后还是双方各让了一步，以第三国即英国的法律为解决争端法律依据而达成妥协。

奥康和 GEOX 的合作无疑是一项互利的合作。王振滔认为，GEOX 看中的不仅仅是奥康的"硬件"，更多的还是其"软件"，是一种积极向上、充满活力的企业精神，还有奥康人一直倡导的"诚信"。而奥康看中的则是 GEOX 这艘大船，它要借船出海，走一条国际化捷径。从表面上看谈判双方既得利益并不是均衡的，奥康所得（借船）远远低于 GEOX 所得（奥康的硬件和软件），因此，引来诸多专业人士或担忧或谴责，王振滔平和的背后并不缺少商人的精明："许多人预言说我们'引狼入室'，而我们是'与狼共舞'，'携狼共舞'。"

思考：

1. 在此案例中，反映了商务谈判哪些特点？面对苛刻的交易条件，双方是怎样做出让步的？

2. 奥康和 GEOX 的谈判为何能取得成功？谈判成功对奥康与 GEOX 的发展有何意义？

【参考文献】

［1］［英］盖温·肯尼迪. 谈判是什么［M］. 中译本，北京：中国宇航出版社，2004.

［2］［美］杰勒德·尼伦伯塔. 谈判艺术［M］. 中译本，北京：新世界出版社，2012.

［3］［法］克里斯托夫·杜邦. 谈判的行为、理论与应用［M］. 中译本，北京：中国文联出版公司，1992.

［4］［英］P. D. V. 马什. 贸易谈判技巧［M］. 中译本，上海：上海翻译出版公司，1988.

［5］李秋娟. 谈判高手［M］. 北京：北京工业大学出版社，2011.

第八章

商务谈判的理论与原则

【学习目标】

通过本章的学习，掌握心理学、需要理论、博弈论、公平理论、控制论等现代理论在商务谈判中的应用及其指导作用；了解在商务谈判活动中必须遵循的重要原则，即平等原则、合作原则、互利原则、客观标准原则、人与问题分开原则、非立场谈判原则与合法原则，并能将这些原则应用于商务谈判之中，以确保谈判的顺利进行。

【关 键 词】

需要理论　博弈论　控制论　公平理论　合作原则　互利原则　客观标准原则
合法原则

任何一门学科要想取得长足的进展，必须有科学的理论做指导。商务谈判之所以在"二战"后得到快速发展，也依赖于心理学、需要理论、博弈论、公平理论、控制论等现代科学理论在谈判学中的广泛应用。此外，任何一种类型的谈判，都离不开一定的准则和指导思想，商务谈判也是如此，必须遵循公正平等、互利合作、客观标准、合理合法等一系列原则。只有这样，谈判才能取得成功。

第一节　商务谈判理论

自"二战"以来，伴随着现代社会科学和自然科学的发展，现代科学理论，如心理学、需要理论、博弈论、公平理论、控制论等，也被广泛应用于谈判之中，从而导致了现代谈判学的产生。

一、心理学与商务谈判

在商务谈判活动中，谈判者会呈现出丰富多样的心理活动，影响着商务谈判行为，因而，掌握一定的心理学知识并形成良好的商务谈判心理素质，对商务谈判大有裨益。

1. 商务谈判心理分析

商务谈判心理是指在谈判活动过程中谈判者对各种客观事物主观反映所形成的各种心理活动。这种心理活动贯穿于商务谈判活动之中，并对人们的谈判行为产生影响。例如，在谈判时，谈判一方认真对待，把一切都准备妥当，就会给另一方谈判者心理上留下良好的印象，从而影响到他们的谈判行为，即他们会认真对待谈判，并对谈判结果抱有希望。

商务谈判心理具有自己的特点，这些特点综括起来主要有如下三点：一是个体差异性。由于受各种条件制约，不同的谈判个体其内心对客观环境的反应存在着一定的差异，因而导致了商务谈判心理个体的差异；二是隐蔽性。由于商务涉及利益关系，因此，双方代表在谈判中都会尽量把自己的主观意图和想法藏于内心，使对方无法直接观察到。要想了解对方的真实意图和想法，只能通过听其言，观其行来达到目的。三是相对稳定性。在商务谈判活动中，谈判心理一经产生，短时间内往往不会轻易改变，具有一定的稳定性。

2. 心理学在商务谈判活动中的应用

从心理学的角度看，商务谈判是双方谈判人员心理较量的过程。因此，将心理学应用到商务谈判活动中，对于掌握对方谈判心理的发生、发展、变化规律，从而促成商务谈判的顺利展开，具有重要的意义。

首先，应用心理学知识，可培养谈判人员良好的心理素质。

无数谈判案例证明，良好的心理素质对谈判能否取得成功具有重要的影响。良好的心理素质，如信念、诚意、耐心，一方面可以帮助谈判人员抵御谈判挫折带来的心理压力，沉着应对谈判过程中的突发事件；另一方面可以使谈判人员很好地把握谈判的进程，使谈判顺利进行下去。而要想培养出心理素质良好的谈判人员，必须对谈判人员进行必要的心理学知识学习与培训。

其次，应用心理学知识，提高感知能力。

感知是人脑对直接作用于感觉器官的客观事物的整体反应。应用心理学知识，有助于提高谈判人员的感知能力。如在商务谈判活动中，懂得心理学知识的谈判人员，会关注了解对方的经历、兴趣、身份等，以掌握对方的需要心理；熟悉心理学知识的谈判人员，会千方百计避免"晕轮效应"。①

最后，应用心理学知识，走出商务谈判心理误区

掌握必要的心理学知识，有助于走出商务谈判心理误区。在变幻莫测的商务谈判中，存在着许多心理误区，如急躁冒进心理、恶性竞争心理、欺诈心理等。如果不小心步入误区，就会身陷困境，导致谈判失败。而要想走出这些误区，也必须应用心理学知识才能达到目的。因为只有在科学的心理学知识指导下，才能避免商务谈判中出现急躁冒进心理、狭隘、嫉妒和争强好胜等诸多不利于商务谈判的心理，树立诚信经营理念，确保谈判取得成功。

总之，将心理学知识应用于商务谈判，对于提高谈判人员自身的心理素质，提高洞察对方谈判人员心理变化的能力，有效地处理好商务谈判中遇到的各种复杂问题，具有极其重要的作用与意义。

二、需要理论与商务谈判

谈判与需要理论关系密切，这是因为谈判是建立在人们的需要基础之上的。商务谈判也是如此，因为在商务交易活动中，人们的买卖行为都受某种需要支配，同时也反映了人们各自的某种需要，正是这种需要促使人们坐下来进行各种各样的商务谈判活动。

1. 马斯洛的层次需要理论

从心理学的角度看，需要是一种内部状态，它使人感到某种结果具有吸引力。世界上虽然不同的人有不同的需要，但按照马斯洛的层次需要理论，需要的过程并非杂乱无章而是具有一定层次感，即人的需要可按低层次到高层次的顺序划分为五个层次：生理需要、安全需要、社交需要、尊重需要、自我实现的需要（图 8 - 1）。在马斯洛看来，人只有在低层次的需要被满足后才会出现更高层次的需要。

在马斯洛的需要层次理论中，包括衣、食、住、行、水分、空气在内的生理需要是人的最原始、最基本的需要，也是人赖以生存和发展的基本条件，因此，它被置于最低层次。包括人身的安全、财产等在内的安全需要，是人们安居乐业的基本保证，当一个人的生理需要得到基本满足之后，就希望在生理和心理上获得安全，受到保护，因此，它被置于第二低层次。社交需要产生于生理和安全需要之上，通

---

① 晕轮效应是指人们对认知对象的判断首先是根据个人的好恶得出的，然后再从这个判断推论出认知对象的其他品质的现象。如果认知对象被标明是好的，它就会被好的光圈笼罩着，并被赋予一切好的品质；如果认知对象被标明是坏的，它就会被坏的光圈笼罩着，它所有的品质都会被认为是坏的。

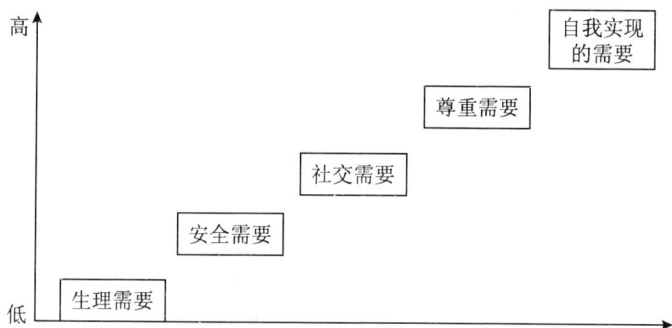

图 8 - 1　马斯洛的需要层次

过此需要，一方面人们希望消除孤独感，成为社会组织中的一员；另一方面获得相互信任和帮助，建立融洽的人际关系。尊重需要产生于人的尊重和自尊理念。人们既希望通过自己的实力、自由独立的地位、自己存在的价值产生自尊心，又期盼在社会上获得荣耀、地位和名声。自我实现作为人之最高层次的需要，是指人希望一生中，能从事使自己潜在的能力得到充分发挥的工作，从而使自己的价值得以实现和被别人承认。

相关链接 🔍 搜索

满足自尊达成谈判协议

美国著名谈判专家荷伯·科恩在他所著的《人生与谈判》一书中，曾讲述一个他亲身经历过的谈判故事。一次，他代表一家大公司去东俄玄俄购买一座煤矿，矿主开价2600 万美元，而科恩则还价 1500 万美元，显然，两方的报价差别较大，必须给予调和，才能达成协议。但矿主态度十分强硬，拒不让价。最后，当科恩开价上升到 2150 万美元时，矿主仍不妥协，这使科恩感到奇怪。按理说，这个开价比较客观、合理，那么，为什么卖主不接受这个显然是公平合理的价格呢？为了找出原因，他邀请矿主共进晚餐，矿主的几句话讲出了他不让价的原委。

原来他兄弟的煤矿卖了 2550 万美元，还有一些附加利益。这一下，科恩明白了，矿主除了想卖矿山以外，还有其他的需要，这是最根本的问题，而他们却完全忽略了，这就是自尊的需要。随后，科恩开始调查矿主的兄弟从卖矿上得到多少附加利益，协商的结果，达成了一个双方都满意的协议。买方所付出的价格没超过公司的预算，而卖方则觉得他的出卖条件要比他兄弟好得多。这是一笔因满足自尊需要而达成的协议。

2. 需要理论在商务谈判中的应用

人们之所以要进行商务谈判，归根结底是因为商务谈判人员希望通过谈判满足自己的各种需要。需要是商务谈判人员的谈判客观需求在其头脑中的反映。商务谈判需要具有灵活性的特点，即它会随着对手的谈判表现改变，随着市场环境的变化而变化。

马斯洛的需要层次理论对实际谈判活动具有理论指导意义。如果我们掌握了需要层次理论并能灵活运用于谈判活动之中，就能针对谈判对方的需要条件，对症下药，为最终签订满意的商务合同打下基础。

其一，满足谈判者的生理需要，以求最好的谈判效果。

涉及利益关系的商务谈判具有漫长、复杂与艰辛的特点。这就决定了在谈判过程中，尽量满足谈判者吃、住、行之基本心理需求，显得非常必要。因为，唯有如此，才能获得最好的谈判效果。

其二，营造安全的谈判环境，确保谈判者安心谈判。

一般说来，人们都愿意在安全的环境中工作和生活，商务谈判也是如此。大多数人之所以愿意与老客户做生意或合作，原因在于彼此了解，比较安全。因此，在谈判时，尤其是与新客户谈判时，自方一定要想方设法，让对手感觉到他自己完全在一个安全的环境里谈判，这样就可打消谈判者有关人身、财产、谈判资料等方面的顾忌，促使谈判顺利进行下去。

其三，创设友好氛围，满足对方的尊重需要。

根据马斯洛的需要层次理论，人们渴望得到尊重。在谈判活动中，如果谈判人员，尤其是有强烈自尊需要的谈判人员得不到应有的尊重，就会给谈判带来意想不到的负面影响。因此，为确保谈判顺利进行，必须创设友好氛围，如在谈判时，尊重对方，保持谦卑，言辞礼貌，尽量减少与对方争辩，不指责对方，不伤对方面子等，在友好的谈判氛围中满足对方的尊重需要，确保谈判不至于因伤了对方自尊而破裂。

其四，讲求双赢，实现对方自我价值。

在马斯洛看来，人人都有自我价值的愿望。自我实现在谈判中主要体现为：谈判取得成功，为己方争取到更多利益等。因此，在谈判活动中，自方要遵循双赢原则，即在不失自己利益的同时，尽量满足对方的需要，从而使对方感受到自我实现价值。

三、博弈论与商务谈判

随着博弈论在现代经济科学中的广泛应用，在谈判活动中，博弈理论也越来受到人们的关注。博弈论在谈判中的作用主要表现为：将复杂的、不确定的谈判行为科学化、规范化、系统化，从而构建起谈判理论分析的基础框架。

1. 博弈论概述

博弈论是指在一定规则之下，参加方的决策较量。它译自英文 game theory，其中"game"一词的英文基本含义是游戏。

博弈现象无处不在，经济活动中的经营决策、政治活动中的竞选、军事领域中的战斗，就连下棋、打牌这种休闲娱乐活动，如果抽象出它们的本质特征，也都属于博弈的范畴。博弈类型虽然多种多样，但与任何游戏一样，它有一个共同的特点，那就是一旦游戏规则确定之后，参与游戏各方的谋略设计与策略选择将成为左右游戏结果的关键因素。

博弈就模式而言，主要有合作博弈、非合作博弈、变和博弈、零和博弈四种类型。

合作博弈是指在博弈中双方都能从合作行为中得到利益的博弈。合作博弈实现的前提取决于双方能否拥有充分的交流和信息，只要双方能够进行顺利的信息交流，就会实现有利于每个当事人的合作利益，得到一个合作解。

非合作博弈是指在博弈中双方不能从中得到利益的博弈。与合作博弈一样，实现的前提也取决于交流和信息。一旦双方不能够进行充分的信息交流，就会出现"囚徒困境"① 现象，难以实现一个有利于每个当事人的合作利益，得到一个"不合作解"。

变和博弈②也称非常和博弈，是指随着博弈参与者选择的策略不同，各方的得益总和也不同。参与者之间的利益既对立又统一，既竞争又合作，各自收益之和是一个变数。

---

① "囚徒困境"是一种非合作性的博弈状况。假设有两个嫌疑犯被分别关在隔离的房间里受审，他们彼此之间无法进行交流和通气。警察分别向两名嫌疑犯表明：如果一个人招供，而同伙不招供，招供者会关半年，同伙将被关 10 年，如果都招供，将被各判 5 年徒刑。如都不招供，将各判刑 1 年。我们知道，对这个博弈来讲，两个嫌疑犯最佳的策略选择就是双方都不认罪。但监禁半年是最吸引人的，所以，每个嫌疑犯都可能有承认的动机，这样，双方可能都会认罪，结果是各监禁 5 年。

② 变和博弈研究的是进行不同的策略组合，使博弈各方的得益之和增大。这就意味着参与谈判（博弈）各方之间存在着相互配合，即在各自的利益驱动下自觉、独立采取的合作的态度和行为。大家共同合作，将利益扩大，使每一方都多得，结果是皆大欢喜。

俄罗斯服装公司的"变和博弈"之路

前苏联解体之后，有很多前苏联时期的服装厂正在从事大众服装的生产，而制约大众服装销路的一个主要原因就是成本和价格问题。在俄罗斯境内，若想降低加工服装的生产成本十分困难，因为工人的工资标准和原材料价格这些决定服装成本的因素几乎都是固定的，在这种情况下，若想让自己的服装厂在大众服装领域占有生产成本上的竞争优势，这些服装厂就必须另外开辟一条道路。

经过认真的考察，有很多俄罗斯服装公司纷纷把生产转移到中国、土耳其这样的劳动力、原材料相对廉价的国家。当然，来自中国和土耳其方面的合作厂家在这种合作中也得到了相应的好处。用一位俄罗斯服装公司总经理的话来说，那就是："从我们的合作伙伴收到更多的订单就知道，我们这样做是双赢的结果——中国生产商在俄罗斯缺乏销售经验和销售网络，而我们自己生产又没有价格优势，所以互补对大家都有好处。"

实际上，这就是一种典型的"变和博弈"。虽然国籍不同。但是随着经济全球化的发展，世界上任何一个国家的任何一个企业都不可避免地面临着来自全世界同行的竞争。在这种情形下，如果有一个企业妄想以一己之力获得所有的收益，在各方面都能够做到完美无缺，那无异于痴人说梦。明智的选择应该是通过某种默契以达成某种形式的合作，使合作的双方都能够在竞争中获益。只有这样，处于合作地位的各个方面才能够以利益为纽带，结成一种相对牢固的联盟，共同分担风险，共同分享收益。

零和博弈是指参与博弈的双方在严格竞争下，一方的收益必然意味着另一方的损失，博弈各方的收益和损失相加的总和永远为"零"。如当你看到两位对弈者时，你就可以说他们正在玩"零和游戏"。因为在大多数情况下，总会有一个赢，一个输，如果我们把获胜计算为得 1 分，而输棋为 −1 分，那么，这两人得分之和就是：1 + （−1）= 0。

2. 博弈理论与谈判

博弈理论运用于商务谈判，重要价值在于可以将谈判程序化，即确定为如下四个步骤：

步骤一：建立风险值。

根据合作博弈理论，谈判双方要充分进行信息交流，才能达到合作之目的。基于此，建立风险值便成了商务谈判的第一步。

风险值是指打算合作双方对所要合作内容进行的评估确定。以商品交易谈判为例，商品交易双方要想达成交易，必须对谈判标的，即要购买的商品，进行充分的评估确定，如对买方而言，估计买到该商品最理想的价格是多少，最高与最低价格是多少，对卖方而言，售出最理想的价格是多少，最后的撤退价是多少，此外，总共需要多少资金，其他的附带条件如产品风险、资金风险、社会风险、舆论风险如何等，都要尽可能进行评估确定。

步骤二：确定剩余。

风险值一经确定，就会形成谈判学上所谓的"剩余"。剩余就其具体内容而言，就是买卖双方商谈时第一次出价之差。以买卖一部手机为例，如卖方第一次出价是3000元，而买方第一次出价是2500元，那么3000元与2500元之差即500元，就是双方谈判的剩余。

步骤三：确定合作剩余。

剩余形成之后，谈判进入实质性阶段，那就是确定合作剩余即成交价格。这里的"成交价格"含义较广，包括以价格为主的一切交易条件。就上例买卖手机而言，剩余500元确定之后，究竟如何分配这一剩余便成了问题的关键。谈判席上双方的讨价还价、斗智斗勇就是为了确定双方的合作剩余。双方合作剩余最终确定难度较大。因为影响它的因素非常多，既取决于双方实力之对比，也与谈判策略与技巧的运用相关联。现代谈判观念认为：谈判不是将一块蛋糕拿来后，商量怎么分，而是要想法把蛋糕做大，让每一方都能多分。

步骤四：签订分享剩余的协议。

合作剩余经双方确定之后，必须签订分享合作剩余的协议。协议作为维系谈判各方合作的纽带，对保证合作剩余的有效分享，具有极其重要的作用。

四、控制论与商务谈判

控制论作为一门新兴学科产生于20世纪中叶，将其应用于谈判领域，可使谈判活动在程序化基础上产生最佳效果。

1. 控制论

由美国科学家诺伯特·维纳创立的所谓控制论，是指运用某种手段，将被控对象的活动限制在一定范围之内，或使其按照某种特定的模式运作。

根据控制理论，通常把全知的系统和区域称为"白箱"，所不知的区域或系统称为"黑箱"，介于黑箱和白箱之间或部分可察黑箱称为"灰箱"。

白箱作为已知的世界，人们通过深刻认识其内部结构，是可以控制的。现实世界中绝大多数问题都是"灰箱"问题，"灰箱"作为局部了解但其他方面则是未知的世界，需要我们充分运用已有的了解和知识，探求这个系统过去的历史，才能掌控它的内部状态。黑箱是作为未知世界，要想解其谜，打开黑箱，只能通过观察黑箱中"输入"、"输出"的变量，寻找和发现规律性的东西，才能实现对黑箱的控制。

2. 控制论与谈判

在当今社会，控制论在众多领域获得应用，并取得了巨大的成果，对现代社会生活产生了重大的影响。将控制论之"三箱理论"用于谈判，其价值同样巨大，主要体现在如下三个方面：

首先，运用"白箱理论"来分析谈判，通过分析已知的对方情况，可将非常不确定的状况加以约束，更好地控制谈判局势。

其次，运用"灰箱理论"来分析谈判，在充分了解对方局部情况的基础上，深入探知未了解的部分世界，可达到掌控谈判进程之目的。例如，当我们购买一件东西时，卖方对你说，让利10%已经是极限，这个10%其实就是需要破解的"灰箱"。

最后，运用"黑箱理论"来分析谈判，不断探知对方黑箱中的未知数，可最大限度地寻找和发现规律性的东西，实现对黑箱的控制。在谈判中，黑箱虽然观测不到，但通过努力是可以破解的，例如，当我们开门时，如果不知道究竟哪把是门锁钥匙，但只要我们把钥匙一一插入锁孔，最终还是能打开门而不必把门锁卸下来。

五、公平理论与商务谈判

谈判讲究的是公平公正，只有在公平公正基础上进行谈判，才会使得谈判活动更有成效。

20世纪60年代，美国行为科学家亚当斯提出了最具代表性的公平理论。自那以后，公平理论在谈判活动中得到广泛应用，并对谈判产生深远的影响。

根据谈判专家的意见，掌握公平理论的基本内涵，对理解并处理谈判活动遇到的各种问题，具有重要的指导意义。

其一，根据公平理论，人们选择的角度、标准的不同与身份地位不同，对公平的看法也不一样，比如穷人与富人捐款，如果都捐100元，穷人认为不公平，富人财产多应该多捐；但如果按照富人财产多就多交的看法，富人交200元，穷人则捐100元，富人则觉得不公平。可见，公平是相对的，没有完全绝对的公平。基于此，人们之所以要谈判，其目的在于对合作中利益的公平分配的标准达成共识与认可。

其二，根据公平理论，公平感是支配人们行为的重要心理现象。在谈判活动中，如果对方产生不公平感，就会极大地影响谈判的顺利进行，甚至即使是签了商务合同，也会影响到商务合同的履行。因此，在谈判中，要千方百计想办法消除对方的不公平感，以求得对方心理平衡，以保障谈判顺利进行与商务合同的履行。

其三，在公平理论中，人们对公平的认识取决于心理因素的作用，因此，在谈判中，谈判各方调整好自己的心理，以便对公正有一个正确的认识，显得非常重要。

六、信息论与商务谈判

自 1948 年美国科学家申农创立信息论以来，信息论与谈判便结下不解之缘。在商务谈判活动中，双方掌握的信息量之多少、真假程度如何以及与谈判相关信息沟通畅顺与否，都直接或间接地影响谈判的进程和结果。

商务谈判作为一种重要的社会经济活动，要求谈判者必须熟练掌握与运用信息，才能确保谈判取得成功。首先，谈判者必须尽可能多地掌握谈判所需信息，才能达到知己知彼的目的。其次，谈判者必须尽可能掌握十分准确的信息，切忌道听途说，捕风捉影，一定要掌握第一手材料，并对所接收到的信息进行反复核对，因为只有信息准确，才能在谈判中胸有成竹，不为假象所惑。

需要指出的是，谈判者除了认识到信息在商务谈判活动中的作用之外，还必须掌握美国心理学家福里茨·海德的主客方信息传递关系理论。根据这一理论，信息传递是否顺畅，与主方的信誉高低和客方赞同程度有着密切的关联，且决定着信息传递效果。这种效果以四种情况出现：一是高信誉、高赞同，即主客方彼此信赖，而客方对主方所传递的信息也持赞同的立场，此种情况下信息传递效果最佳；二是高信誉、低赞同，即客方对主方有好感，但却对主方传递的信息持否定态度，此种情况下，主方需要利用客方对自己的感情倾向，尽力说服客方转变立场，从而使传递的信息能发挥更大的作用；三是低信誉、高赞同，即客方对主方没有好感，但对所传递的信息持赞同的立场，此种情况下，会对信息的传递造成很大的扭曲；四是低信誉、低赞同，即客方既不信任主方，又对主方传递的信息反感，此种情况下，信息传递最为困难。

第二节　商务谈判原则

如果说谈判理论是构建谈判学之理论基石，那么，谈判原则是指导商务谈判的思想准则。它决定了谈判者在谈判中将采用什么谈判策略和谈判技巧，以及怎样运用这些策略和技巧。只有掌握了商务谈判原则，才能在现代商务谈判中稳操胜券，达到双赢之目的。

在商务谈判中，应遵循的原则很多，其中最为重要的原则有：平等原则、合作原则、互利原则、客观标准原则、人与问题分开原则、非立场谈判原则与合法原则。

一、平等原则

商务谈判平等原则是指在商务谈判中，无论谈判各方的组织规模大小，经济实力强弱，都应该遵循平等协商的基本准则。现代谈判学认为，在谈判桌上，谈判各方不受企业大小、强弱、效益等因素影响，无高低贵贱之分，相互之间唯有平等相待，才能在谈判中通过平等协商，公平交易，并建立合作关系，实现双方的权利和义务。

要想在商务谈判中坚持平等原则，必须做到如下几点：一是提高认识，即充分认识到"平等"是商务谈判的基础，也是衡量商务谈判成功的基本准则；二是要求谈判各方相互尊重，以礼相待，任何一方都不能仗势欺人，以强欺弱，把自己的意志强加于人；三是谈判各方都应给另一方平等对话之权利；四是谈判各方都应具有一定的、体现各方相对平等的"否决权"；五是在商务谈判中，要充分体现自愿原则，谈判各方能够按照自己的意愿来进行谈判，并做出决定，而非外界的压力或他人的驱使来参加谈判。

总之，只有贯彻并坚持平等原则，商务谈判才能在互信合作的气氛中顺利进行，才有可能达成各自的谈判目标。

二、合作原则

自古以来，参与谈判之各方都将对方视为对手、竞争者，但在合作成了谈判主旋律的现代社会，参与谈判各方自然成了合作者。事实上，在商务谈判中，只有遵循合作原则，谈判成功的概率才会增大。从现代商务谈判实践和目的看，参与谈判各方尽管存在着利益冲突，但只有合作才能签订协议，达到双赢之目的。

所谓合作原则，是指在商务谈判中谈判各方必须遵守的将对方视为合作伙伴、利益共享的基本准则。

谈判涉及利益关系，谈判任何一方都想在谈判中多得点好处，因此，要想在谈判中遵守合作原则并非易事，必须做到如下三点：

一是实事求是。在商务谈判中，遵循合作原则，要求各方在提出自己的要求或条件时，要尽可能从客观实际出发，充分估量自己所提要求或条件，是否切实可行。

二是坚持诚信与坦率的态度。人无信难立，买卖无信难成。谈判各方只有秉承诚信与坦率的态度，言必信，行必果，才能促进相互间的信赖与合作，确保谈判顺利进行。要想做到诚信，一方面要把己方情况适时坦诚相告，以换取对方理解和信任；另一方面如对方心存疑惑，要以适当的方式透露己方的某些意图，以化解消除对方的疑惑。

三是创造合作机会。在商务谈判中，遵循合作原则，就是要求谈判各方尽量从双方的实际利益出发，着眼于发展长期的贸易关系，创造合作机会；否则，会两败俱伤。

相关链接　🔍 搜索

劳资两败俱伤

　　美国纽约印刷工会领导人伯特伦·波厄斯以"经济谈判毫不让步"而闻名全国。他在一次与报业主进行的谈判中，不顾客观情况，采取不合作态度，坚持强硬立场，甚至两次号召报业工人罢工，迫使报业主满足了他提出的全部要求。报社被迫同意为印刷工人大幅度增加工资，并且承诺不采用排版自动化等先进技术，防止工人失业。结果以伯特伦·波厄斯为首的工会一方大获全胜，但是却使报业主陷入困境。首先是三家大报被迫合并，接下来便是倒闭，最后全市只剩下一家晚报和两家晨报，数千名报业工人失业。这一结果清楚地说明，由于一方贪求谈判桌上的彻底胜利，导致了两方实际利益的完全损失。

三、互利原则

　　现代谈判学认为，传统的利益分配模式，如强势的一方多得，弱势的一方少得，不但无助于谈判协议的达成，反而有害无益。基于此，协调双方利益，提出互利性的选择，便成了现代谈判必须遵循的又一个重要原则。因为，在商务谈判中，虽然谈判各方都有各自的利益，但每一方利益的焦点并不是完全对立的。

　　坚持互利原则，应做到如下几点：

　　一是打破传统分配思维模式，提出新的互利性选择。按照传统分配思维模式，如果分一个蛋糕，大家都在这个蛋糕上做文章，想多分一点，似乎没有更好的分配办法。要想突破传统，必须发挥创造性思维，广泛收集有益信息，集思广益，提出新的互利性选择。

　　二是寻找共同利益，把蛋糕做大。谈判各方都应从大局出发，多考虑双方共同利益，增加合作的可能性，把双方的利益由互为矛盾转化为互为补充，千方百计把蛋糕做大，这样双方就能多分。

　　三是协调利益分歧，实现互利共赢。人们常说，在股票交易中，观念上的分歧构成了交易的基础。商务谈判也不例外，各方利益存在分歧既是客观事实，也是谈判协议签订之基础。因此，我们在谈判中强调共同利益的同时，还要重视利益分歧，更要知道如何协调双方的利益分歧。首先，要弄清楚谈判双方关心的利益分歧内容。

以交易为例，一般说来，双方关心的利益分歧内容有：交易形式还是实质，是出于经济上的考虑还是政治上的考虑，是近期交易还是长远交易，是考虑结果还是双方关系，是注重名望还是看重实际利益，等等。其次，在谈判中，要尽可能发挥每个人的创造力，双方充分协商沟通，寻找共同利益，协调分歧利益。

四、客观标准原则

客观标准原则是指独立于各方意志之外的合乎情理和切实可用的准则。因商务谈判所涉及的内容极其广泛，故客观标准也是多种多样的。惯例、通则、职业标准、道德标准等，都属于客观标准原则的范畴。在谈判中，坚持客观标准原则，既有助于因双方让步所产生的弊病，也有利于达成一个明智而公正的协议，更有助于有效地履行商务合同。

坚持客观标准原则，必须做到如下几点：一是知晓客观标准的内涵，以交易谈判为例，如果卖方报价是每斤 M 元，而买方出价是每斤 N 元，那么市场上同类商品的价格就是谈判的客观标准；二是坚持客观标准原则，就是要求谈判双方所提要求和条件客观、公正，而非漫天要价；三是坚持标准的公正性。不同国家，社会制度不同，标准也不一样，因此，需要双方协商，以确定标准的公正性；四是坚持标准的普遍性。普遍性的确定，需依赖于谈判双方都发表意见，在讨论的基础上确立标准；五是坚持标准的适用性。以产品交易谈判为例，如果出现下列情况：既有同类产品交易惯例的价格，也有某种情况下的市场价格；这就涉及标准的适用性问题，即采用哪一个作为谈判的客观标准！如果买方说："我方根据国外同类产品售价，愿意每吨大米出价 500 美元。"卖方争辩说："根据国内目前同类产品市场售价，每吨大米的价格应该是 550 美元。"此种情况下，双方就应该认真协商讨论，确定出适用的客观标准，交易方能进行下去。

五、人与问题分开原则

人与问题分开是指在谈判过程中，谈判各方要把谈判对手的态度与所要讨论的问题区分开来。商务谈判的主体是人，这就决定了谈判必然要受到人的性格、价值观、感情等人为主观因素影响。而要想摆脱这些影响，必须遵守人与问题分开的原则。

做到人与问题分开，需要做到如下几点：

一是从长远的角度考虑问题，树立"买卖不成仁义在"之观念。

二是在谈判中，要就事论事，把问题集中在"事上"而非"人"上，人与问题分开，以减少人的主观因素对谈判的影响。

三是无论对方态度如何不好，甚至令人讨厌，也无论双方为了维护各自的利益争论多么激烈，讨价还价多么苛刻，谈判各方都应始终保持以礼相待，既不要随意责备对方，也不能恶言相向，更不能进行人身攻击。

四是不伤感情、保全对方面子。为此，需做到慎言、尊重对方、调控好自己的情绪、理解对方的感情。

五是尽量多阐述客观情况，在对方没有首先推卸责任的情况下，不要先提出责任在谁，以避免对方因遭受指责而情绪激动，妨碍问题的解决。

六、非立场谈判原则

非立场谈判原则是指不以捍卫立场为前提的商务谈判。在商务谈判尤其是国际商务谈判中，人们往往习惯于持某种立场来磋商问题或讨价还价，从而导致十分消极的后果：谈判各方不欢而散，导致谈判破裂。因此，在谈判中有必要遵循非立场谈判原则。首先，非立场谈判有助于避免不和谐谈判气氛；其次，非立场谈判有助于谈判协议的达成。因为如果谈判者坚持立场谈判，毫不让步，不择手段地迫使对方向你让步，会严重影响协议的达成，反之，则有助于谈判协议的达成；最后，非立场谈判有助于产生明智的协议。如果谈判者坚持立场谈判，所采取的行动和对策势必都是为了自己的要求和利益，很少考虑对方的利益，达成的协议也必定是非明智的协议。反之，则会达成明智的协议。

遵守非立场谈判原则，必须做到如下几点：

一是把谈判内容与立场、态度区分开来。

二是在谈判中尽量避免立场上磋商问题。

三是在考虑自方利益的同时，也要考虑对方利益，在强调己方得失的同时，也要考虑对方的得失。

相关链接 🔍搜索

美苏因"立场"不同谈判破裂

美国和前苏联曾就全面禁止核试验进行过多次谈判，其中一次谈判破裂，就是因为谈判双方僵持在"立场"上，即为调查地震情况美国和前苏联每年允许对方在自己领土上设立多少监视站。当时，美国坚持不能少于10个，而前苏联则只同意设立3个监视站，结果由于双方各不放弃自己的立场，致使谈判破裂。但却没有人考虑：是一个监视站每人观察一天，还是100个人在一天内随意窥探。双方都没有在观察程序的设计上做出努力，而这恰恰符合美、苏两国的利益——希望把两国的冲突限制在最低限度内。

七、合法原则

合法原则是指谈判活动及其商务合同的签订必须遵守相关的法律、法规。谈判无论在何时何地进行，都离不开一定的法律约束。因此，谈判必须遵循合法原则，如在国内谈判，应当遵守国内法，国际谈判则应遵守国际法及尊重谈判对方所在国家的有关规定。

遵守合法原则，必须做到如下几点：一是要明确谈判主体必须合法。这是谈判的前提条件，因为无论是谈判的行为主体还是谈判的关系主体，都必须具备谈判的资格，否则就是无效的谈判。二是谈判行为必须合法。这就是说，谈判必须通过正当而非其他手段达到目标，只有谈判行为合法，才能使谈判顺利进行并确保其成功。三是谈判项目必须合法。如果谈判从事的是非法交易，那么，此种谈判即是非法。而非法谈判交易项目不但受到法律禁止，还要受到法律的制裁。可见，谈判项目合法是谈判的基础。四是签订的商务合同必须合法。签订的商务合同只有符合法律、法规，具有法律效力，才能确保谈判当事人的权益，达到预期的目标。

综上所述，谈判原则作为谈判的指导思想及其谈判过程中必须遵循的基本准则，对谈判活动的展开具有极其重要的理论指导意义。就一次谈判活动而言，能否正确运用谈判原则，直接关系到谈判的成败！对一个谈判者来说，能否娴熟而又灵活地掌握谈判原则，决定了他能否成为谈判高手！

本章小结

现代商务谈判学的构建离不开现代理论的应用与指导。将心理学应用于商务谈判，有助于人们了解谈判者丰富多样的心理活动、并形成良好的商务谈判心理；马斯洛的需要层次理论对谈判活动具有重要的理论指导意义，掌握了需要层次理论就能针对谈判对方的需要条件，对症下药，为最终签订满意的商务合同打下基础；博弈论应用于商务谈判，其意义在于将复杂的、不确定的谈判行为科学化、规范化、系统化；控制论在谈判中的价值体现在：将不确定谈判状况加以约束，破解未知的谈判世界，从而更好地控制谈判进程；公平理论对于理解并处理谈判活动遇到的各种公正问题，具有重要的指导意义；信息论在商务谈判中的作用主要在于：促使谈判者熟练掌握与运用相关谈判信息，以确保谈判取得成功。现代商务谈判要想取得成功，除了有先进的现代理论做指导外，还必须遵守商务谈判各项原则。平等原则是确保商务谈判能够顺利进行的前提；合作与互利原则既体现了现代谈判学之客观要求，也是确保商务谈判取得成功的重要因素；客观标准原则既有助于达成一个明智而公正的谈判协议，更有助于商务合同的有效履行；人与问题分开原则有助于谈判各方摆脱人的性格、价值观、感情等人为主观因素的影响；非立场谈判原则对于消除持立场谈判带来的消极的后果具有不可低估的作用；遵守合法原则，对确保国内和国外商务谈判活动以及商务合同的有效性，均具有十分重要的意义。

【练　习】

1. 心理学与商务谈判的关系如何？

2. 马斯洛的需要层次理论对商务谈判活动有何理论指导意义？

3. 什么叫博弈论？它与商务谈判的关系如何？

4. 控制论包括哪些理论？这些理论对商务谈判有何影响？

5. 什么是公平理论？公平感对商务谈判有何影响？如何才能消除它？

6. 商务谈判必须遵循哪些原则？这些原则对商务谈判取得成功有何意义？

【案例与思考】

案例一：　谈判专家理赔

一位有经验的谈判专家替他的委托人与保险公司的业务员商谈理赔事宜。对于保险公司能赔多少，专家心里也没底数，这就是我们通常认为的黑箱，于是，专家决定少说话，多观察，不露声色。

保险公司的理赔员先说话："先生，这种情况按惯例，我们只能赔偿 100 美元，怎么样？"专家表情严肃，根本不说话。沉默了一会儿，理赔员又说："要不再加 100 美元如何？"专家又是沉默，良久后说："抱歉，无法接受。"理赔员继续说："好吧，那么就再加 100 美元。"专家还是不说话，继而摇摇头。理赔员显得有点慌了："那就 400 美元吧。"专家还是不说话，但明显是不满意的样子。理赔员只好又说："赔 500 美元怎么样？"就这样专家重复着他的沉默，理赔员不断加码他的赔款，最后的谈判结果是以保险公司赔偿 950 美元而告终，而他的委托人原本只希望要 300 美元。

思考：

1. 谈判专家在理赔谈判时运用了控制论中的何种理论？效果如何？

2. 谈判专家为何能为委托人赢得最理想的赔偿？

案例二： 日本人一举中标

20世纪60年代中期，中国发现了大庆油田，但当时对外是严格封锁消息的。1966年7月，《中国画报》封面上刊登了大庆石油工人艰苦创业的照片，画面上，工人们身穿大棉袄，正冒着鹅毛大雪奋战在钻井平台上。据此，日本人得出结论，大庆油田可能在东北三省北部的某地，因为中国其他地区很难下这么大的雪。接着，日本人又注意到《人民日报》报道，王进喜到了马家窑，豪迈地说：好大的油海啊，我们要把中国石油落后的帽子扔到太平洋里去。于是，日本人找来伪满时期的旧地图，发现马家窑位于黑龙江省海伦市东南的一个村子。以后日本人又根据日文版的《人民中国》的介绍，中国工人发扬"一不怕苦，二不怕死"的精神，肩扛人抬将设备运到现场，推断石油钻井离马家窑很近，又根据当年王进喜出席第三届人民代表大会，推断大庆油田出油了。最后，日本人又根据大庆油田钻塔的照片，推算出油井的直径，由当时的全部石油产量减去原有产量，算出大庆油田的石油总产量。在此基础上，日本人设计出适合大庆油田操作的石油设备。当我国突然向外界宣布在国际上征求石油设备设计方案时，不少国家纷纷派代表团与中国进行石油设备交易谈判，结果日本代表团战胜各个竞争对手，一举中标。

思考：

1. 日本代表团为何能战胜竞争对手一举中标？

2. 该案例留给我们什么启示？

案例三： 休斯与拉塞尔合作获双赢

电影制片人休斯与演员拉塞尔签订了一个一年付给她100万美元的商务合同。12个月后，拉塞尔合理合法地说："我想要商务合同上规定的钱。"休斯声明，他现在没有现金，但有许多不动产。女明星不听他的辩解，坚持只要她的钱。结果原先亲密的合作关系成了互相敌对的对立关系，双方都通过律师进行交涉，一时间谣传纷纷。最后，两个人都意识到这样争下去没有益处。拉塞尔对休斯说，你我是不同的人，有不同的奋斗目标，如果我们这样争斗下去，恐怕获胜的只是律师，让我们看看，能不能在相互信任的气氛下分享信息和需要呢？于是，他们以合作者的身份进行谈判，纠纷得到了创造性的解决。商务合同改为休斯每年付拉塞尔5万美元，20年付清，结果休斯解决了资金周转的困难，并获得了本金的利息，而拉塞尔所得税逐年分散缴纳，有了20年的可靠收入，她也不用担心自己的财务收入问题了。

思考：

1. 休斯与拉塞尔是如何把"蛋糕做大"获得共赢的？

2. 该案例体现了什么谈判原则？它对人们进行商务谈判有何启示作用？

【参考文献】

［1］［美］理查·谢尔．高效谈判学［M］．香港：经济新潮社，2012．

［2］刘凡．双赢谈判［M］．北京：北京大学出版社，2003．

［3］方其．商务谈判：理论、技巧、案例［M］．北京：中国人民大学出版社，2004．

［4］盖温·肯尼迪．谈判是什么［M］．北京：中国宇航出版社，2004．

［5］［美］科尔布，威廉斯．影子谈判．译者：许玫，刘静萍［M］．北京：机械工业出版社，2004．

第九章

商务谈判操作流程

【学习目标】

通过本章学习，了解商务谈判操作的基本流程，充分认识商务谈判前准备的必要性及重要性，掌握商务谈判准备的方法与技巧，学会撰写商务谈判方案，熟悉模拟谈判的操作流程，掌握正式谈判与签订商务合同的步骤。

【关 键 词】

管理人际关系数学模型　谈判环境　谈判方案　谈判风格　模拟谈判

就商务谈判操作的基本流程而言，一般要经历商务谈判准备、模拟谈判、正式谈判与签订商务合同四个步骤。这些步骤环环紧扣，联系密切。只有熟谙这些步骤，并把握各个步骤的各个要素与基本技巧，才能无往而不胜。

第一节　商务谈判准备

古语曰"凡事预则立，不预则废"。进行商务谈判，前期准备工作非常重要。"不打无准备之战"，乃是保证谈判顺利进行和取得成功的关键。换言之，只有事先做好充足准备，谈判者才会充满自信，从容应对谈判中出现的突发事件、矛盾冲突，才能取得事半功倍的谈判结果。更进一步说，即便只有1%成功的希望，也要做好100%的准备，不管自己在谈判中处于优势还是劣势。

一、人员准备

商务谈判的主体是人，换言之，人是决定商务谈判的关键，因此，商务谈判准备必须从人员准备做起。

1. 确定谈判人员

人员准备即组建谈判代表团或谈判小组，要做的第一件事，就是确定谈判负责人。选择谈判负责人是一项既难又棘手的问题。考虑到商务谈判综合性、复杂性之特点，一般都会选择那些综合领导能力强、协调性好、能充分调动谈判人员的积极性、主动性、创造性的人作为谈判领导人。具体说来，谈判领导人除了具备一般谈判者的素质之外，还需具有坚定的自信心、较强的决策能力、敏锐的观察判断能力、灵活应变能力，尤其是高超的组织协调能力和鲜明的高效率协同工作的领导风格。

谈判成员。谈判领导人确定之后，确定谈判成员便成了人员准备的重中之重。确定谈判成员要考虑的因素很多，其中最为重要的有两点：一是谈判成员由什么人构成；二是参加谈判人数的多少。

就商务谈判而言，谈判人员的构成没有统一的模式，谈判人员的选择主要根据谈判内容而定。以一个企业为例，如果就某项交易内容组成谈判小组，其成员一般说来应该包括主管企业的部门负责人、企业主要负责人、专业技术人员以及翻译、律师、后备人员等，且不同成员在谈判中具有不同的职责（见表 9 – 1）。

表 9 – 1　谈判小组成员构成及职责

成员	主要职责	备注
上级主管部门负责人	掌控全盘，做出决策	主管部门某一负责人或相关项目负责人
企业主要负责人	配合主管部门负责人，提供企业相关信息，参与决策	企业老总或副总
专业技术人员	提供企业相关专业信息，参与相关讨论	企业水平较高或资历较深的技术人员
翻译	负责翻译工作，收集相关信息或资料	国际商务谈判必有
律师	负责商务合同签订与履行	国内外商务谈判都有
后备人员	随时准备顶替因故缺席的人员	后备力量的人选视情况而定

2. 确定谈判人数

参加谈判人数以多少人为最佳，应视谈判项目大小情况而定。确定参加谈判人数时应注意两点：一是尽量少而精。因为即使是大型项目的谈判，所需要的专门知识也不多，少而精的谈判成员构成完全能够应付；二是过多会导致意见纷杂，内部关系难以协调；三是管理的跨距不宜过宽。根据法国管理学家格拉丘纳斯的"管理人际关系数学模型"[①]：当管理幅度按算术级数增加时，人员间的复杂关系按几何级数增加。为了便于谈判领导人尽量不受人际关系复杂因素的影响，更好地控制谈判进程，方便成员协调与沟通信息，发挥成员各显其能之作用，顺利完成谈判任务，谈判成员的构成一般以 3~4 人为佳。

如果遇到大型或重要的谈判，准备一定的后备力量也是非常必要的。后备力量的人选可以是企业或部门的经理、负责人，也可以是专门业务人员、技术人员。为了让后备力量随时能够参加谈判，谈判组不仅在谈判前要经常保持与后备人员的联系与沟通，使他们明确自己的责任范围、权限范围，以免因责任不清而发生冲突，而且在谈判中，还必须及时同企业的后备人员沟通情况，商谈有关问题。

相关链接 🔍 搜索

吴仪后援出马，令人刮目相看

1992 年，中国入世谈判进入关键性的知识产权谈判阶段。原准备出席谈判的外经贸部领导突然因病不能出席，中方经过慎重考虑，派出了曾任北京市副市长，时任外经贸部副部长的吴仪，这位被世人称为中国撒切尔夫人的"小女子"一出马，令人刮目相看。她那机智灵活又不失尊严、原则的谈判风格令中美之间长期矛盾、多次谈判无实质进展的知识产权谈判打开了突破口。其中最为著名的是吴仪与美国谈判代表梅西的交锋。美方谈判代表梅西的"我们是在与小偷谈判"和中方主帅吴仪的"我们是在同强盗谈判"的谈判开场白堪称经典，流传甚广。

需要指出的是，谈判人员作为谈判的行为主体，其素质如何直接影响到谈判的成败。因此，谈判方在选定谈判人员时，都应高度重视谈判人员素质（详情参见第十二章）。

---

① 格拉丘纳斯的"管理人际关系数学模型"可用公式表示：$R = n\,[2^{n+1} + (n-1)]$。式中：n——组织内所领导或管辖的人员数；R—由此产生的人际关系数。经运算可知：当人员数 n 为 2 时，人际关系数为 6；为 3 时，人际关系数为 18；为 4 时，人际关系数为 44；为 5 时，人际关系数为 100，……

二、信息准备

在这个信息爆炸的时代，人们要想成功地进行各种活动，必须了解和掌握相关信息。国际著名谈判大师基辛格说："谈判的秘诀在于知道一切、回答一切。"谈判作为人们运用信息获取所需事物的一种活动，充分做好信息准备是赢得谈判成功的基本保证。

一次正式的商务谈判，需要了解和掌握的信息类型很多，归纳起来主要有"环境信息"、"政府信息"、"产品信息"和"对手信息"（表9－2）。

表9－2　商务谈判信息准备内容

信息类型	构成要素	具体内容
环境信息	政治环境	政局的稳定性、国家对企业干预程度、政府与买卖双方之间的政治关系等
	经济环境	计划经济还是市场经济等
	文化环境	社会习俗、宗教信仰等
	财政金融环境	外汇储备水平、外汇管制措施或法、支付信誉、适用税法、货币兑换等
政府信息	政府方针	政府对经济活动的调节控制
	政府政策	开放还是保守、贸易出口管制政策等
	政府法律	大陆法系还是英美法系、司法部门是否独立、法律执行情况、法院受理案件时间长短、法律裁决时所需程序等
产品信息	替代品	功能相近的不同品牌的产品、功能上升级换代的产品等
	补充品	附带消费的产品，如汽车与汽油、羽毛球拍与羽毛球等
	前续产品	主项产品时所必需的原材料产品，如汽车与钢材价格、酒类与粮食价格等
	后续产品	主项产品之衍生品，如计算机之屏幕膜、汽车之维修、保修等
对手信息	对手身份	声望、知名度等
	对手资信情况	合法资格、信誉、履约能力等
	对手其他信息	能力、权限、信念、性格、兴趣、个人作风、爱好与禁忌、特长及弱点等

相关链接   🔍搜索

了解谈判对手常用的方法

1. **文案调查法**：通过谈判对手提供或发行的资料，如谈判对手的商品目录、报价单、企业情况简介、产品说明书等，获得对手信息。优点是投资少、见效快、简便易行。

2. **实地调查法**：谈判人员通过直接或间接接触来收集、整理信息，研究分析谈判对手的方法。方式有三：一是通过与对方有过交往的人员进行了解；二是通过函电方式直接与对方联系；三是通过安排非正式洽谈调查。

3. **购买法**：采取先小批量购买的方式直接了解对方产品情况。

4. **专家顾问法**：通过聘请大专院校、研究机构、学术协会的专家进行调查的方法，实际上是一种借"外脑"的方法。

收集信息只是谈判信息准备的第一步，要想了解和掌握信息还必须对收集到的信息进行整理分析。原因在于：由于各种因素作用，收集到的资料难免零碎或不完整，甚至包含虚假的、伪造的成分，因此有必要对信息资料进行包括"资料评价"、"资料筛选"、"弃旧取新"、"分类对比"、"分类保存"等步骤进行细致整理分析，只有这样，才算得上真正完成了谈判信息的准备。

三、谈判方案准备

人员准备和信息准备完成后，接下来是拟订谈判方案。谈判方案作为指导谈判人员进行谈判的行动纲领，在整个谈判过程中具有极其重要的作用。

1. 谈判方案的构成要素

谈判方案是指在谈判开始前对谈判预先所做的安排。其构成要素包括确定谈判对手、谈判主题、谈判方法、谈判中可能出现的问题以及制定具体的谈判目标（见表9-3）。

表9-3 谈判方案构成要素及其具体内容

名称	具体内容
谈判对手	能否成为贸易伙伴、实力和地位，数量以两家为宜
谈判主题	谈判的目的、期望值或期望水平，数量一个
谈判方法	"鹰式"、"鸽式"和"混合式"，多种方法综合运用
估量出现问题	成功可能性、重点问题、焦点问题，分歧问题、争论问题、共同利益
谈判目标	最优期望目标、可接受目标和最低限度

2. 确定谈判对手

确定谈判对手是拟订谈判方案首先要考虑的因素。谈判对手需要依据如下两个方面予以确定：

一是基于谈判是双方自愿的行为，因而要考虑对方能否成为我方的贸易伙伴。

二是确定谈判对手的数量。虽然一般来说，谈判对手数量的确定要依谈判的具体情况而定，但从总体上说，确定谈判对手的数量以两家为宜。这是因为如果只选择一家作为谈判对手，一则无法进行比较和鉴别；二则对方也可能利用这一局面，向我方提出苛刻的要求，迫使我方做出较大让步。同样，如果对手过多，一则会导致我方注意力分散，难于处理和控制复杂的谈判过程；二则谈判另一方也因竞争对手较多而失去谈判的信心，反而不利于谈判进行。

3. 确定谈判主题

确定谈判主题是拟订谈判方案优先要考虑的因素。因为任何一次谈判活动都是围绕谈判的主题来进行的。谈判主题实际上指的是参加谈判的目的、谈判的期望值或期望水平，即要知道通过这次谈判想获得什么。谈判内容和类型的多样性，决定了谈判的主题各不相同，但在实践中，一次谈判一般只为一个主题服务；另外，谈判方案中的主题，应是己方可以公开的观点，不必弄得过于神秘。

4. 确定谈判方法

在拟订谈判方案时，还需根据谈判对手和主题来确定谈判方法。谈判方法又叫谈判风格，它是指谈判者个人在谈判中所体现的不同行为方式。谈判风格一般由三种类型构成，即"鹰式"、"鸽式"和"混合式"。

谈判方法的确定一般根据对手的谈判风格来确定。如果对手谈判风格属于"鹰式"，立场强硬、带有明显的进攻性，那么，我方可采用"鸽式"谈判风格，以柔克刚；反之，则可采取"混合式"。谈判专家认为，在实际谈判过程中，最好采用创造型的谈判风格。换言之，要根据谈判的实际情况，灵活运用谈判方式而不要过分地拘泥于传统，如谈判对方一直与我方保持长期的合作关系，那么，谈判的风格可采取"回顾展望"方式。我方可回顾与对方长期合作的愉快经历，畅谈双方合作中结下的友好情谊，展望未来发展合作的前景，从而使谈判始终沐浴在融洽友好的气氛中，增加彼此间的信任，最终达成协议。

5. 估量可能出现的问题

估量谈判中可能出现的问题，也是拟订谈判方案时不能不考虑的问题。因为谈判是一个双方面对面协商、讨论、讨价还价，最后达成协议的过程。在这个过程中，不可避免地会出现分歧和问题。只有在谈判开始之前对谈判中可能出现的问题心中有数，才能有备无患，确保谈判顺利进行。

谈判方案中所需考虑的问题很多，其中最为重要的有：一是成功的可能性，包括谈判对手的实力与地位、双方的需求和要求能否满足；二是双方商谈的重点和焦点问题，是价格还是付款方式；三是双方有可能出现分歧和争论的问题；四是双方的共同利益何在，如对方最关心和重视的问题是什么，能否调和。

6. 制定谈判目标

制定谈判目标是拟订谈判方案时最后要考虑的一个问题。谈判目标是指谈判双方希望通过谈判活动要达到的成果或结果。它检验谈判效率和成果的依据和标准，也是谈判思想、方针、策略的具体化和数量化。

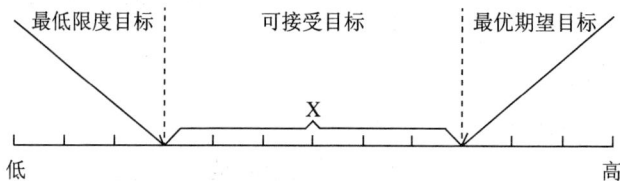

图 9 - 4　买卖方之间的目标关系

就一次谈判而言，谈判目标一般分为三种类型，即最优期望目标、可接受目标和最低限度目标。最优期望目标是指目标制定方希望达到的最佳谈判目标，也被谈判专家称为"乐于达成的目标"。

最优期望目标作为一种谈判策略手段，在谈判桌上的应用有着一定的积极作用，如在实际交易中，卖主喊价高，买主砍价狠，都是最优期望目标策略在实践中的具体运用，它可为实现可接受目标创造条件。

可接受目标是指谈判人员经过科学论证所确定的谈判目标，其最大特点是不含任何"水分"。由于可接受目标与最优期望目标相比，它更为接近实际，同时，它也反映了目标制定方最基本的利益所在，因而是谈判制定方力图实现的目标和坚守的谈判防线，但需要指出的是，它并非死守的防线，诚如美国谈判专家尼伦伯格所言：严格限制谈判目标易于使谈判破裂，在谈判目标具有弹性时，谈判就会畅行无阻，这样谈判的期望就会随情境来修正，处理谈判目标应该像利用风力一样，最坚强的树木也要向风力妥协，但风筝利用风力却可以飞得更高。尼伦伯格的这番话告诉我们，在谈判桌上，谈判者应根据谈判的实际情况，尽量让可接受目标带有一定的弹性和伸缩性。

最低限度目标是指谈判一方在谈判中所要实现的最低限度的要求，也是制定目标一方放弃谈判的最后防线。在拟定谈判目标时，应该做好两种打算，即一方面要估量可能出现的最好情况，另一方面也要做好最坏的打算，换言之，既要考虑谈判中可能实现较为理想的谈判目标，也有可能是在最低限度目标内达成协议。

无数谈判事例证明，拟订谈判方案时，只有事先制定了最优期望目标、可接受目标和最低限度目标，从而使谈判目标具有较大的伸缩性特点，才能避免谈判因僵化、死板而导致破裂，确保双方最基本的利益。

需要特别指出的是，对于买卖双方而言，最优期望目标与最低限度目标往往是截然相反的，买方的最优期望目标对卖方而言是卖方最低限度目标，反之亦然。另外，无论买方还是卖方，最优期望目标与最低限度目标都是一个始点，而可接受目标是处于中间范围区域。此区间是谈判可能达成协议的范围，也是谈判双方讨价还价的焦点。从图中我们可以看到，中间值 X 是理论上假设达成协议的价格，但在实际谈判活动中，X 值是一个变量，它不一定恰好处于中间，而是依据谈判双方的实力、谈判方法的运用及其他影响因素，围绕 X 值左右波动。

相关链接 🔍搜索

美国西方石油公司中标

　　20世纪50年代，当时的利比亚王国举行租借石油产地的第二轮招标，有9个国家的40多个石油公司参与投标。与他们的实力相比，美国西方石油公司势单力薄，被其他大公司看作"自不量力"。但西方石油公司的董事长哈默却认为，招标中，企业实力是一个重要因素，可还有其他的东西。他对投标方案进行了精心策划，里面的正文中特别许以三项优惠："西方石油公司将在扣除税款前的毛利中提取5%供利比亚发展农业；出资在国王、王后的诞生地寻找水源，建造沙漠绿洲；出油后与利比亚联合兴建制氨厂，使利比亚有充足的化肥和化工原料"。对标书进行了精心准备：标书的材料选用穆斯林喜爱的上等羊皮，扎上象征利比亚国旗的红、绿、黑三色缎带。两个月后揭标，由于准备和策划工作做得十分出色，哈默一人独得两块租地，令各大石油公司目瞪口呆。

四、物质条件准备

为了确保商务谈判的顺利进行，诸如谈判地点的选择、场所的选择与布置、食宿安排等物质条件的准备，也显得非常必要。

1. 谈判地点选择

可供谈判人员选择的地点有三：一是主场，即己方所在地；二是客场，即对方所在地；三是中立场，即两者之外的第三地。

表9－4　选择不同谈判地点之利弊

名称	利	弊
主场	占天时、地利、人和，以逸待劳，利用资料方便，请示上级方便，节省旅途时间和费用。	接待费时、费力、费财，对方易找借口逃避责任。
客场	全身心投入谈判，越级与对方的上级谈判方便，可找借口拒绝提供资料。	遇意外时与上级沟通较难，利用资料欠方便。
中立场	双方的心里感觉公平，有助缓和双方关系。	双方资料收集不便、与上级沟通不便。

从表9－4可知，无论选择哪一种谈判地点，都有利有弊。相对而言，选择己方作为谈判地点胜算更大，因为将谈判地点争取在己方，一则综合优势更明显；二则有利于充分发挥，更好地释放能量与本领，成功概率就更高。美国专家泰勒尔的实验表明：多数人在自己家的客厅与人谈话，比在别人的客厅里更能说服对方。但事实上，在多轮谈判中，谈判场所往往是交替更换，这已是不成文的惯例。

2. 谈判场所的选择与布置

无论谈判地点选在哪里，也无论哪一方做东道主，都不应忽视谈判场所的选择与布置，因为它直接影响谈判人员的情绪和会谈的效果。

在选择谈判场所时，一般要注意三点：一是谈判场所周边环境尽可能安静；二是有足够的供谈判和谈判人员临时休息或协商讨论的房间。

谈判房间的布置也很重要。其一，谈判桌的布置要依具体情况而定，小型或双方人员比较熟悉的谈判，可选择圆形谈判桌；其二，谈判使用的椅子应舒适得当，过于舒适易使人产生睡意；反之，则易使人产生疲劳；其三，场所的灯光、温度要适宜，通风和隔音效果较好；其四，通信设施应完备，方便谈判人员发电传、电报和打电话；其五，要配备一些专门设施，供谈判人员挂些图表或进行计算；最后，会议所需的其他设备，如烟缸、纸篓、笔、记事本、文件夹、各种饮料等，也要一应俱全。

相关链接　搜索

河野一郎轻取对手布尔加宁

20世纪50年代，日本政治家河野一郎在与前苏联领导人布尔加宁的谈判中，利用室内环境的优势，轻松地战胜了对手。据他回忆：当他来到谈判会议室准备就座时，前苏联人按惯例让他先行选择，河野环视了一下，就近选了一把椅子说："我就坐在这里吧。"布尔加宁说了声"好"，便在河野对面坐了下来。事后，河野讲，他选的椅子在方向上是背光线的，谈判中他很容易看到对方的表情，甚至布尔加宁流露出的倦容。河野曾宣称这是他多年外交谈判的一个秘诀。

3. 食宿及其他准备

尽可能安排好住宿和用膳，也是正式谈判前必做之准备。因为一则谈判是一种耗精力、体力的活动，良好的食宿安排是谈判取得成功的物质保证；二则东道主良好的食宿安排会博得对方谈判人员的好感，增加谈判成功的概率。

食宿安排一般应遵循方便舒适的原则，尽量让来参加谈判的客人吃好住好。但不一定豪华阔气，按照国内或当地中上条件安排食宿即可。同时，要注意对方谈判人员的饮食习惯和饮食禁忌，尽量安排适合他们口味的饭菜。

任何一个国家的商人虽然饮食文化不同，但都毫无例外地对旅游和文体活动感兴趣，因此，适当安排对方谈判人员参观游览本地旅游景点（景区）以及健康休闲、运动休闲的活动，对于增进双方私下接触，融洽双方关系，也是非常必要和大有裨益的。

第二节　模拟谈判

模拟谈判是从己方人员中选出某些人扮演谈判对手的角色和己方主谈人员进行谈判的想象练习和预演。模拟谈判直接关系到谈判成败，因此，它是整个谈判准备中必不可少的环节。

一、模拟谈判的意义

作为谈判前练兵，模拟谈判备受谈判专家重视。之所以如此，关键在于任何一次重要的谈判，要想取得成功，都离不开正式谈判前的模拟谈判，换言之，模拟谈判对正式谈判具有不可低估的意义。

1. 提高谈判人员的能力

模拟谈判作为谈判前的练习和预演，对谈判人员的能力提高具有重要的意义。首先，模拟中训练反应速度，可锻炼谈判人员的应变能力；其次，模拟谈判会设置各种谈判障碍，如此，可提高谈判人员应对困难的能力；再次，模拟谈判能使谈判人员经过操练，达到磨合队伍、锻炼和提高己方协同作战能力；最后，通过模拟谈判，可使谈判人员的语言能力、心理素质等其他综合能力得到提高。

2. 有助于谈判人员获得或增加实践经验

模拟谈判虽然是一次虚拟性质的谈判，但它毕竟是一次临场实践操练。通过它，不仅使谈判人员熟悉并掌握实际谈判中的各个环节，而且使谈判人员了解谈判各种策略和技巧。这对初次参加谈判者而言，有助于他们获得谈判实践经验，而对参加过的谈判者而言，则有助于增加他们谈判的实践经验。

3. 有助于完善谈判方案

模拟谈判重要目的之一，是检验和完善谈判方案是否切实可行。在模拟谈判中，一方面可直接发现谈判方案之问题与不足；另一方面还可发现一些被忽略或被轻视的问题。通过这些发现，可促使谈判方案制订者及时修改和完善原定的谈判方案，从而达到完善谈判方案之目的。

总之，模拟谈判是一种无须担心失败的尝试。诚如谈判专家维克多·金姆所言："任何成功的谈判，从一开始就必须站在对方的立场来看问题。"模拟谈判正是如此，通过角色互换，谈判人员既了解了对方，也认识了自己，从而在知己知彼的状态下，将预演中的弱点变为真实谈判中的强点，制定出消除双方分歧的对策，寻找到解决双方有可能遇到难题的途径，为正式谈判取得圆满成功奠定坚实的基础。

二、模拟谈判的内容

模拟谈判必须围绕一定的内容来展开，并通过模拟谈判的内容来确定谈判的主要任务。

一般说来，模拟谈判的内容就是正式谈判的内容。如广州大学旅游学院中法 101 班、102 班学生，曾于 2013 年 6 月 16 日举办过一次关于"中国游客在欧盟安全保障问题"模拟谈判。

确定模拟谈判的内容时，要注意的问题很多，其中最值得注意的问题有二：一是要有针对性。就是说，要针对正式谈判之内容展开谈判，千万不要离题太远；二是实效性，即要根据对手可能提出的问题，确定具体内容之多少，以提高模拟谈判的实效性。

需要指出的是，模拟谈判的内容虽然是围绕正式谈判的内容来展开的，但事实上，由于模拟谈判之对手是假设的，因而具体内容也是假设的。在拟定假设条件时，要注意的问题很多，其中最为重要的有三：一是假设内容必须以事实为基准，所拟定的事实越多、越全面，假设的准确度就越高；二是对模拟谈判内容进行正确的逻辑思维推理；三是要正确区分事实与经验、事实与主观臆断。

三、模拟谈判总结

总结是模拟谈判最后一个环节。因为只有通过总结，才能达到模拟谈判的目的。

模拟谈判的总结一般由模拟谈判负责人起草，但必须集思广益，最好经全体参加模拟谈判的成员讨论撰写。

模拟谈判的总结应包括以下内容：一是计划制订的分析，如模拟谈判是否简明、具体、富于预见性和灵活性，谈判所需情报资料是否完善；二是计划内容的分析，如议题是否紧扣目标，计划整体是否可行，对细节是否予以了充分重视，计划实施具不具备可操作性；三是人员安排的分析，如人员素质结构是否互补，有无欠缺与过分之处，现定谈判人员能否顺利地实施谈判；四是物质条件的分析，如已做准备是否充分，拟用设施器材是否完备，谈判后勤准备是否妥善等；五是其他方面的分析，如已方的优势及运用状况，不足方面及改进措施；对方的观点和风格，对方的不同意见及解决办法，双方各自的妥协条件及可共同接受的条件，谈判预期结果，谈判是否有可能破裂。

第三节　正式谈判

在做好各种谈判准备工作之后，面对面的正式谈判就开始了。正式谈判一般可分为开局、磋商、成交三个阶段。

一、开局

开局是谈判的重要环节，在某种程度上决定整个正式谈判的走向、发展趋势，正所谓"良好的开端，是成功的一半"。在开局阶段，谈判人员要明确开局的重要性，知道自己的主要目标，即通过互相交流，创造友好合作的谈判氛围，对某些问题达成共识，为下一步实质性谈判阶段打下坚实的基础。

1. 营造良好的开局氛围

谈判氛围的选择是由谈判的类型决定的。商务谈判属于互惠式谈判，追求的是互利共赢的最佳结果，因而，商务谈判开局应选择和谐、融洽、合作的谈判气氛。具体应做到如下几点：

一是营造积极进取、追求效率的氛围。如准时到达谈判场所，坐姿要端正，精力要充沛，发言要响亮有力，处处体现出追求进取、追求效率、追求成功的信心和决心。

二是营造尊重礼貌的氛围。如言行、表情都要显示出礼貌；服饰仪表要整洁大方；开局阶段谈判高层领导最好参加，以示尊重对方。

三是营造轻松愉悦的氛围。如开场白要轻松入题；说话时表情要自然亲切；语气平和，避免与对方发生争执。

四是营造友好合作的氛围。基于谈判双方实质上不是"对手"而是"伙伴"的谈判理念，谈判者应努力营造友好合作的谈判氛围，如通过热情的握手、热烈的掌声、信任的目光、自然的微笑等，给对方一种"有缘相知"的感觉；通过真诚地表达友好与合作的愿望，促使对方向你伸出友好与合作之手。

2. 掌握 "火候"，从容 "破题"

破题是指双方由寒暄转入议题的过程。从谈判的过程看，破题是走向正式谈判的桥梁。能否及时破题、破好题，对谈判结果具有极其重要的影响，因此，成功的谈判者会相当重视破题，并想方设法破好题。

要想破好题，必须做到如下几点：

一是掌握好破题期的"火候"。谈判实践已经证明：破题需要一定时间。其时间一般根据谈判的性质和谈判时间的长短来确定。长时间或多轮谈判，破题期可以相对延长。一般情况下，破题期一般控制在全部谈判时间的2% ~ 5%为宜。因为破题期太长，会降低谈判效率，增大成本投入；破题期太短，又会使对方感到生硬、仓促，没有水到渠成的感觉，达不到创造良好开端之目的。何时破题为好，既要考虑时间的长短，更重要的是要靠谈判双方的直觉来感应。

二是掌控好自己，从容"破题"。要想破好题，掌控好自己非常重要。谈判者既要掌控好自己的情绪，努力克服心情紧张，轻松自然地面对谈判对手；又要掌控好自己的言行举止，如语言不要生硬、举止不要失度；切忌重复唠叨，因为惜时如金的谈判桌前，语言简洁、精练，才会给对方留下好印象；举止随和，感情自然流露，才会赢得对方欢心。

三是循序渐进，等待时机。要想破好题，还要明白"欲速则不达"的道理，并坚持循序渐进，不急不躁的心态。一般说来，初见面时，不宜急于切入正题，可先安排一些有利于沟通感情、增进了解的活动，如组织旅游观光、休闲娱乐、品尝美食等活动，为正式谈判做铺垫。

3. 开局应注意的问题

俗话说："万事开头难。"谈判也是如此。要想在谈判初始阶段开好局，应注意如下问题：

一是注意个人形象，即尽量以良好的形象展示给对方；否则，对方会产生一定的心理排斥。为此谈判者须做到：着装整洁得当，神态安然，面露微笑，平和亲切。切忌面露紧张、优柔寡断、疲惫不堪。

二是注意开局陈述和倾听。自方陈述，切忌猜测对方的立场和目标，以免激怒对方；陈述内容要短而精，以免使对方失去倾听的兴趣；对方陈述，要认真倾听，既不要开小差，也不要随便打断对方陈述或对其观点发表异议。

三是注意报价合乎情理。报价既不要过高，也不要过低。报价过高而讲不出高的理由，对方会认为你不诚恳，甚至产生一种冒犯之感；报价太低，自方就没有了讨价还价的余地，也会影响谈判协议的达成。

四是注意发言顺序和时间公平分配。一般情况下，要让东道主的洽谈人员首先开场，客方不要喧宾夺主；发言机会要尽量使双方均等，努力做到谈话时间与倾听时间基本相等。

总之，在谈判开局阶段，双方都要努力给对方留下良好的印象，从而使谈判有一个良好的开端。

二、磋商

磋商是正式谈判的第二阶段，也是最为关键的实质性洽谈阶段。在此阶段，双方主要围绕着价格及其相关谈判要素斗智斗勇。价格直接关系到双方的既得利益，因而谈判双方都会相当重视这一环节。

1. 明确影响价格的因素

在谈判的磋商阶段，谈判者首先要明确影响价格的因素。一般说来，商品的内在价值、市场供求状况、谈判者的需求状况、交易量大小、附带条件与售后服务、支付方式，都是影响谈判价格的重要因素。谈判者对此务必心中有数，这样才有可能在谈判时获得一个理想的成交价格。

商品的自身价值主要由自身的技术结构、性能等指标决定。商品价格与指标的复杂、精细程度成正比。商品价格与供求状况密切相关。当某种商品供不应求时，价格就会高；反之，则会低。谈判者的不同需求状况也对商品价格具有一定的影响，当双方追求的目标不同时，就会导致双方对价格的接受度不同，从而影响商品成交价格，如双方追求的都是盈利最大化，价格就可能是协商后的中间价；一方追求盈利最大化，而另一方追求的是市场占有率，此时的价格就可能是高价；双方追求的都是市场占有率，价格可能就是低价。商品价格还受交易量的大小的影响，如果买方要得多，对卖方而言是一笔大宗交易，谈判时商品的价格有可能被压低；反之，则会高。附带条件与售后服务，如免费安装维修、服务三包等，都会对价格谈判有着重要的影响。支付方式，如现金结算、支票、信用卡、分期付款等，也会对价格谈判产生不同的影响，如果在实际谈判中能提出易于被对方接受的支付方式，将会有助于压低商品交易价格。

2. 开盘报价

开盘报价是磋商阶段的起点。要想使己方的报价为对方所接受，从而达到预期的谈判效果，报价时必须遵循合情合理、果断明确、有问必答等原则。

合情合理原则是指所报开盘价必须合符市场行情，既考虑了己方利益的最大化，也照顾到对方接受报价的心理承受度。对卖方而言，在报开盘价时，尽管可报也必须要报最高价，但并非可以漫天要价，因为如果报价过高，有可能使对方认为缺乏谈判诚意，从而导致谈判的破裂；同样，对买方而言，在报开盘价时，尽管可报最低价，但也不要低得离谱，否则，也有可能使对方认为缺乏谈判诚意，影响谈判的顺利进行。基于此，报价合乎情理是谈判双方都必须考虑并遵循的原则。为此，谈判双方有必要做到如下三点：一是开盘报价必须仔细斟酌，绝不能随心所欲，草率对待；二是认真收集相关谈判所需商业情报和市场信息；三是对收集到的信息进行分析、判断，在科学预测的基础上确定开盘价格。

果断明确原则是指开盘报价要坚决果断、清楚明确，既不要吞吞吐吐，欲言又止，也不要含混不清。唯有如此，才能给对方以严肃认真的印象，让对方了解清楚，获得对方的信任。要想开盘报价做到坚决果断、清楚明确，报价前充分调研、比对和考量显得非常重要。

有问必答原则是指报价后对方就某些问题主动提出的质询和问题，报价方要逐一认真回答，不能置之不理。虽然，比较聪明的做法是，在开盘报价之初，报价方无须对报价做出主动的解释或说明，但如果对方提出问题，报价方必须做到有问必答，否则，容易导致对方不满。只是在回答时，需注意两点：一是不需过多辩解，言多必有失，以免露出己方的弱点和破绽；二是答复要言简意赅。

3. 讨价还价

报价结束后，谈判双方便进入讨价还价阶段。讨价还价作为谈判进程中极其重要的一环，一个优秀的谈判者必须学会熟练地运用讨价还价的策略与技巧，才能确保谈判的成功。

讨价还价必须按照一定的步骤进行，才能达到目的。

步骤之一：投石问路。

所谓投石问路，是指在讨价还价之初为了解对方价格条款中的虚实而采取的一种战略战术。如要试探对方在价格上有无回旋的余地，就可以采取下列提问投石问路：如果以现金支付或采取分期付款的形式，你的产品价格是否一样？如果与你签订为期三年的购买商务合同价格能优惠多少？如果购买量比较大价格是多少呢？如果除该产品外还购买你们的其他产品价格还可优惠些吗？如果不用你们送货价格有无优惠？实践证明：只要你是诚心购买，你所投任何一块"石头"，都会因对方难以拒绝而产生一定的降价效果。

作为被投石问路一方，应采取如下应对措施：一是弄清投石问路方的真实意图，如是否真的要签订长期购买商务合同、扩大购买规模等；二是回答讲究技巧，如不要急于立即正面回答对方提出的所有问题，有些问题可拖后回答，又如对方探询数量与价格之间的优惠比例，己方可立刻要求对方订货；三是反客为主，如对方询问多购货价格可优惠多少，己方可以反问："你觉得该优惠多少？"这种变对方投石问路为己方探路的办法，可起到促使双方达成交易的作用。

步骤之二：抬价压价。

谈判双方经过一番投石问路、互探虚实的较量之后，双方开始进入商务谈判的必经阶段——抬价压价。为何说它是必经阶段，是因为在商务谈判中，没有一方一开价，另一方就马上同意，双方拍板成交的，都要经过多次的抬价、压价，才互相妥协，确定一个一致的价格标准。

无论是抬价还是压价，都应掌握一定的方法技巧。就抬价方而言，抬价必须建立在科学的计算，精确的观察、判断、分析之基础上，不能超出对方所能接受的范围。对压价方来说，压价就某种意义而言，是对抬价的破解，因此，同样需在讲究方法技巧。如对方抬价太高，可采取如下办法应对：一是制定一个价格的上、下限，告知对方围绕它进行讨价还价；二是用事实说话，挤出对方报价的水分，如算出对方产品的成本费用，比较同类产品市场销售价格的差异等；三是用反抬价来回击，如价格迁就了对方，可提出要求得到其他方面的补偿。

步骤之三：价格让步。

抬价压价达到互相妥协之目的后，价格让步成为必然。然而，采取什么样的方式让步、让步多少，直接关系谈判双方利益，因此，掌握价格让步策略，对谈判者而言，同样显得十分重要。

要想在价格让步之后，既能保证对方利益，又不会损害自身利益，谈判者必须明确并能在实战中选择出最佳价格让步模式。

如果我们假设谈判的一方在价格上让步的幅度是100，共分4次做让步，那么，从理论上说，可产生六种价格让步的模式（见表9-5），即全让模式、均等让步模式、均等程度让步模式、递增式让步模式、让步复加模式、每次递减式让步模式。

表9-5　价格让步的理论模式

让步模式	第一次让步	第二次让步	第三次让步	第四次让步
1	100	0	0	0
2	50	50	50	0
3	25	25	25	25
4	10	20	30	40
5	50	30	25	-5
6	40	30	20	10

从表9-5可知：第1种让步模式至第5种让步模式都存在着不同程度的弊端，如第1种让步模式一次性就全部让出，会使对方认为你报价的"水分"较大；第2种让步模式分两次做均等让步，且让步幅度也较大，会让对方感觉到你的让步不精准可靠；第3种让步模式分四次做均等程度的让步，会让对方产生无休止要求让步的欲望；第4种让步模式做递增式让步，且越让越大，会诱发对方要求更大让步的欲望；第5种让步模式先让后加，会使对方产生怀疑和不信任感。唯有第6种让步模式为最佳最理想。该模式的优点有四：每次让步都给对方一定的优惠，既表现了让步方的诚意，也使对方有一定的满足感；二是让的幅度越来越小，使对方感到我方在竭尽全力满足对方的要求；三是告诫对方我方已经让步到了极限，表示我方真诚合作的诚意；四是该让步模式克服了上述五种让步模式之不足，让而不乱，有助于遏止对方可能产生的无限制让步的要求。

三、成交

成交是谈判的最重要的环节。要想顺利成交，关键在于把握成交机会。许多商务谈判虽然成功地唤起了对方的需要，然而却中途夭折，功亏一篑，最终未能达成交易，主要原因在于未能把握好成交的机会。

要想把握好成交的机会，必须做到如下几点：

一是摒弃错误想法。在不少人看来，只有商谈到最后阶段，才会出现成交的最佳时机。其实，这是一种错误的想法（图9-5）。因为在商务谈判活动中，随着双方对所商讨问题的不断深入，成交的机会随时都会出现。如图9-6所示，只要对方的兴趣达到一定的程度，如能抓住机会，随时都有可能达成交易。

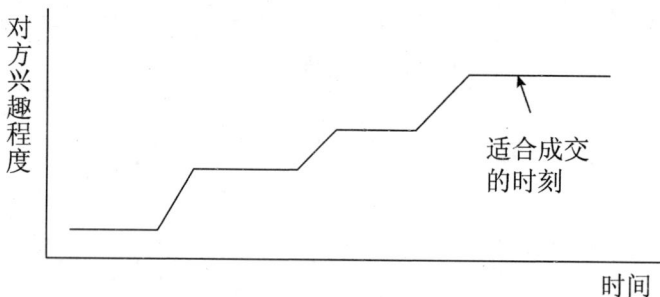

a.错误的假设

图9-5 错误成交想法

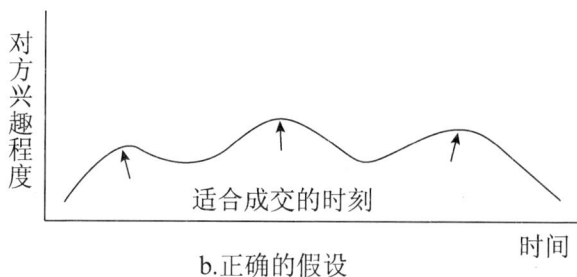

b.正确的假设

图9-6　正确的成交假设

二是注意积累商务谈判经验，提高洞察力和判断力。在商务谈判活动中，成交的机会虽然随时都会出现，但如无一定的洞察力和判断力，时机有可能稍现即逝。只有具备敏锐洞察力和判断力的谈判者，才能够抓住时机，达成交易。

三是熟谙成交迹象。一般说来，一旦出现下列情况之一，如果你能抓住时机，则有可能成交。如对方以建议的形式表示他对产品某一个方面的遗憾，你如马上承诺改进，并要求成交，则有可能顺利成交；当对方由一般问题延伸到细节问题探讨时，表示他有意想成交，你如抓住时机，也有可能成交；当对方在你介绍商品时，他非常专注，并随声附和，甚至接过话头，这也是可能成交的信号，如你能抓住时机，成交的可能性会很大。此外，当对方相互间会意地点头、用眼睛示意时，也是成交的好时机，如即时抓住，也有可能促成交易。

四是利用直觉判断成交时机。直觉作为一种基本的心理功能，作为人们的第六感知，作为"本能的先天思想"，以一种无意识的方式传达感性认识。美国战略管理专家罗伯特·沃特曼说过："通常人们认为'信息加上机会就可以产生出经营成功的最重要的战略。但是这里还有第三个因素，这就是直觉'。"法国哲学家彭加勒认为："逻辑是证明的工具，而直觉是发现的工具。"在正式谈判阶段，对谈判对手是否有成交的倾向，有经验的谈判人员在许多情况下，都是通过直觉来判断的。

第四节　签订商务合同

当双方确定成交之后，接下来便进入签订商务合同阶段。商务合同是谈判各方为实现各自的谈判目标、明确相互之间的权利与义务而共同协商签订的协议。

商务合同是谈判成果的具体体现，涉及双方的利益所在，因而双方当事人都应非常重视商务合同的签订。然而，在现实生活中，签订商务合同作为商务谈判流程之最后阶段，容易给人一种大功告成的感觉，因而有的谈判者重视不够，甚至在签订商务合同时掉以轻心，结果吃了亏，未能实现谈判之目的。因此，谈判者对签订商务合同绝不能掉以轻心，必须严肃、认真地对待商务合同的签约，以免出现漏洞造成不可挽回的损失。

签订商务合同一般都要经历签约前准备、起草商务合同文本、正式签约三个阶段。实践证明，每一个阶段对最终完成谈判均具有十分重要的意义。

一、商务合同签约前准备

商务合同签约前一般要做一些必要的准备工作，谈判各方必须做好下列准备工作：

一是了解对方的信誉及其行为能力和责任，这是签约的前提条件。

二是确认商务合同双方当事人的签约资格。重要的谈判，签约人应是董事长或总经理，如不是，需要有作为法人开具的正式书面授权证明，如授权书、委托书等具有法律效力的文件。

三是与外国公司签约，要考察母公司与子公司是否存在连带责任。

四是不要轻易相信对方的名片，因为名片不能代替证书。

五是力争我方为缔约之地。签约地点往往决定采取哪国法律解决商务合同中的纠纷问题。根据国际法的一般原则，如果商务合同中对出现纠纷采用哪国法律未做具体规定，一旦发生争执，法院或仲裁庭就可以根据商务合同缔结地国家的法律来做出判决。

六是明确商务合同的条款。商务合同条款一般由标的、数量和质量、价款或酬金、履行期限、地点和方式等条款构成（参见表9-6）。商务合同中的每一个条款都是商务合同必备构成要素，缺一不可。

表9-6　商务合同条款的构成

名称	界定	内容	作用
标的	当事人双方的权利和义务共同指向的对象	货币、实物、劳务等	商务合同的基础和前提
数量	标的的计量，是具体化了的标的	大小、多少、轻重	衡量标的之数量尺度
质量	标的之内在性能和外观的综合状况的评价	名称、规格、品种、型号、质地	衡量标的之质量尺度
价款或酬金	一方向交付标的的另一方所支付的以货币为表现形式的代价	国内：人民币	国外：美元

续表

名称	界定	内容	作用
履行期限	完成商务合同规定的各自义务的时间界限		确定双方当事人是否按时履行商务合同义务的客观标准
履行地点	交付或提取标的物的地方		
履行方式	采用何种方式履行商务合同义务	标的物的交付方式和价款酬金的结算方式	
违约	一方不履行商务合同义务应承担的民事责任	继续履行、采取补救措施或者赔偿损失。	确保商务合同的最终履行

二、起草商务合同文本

商务合同文本起草也是签约前必做的准备。由于商务合同文本起草关系到哪一方掌握谈判的主动权，因而谁来起草显得非常重要。一般来讲，商务谈判，尤其是涉外商务谈判，要尽量争取自方起草商务合同文本，如果做不到这一点，至少也要与对方共同起草商务合同文本。原因在于：一是对方草拟商务合同文本，在正式谈判时，会给我带来诸多不利，例如：可能会限制我方谈判策略和技巧的发挥，即使发现问题要求修改或补充，也不可能做较大的变动；二是方便对方塞进一些对我方不利的条款或遗漏一些对方必须承担义务的条款，使我方在谈判中处于极为被动的地位；三是对方草拟商务合同文本会以母语文本做基础，这对我方也有诸多不利，因为对于外文中一些词语约定俗成的用法，稍有不慎或翻译不准确，就会上当受骗。

相关链接 🔍搜索

周总理义正词严维护祖国尊严

20世纪70年代初，美国总统国家安全事务副助理亚历山大·黑格率团来华，为尼克松总统的访问打前站时，我方发现对方的公告草稿中出现了这样的字句：美国政府关心中国人民的生存能力（viability）。周恩来立刻要求我国有关部门的专家们进行查阅，以弄清viability一词的确切含义。经反复研究，viability的词意是"生存能力"，尤指"胎儿或婴儿的生存能力"。在第二天的谈判中，周恩来严肃地指出：中国是一个独立的主权国家，不需要美国政府来关心其"生存能力"。我们欢迎尼克松总统来我国访问，但不能使用这样对中国人侮辱的字眼。一番义正词严的讲话，既捍卫了祖国的尊严，又增加了对方对周恩来的敬佩之情。

三、正式签约

签约前的准备工作完毕、商务合同文本起草之后，正式签约便开始了。在正式签约阶段，要做的工作依然很多，概括起来主要有如下几个方面：

其一，细看商务合同。

谈判者签约时，既要仔细查看那些极其重要的商务合同条款，如商务合同标的、质量以及双方应承担的义务、违约的责任条款，因为这些条款对商务合同的履行至关重要，例如，如果商务合同标的不详，质量条款笼统含糊或缺少索赔条款，就会给不义之徒造成可乘之机；同时，也要注意关键词句的谨慎推敲，因为正所谓一字之差，"失之千里"。

相关链接 🔍搜索

粗心令我方干吃哑巴亏

我国某化肥厂从日本引进一套化肥设备，商务合同中有这样一条："某某管线采用不锈钢材料"，没有具体指明管线应包括阀门、弯管、接头等。结果，在商务合同履行中，日方认为管线只指管子，我方则认为包括其他，但由于商务合同没有写明，也无从交涉，我方只能干吃哑巴亏。

其二，商务合同要担保。

商务合同的担保是指在谈判时，一方或双方请保证人或以其他的方式来保证其切实履行协议的一种形式。经济商务合同协议的担保主要有六种形式（参见表9-7）：保证、定金、预付款、留置、违约金、抵押。

表9-7　经济商务合同协议的担保类型

名称	特点	作用	备注
保证	保证人以自己的名义担保被保证人履行商务合同	监督被保证人认真履行商务合同	保证人连带承担赔偿损失的责任
定金	预先给付对方当事人一定数额的货币	一种担保形式，证明商务合同的成立	给付定金方违约无权请求返还定金；反之，对方双倍返还
预付款	同上	同上	给付方违约有权请求返还定金；反之，对方无须双倍返还
留置	一种财产扣留措施	商务合同担保的一种法律手段	定做方违约，承揽方有权留置原料，过期不取，定做物可变卖。

续表

名称	特点	作用	备注
违约金	按法律或双方约定向对方支付的金额	经济制裁与补偿作用	与赔偿金有所区别
抵押	向对方提供的财产保证	一种担保形式	抵押权人有权依法变卖抵押物，人、枪等除外

其三，商务合同要鉴证。

为保证商务合同的合法性、可行性和真实性，签约时除了商务合同双方当事人的签字确认外，还必须携带经济商务合同正本、副本、营业执照副本、签订经济商务合同法定代表人或委托代理人资格证明，以及其他有关证明材料，到经济协议鉴证机关——工商行政管理机关办理鉴证手续。商务合同只有经过国家管理部门的审查，得到国家有关部门的认可，方能具有合法性，实现国家有关部门对商务合同的有效管理，同时确保谈判双方有效地履行协议。

其四，商务合同要公证。

商务合同公证是指国家公证机关根据当事人的申请，依法对经济协议进行审查，证明其真实性、合法性，并予以法律上的证据效力的一种司法监督制度。虽然商务合同的公证与签证作用基本相同，但两者在如下两个方面亦有差别：一是监督的性质。鉴证是由国家工商管理机关负责，是对协议进行行政监督，而公证是由国家专门公证机关负责，是一种法律监督手段；二是作用的范围。如在商务合同履行过程中出现了问题，工商管理机关有权采取措施，加以妥善处理，如果发生纠纷，则要负责调解、仲裁，而公证机关则不具有上述职责，其主要作用在于：增强商务合同双方的法制观念，促使双方以严肃认真的态度对待商务合同的签订与履行；及时发现与纠正可能影响商务合同履行的问题；便于从法律上监督商务合同的履行，提高履约率。

相关链接　🔍 搜索

商务合同的履行

商务合同签订后，必须按照商务合同规定的内容认真履行，除非出现下列不具备实际履行的情况，才允许不实际履行。

1. 法律或协议本身明确规定不履行协议的，只负赔偿责任。如货物运输原则一般均规定，货物在运输过程中灭失时，只由承运方负担赔偿损失的责任，不要求做实际履行。

2. 以特定物为标的的协议，当特定物灭失时，实际履行协议的标的已不可能。

3. 债务人延迟履行标的，如供方到期不交付原材料，需方为免于停工待料，已设法从其他地方取得原材料。此时，如再付货，对需方已无实际意义，此种情况下需方也可不实际履行。

商务合同签订后，由于主观或客观原因，还会涉及变更、解除、转让与纠纷处理等一系列问题。如果对这些因客观情况变化而引发的问题处理不当，可能会导致前功尽弃，因此，掌握处理这些问题的方法，对谈判者而言，还是大有裨益的。

变更是指对原协议的修改和补充。解除是对原协议宣布无效。变更与解除虽然在实际中是允许的，但不能单方面变更或解除，且只有在下列情况下才能允许变更或解除协议：一是协议订立所依据的国家计划的修改或取消，在签订协议时的客观条件发生变化的情况下，所订协议也可相应地变更或解除；二是协议中的一方出现了一些必须修改商务合同的因素，要求变更商务合同，经对方同意，可允许变更协议；三是协议一方因不可抗力因素，如停产、倒闭等，无法继续履行协议，也允许协议变更或解除商务合同。

谈判协议的转让是指协议中一方当事人，由于某种原因退出原来的经济法律关系，在征得原协议当事人同意并在不变更协议内容、条款的情况下，可将原协议规定的权利、义务转让给第三者。谈判协议的转让同样不能单方面随意转让，必须注意如下几点：一是在转让前要审查第三者的权利能力和行为能力及经营范围，如果发现第三者没有转让协议中规定的经营项目，就不得转让；二是协议的转让还必须符合法律要求，不得违背国家的有关法令、政策，不得侵犯国家的公共利益；三是协议转让如涉及国家指令性计划的产品转让，还必须经过有关部门的同意；四是转让不改变协议的内容，只改变协议的主体。

在商务合同的实际履行过程中，发生矛盾与纠纷在所难免，一旦出现矛盾纠纷，必须及时加以解决。一般说来，经济商务合同纠纷处理大多通过如下两种方式：一是调解，即通过调解人以建议、方案或利用其威信等方式，帮助商务合同当事人各方消除纠纷；二是仲裁，即通过仲裁部门来解决当事人双方的矛盾与纠纷。调解与仲裁的差异在于：前者既无法律强制力也无法律约束力，后者则不然，仲裁具有法律强制性，它是通过强制各方执行仲裁决定来解决商务合同的纠纷，并且一旦仲裁部门做出仲裁，其结果具有一定约束力。

本章小结

商务谈判必须遵循一定的流程，才能有条不紊地进行。在商务谈判准备阶段，应把确定谈判人员放在首位，挑选谈判人员的依据应重点考查其综合素质。商务谈判需要准备的信息有四大类，即"环境信息"、"政府信息"、"产品信息"和"对手信息"，缺一不可。谈判方案的拟订需要仔细研究，细心揣摩。商务谈判前的物质条件准备，烦琐而又复杂，需要精心准备，并确保万无一失。模拟谈判作为正式谈判前的练兵，必须具有针对性和实效性。正式谈判既是谈判双方智慧的较量，也是技巧和谋略在谈判中的具体应用。它一般分为开局、磋商、成交三个阶段。鉴于正式谈判之三个阶段都非常重要，有经验的谈判者会认真对待正式谈判的每一个阶段，并力图做到最好。签约时要做的工作依然很多，除了细看商务合同之外，最为重要的是，签约时要找准担保人，且商务合同必须交鉴证机关鉴定、公证机关公证。

【练　习】

1. 商务谈判为何把确定谈判人员放在首位？如何理解法国管理学家格拉丘纳斯的"管理人际关系数学模型"？
2. 模拟谈判的基本流程是什么？它有何特点？
3. 正式商务谈判分为哪几个阶段？如何才能抓住成交时机？
4. 涉外商务合同最好选在什么地方签约？为什么？
5. 签订商务合同为何要鉴证和公证？

【案例与思考】

案例一：　黑人妇女权益谈判

某个英国矿产公司在非洲有一个附属公司，由于远离本土，所以该公司雇用了数千名黑人做工，而这数千人中，80%都是黑人妇女。这些妇女都来自边远的部落，她们离开家乡，到矿上做工，以图改变目前穷困的生活状况。黑人妇女们都很强健，工作效率很高。公司老板自然很高兴，认为自己没有来错，这些黑人的工资比起英国本土工人的工资要少得多，可以大赚一笔。

可是，好景不长，公司刚刚成立工会，工会就给他们提出一个要求，规定公司妇女的产假应该给四个月，并且妇女在产假期间要得到75%的工资。这对于公司来说可是个不小的损失，公司当然不会同意。可是如果公司不同意，这些黑人妇女就会离开公司，公司也就不能正常运作。一时间公司上层陷入了困境。最后，工会和公司商定择日进行谈判，以解决这一问题。

公司派出专门负责谈判的工作小组进行了详细、周密的准备工作。工作小组经过调查发现，非洲文化和法律中允许重婚现象，而且非洲人有强烈的养儿防老的观念。因此，女工中享受这种福利的比率相当高。这对于公司无疑是一大损失。调查人员还发现，女工们生了孩子后，必须把婴儿送到自己的部落去抚养，但是公司仍旧要按规定付给女工们75%的工资做照顾费。这既不利于公司节约开支，也不利于女工的长久利益。

于是，调查小组提出了修正的办法，不再在金钱上打转。他们提出了许多种方案。最后，他们经过充分讨论，提出一个两全其美的方案，这个方案的主要内容就是妇女产假期间的照顾费取消，由公司设立一个免费的托儿所，负责照看她们的孩子。

这个方案得到了公司上层的一致赞同。

于是，在公司和工会的谈判桌前，公司调查小组拿出了他们的方案。工会人员对这个提议很感兴趣，虽然取消了照顾费，但是孩子们得到了很好的、免费的照顾。妇女们也可以在工作之余同自己的孩子生活在一起，这对于她们来说简直是太好了，这有利于培养自己和孩子的感情，她们当然乐意了。于是，这个方案很顺利地通过了。女工们也更加热爱自己的工作，对工作也更加尽职尽责。

思考：

1. 英国矿产公司在谈判前做了哪些准备？这些准备对谈判取得成功有何影响？

2. 为什么说"好的谈判方案"是谈判的成功之本？请以本案例加以说明。

案例二： 琼斯和帕克之争

有一家生产成套办公设备的公司的技术负责人和销售负责人发生了严重分歧，双方的分歧点在于是否为了一种新设备投放市场而做一项技术指标规定。在矛盾不可调和时，负责技术的副总经理琼斯和负责销售的副总经理帕克之间必须通过一场谈判来解决争端。

为了在谈判中战胜对手，从而证明自己观点的正确性。琼斯做了一系列扎实的准备工作。他首先选派自己的副手沃森作为主要谈判手，并着手调查研究工作，尽力查清了最近几年来该公司在某些特定领域的销售情况，包括哪些是最大的主顾以及客户与公司之间的来往关系等。接着琼斯把本部门的骨干力量召集起来，共同研究掌握的资料，讨论并制订谈判计划。最后他们决定来一场模拟谈判。来检测和完善自己的谈判计划。

在模拟谈判中，琼斯选出沃森等人分别扮演帕克等对手，提出并考虑种种可能的假设，模拟对手可能做出的反驳等。他们冷静地思考和检查己方做出的假设和对方可能做出的假设，加以探讨和辩论，通过这次模拟，发现了不少问题。

首先，琼斯假设帕克感兴趣的只是向手下的人灌输最不切实际的销售神话，这是与事实不相符合的，因为帕克是个性格复杂的人。关于他的动机，可能比这个假设所能够包含的要更加复杂。然后，通过模拟谈判，琼斯又发现他对谈判的准备都建立在关于设备运转的一个不确定的技术指标上，但是在没有得到进一步的情报前，琼斯并不能如此草率地做出这种怀疑。还有一点，就是琼斯在模拟谈判之前一直认为技术设计方面都是由自己负责的部门说了算，实际上这也是不正确的。除了技术部门之外，如推销员、客户等实际上都能够对技术方面提出有用的意见和建议，在谈判中他绝对不能够把自己在技术方面的专长当作立足之本。

在将自己的各项假设方案仔细梳理一遍后，琼斯还要求模拟谈判预测帕克可能提出的各种假设，包括认为技术部门对公司销售业务的来龙去脉和存在的问题毫不关心等。在此基础上，模拟谈判中被肯定的方案和策略得到认可，而被发现有问题的地方做了必要的修改和补充，使琼斯对即将进行的谈判的筹划和对策更加胸有成竹。

由于琼斯在谈判之前做出了大量的准备工作，并且用模拟谈判对自己的不足之处进行了修正，使得谈判进行得非常顺利。在整个谈判过程中，琼斯方面几乎完全占据着主动和优势，谈判进程基本上按照琼斯方面的设想方案进行，技术部门最终大获全胜。

思考：

1. 琼斯为何要借"模拟谈判"来解决分歧？效果如何？

2. 琼斯在"模拟谈判"中做了哪些假设？试分析这些假设对谈判的影响。

案例三：　中日三菱汽车索赔谈判

1985 年 9 月，中国就日方向我方提供的 5800 辆三菱载重汽车存在严重质量问题，向三菱汽车公司提出索赔。日方在无可辩驳的事实面前，同意赔偿，提出赔偿金额为 30 亿日元。中方在指出日方报价失实后，提出我方要求赔偿的金额为 70 亿日元，此言一出，惊得日方谈判代表目瞪口呆。两方要求差额巨大，在中方晓以利害关系的前提下，日方不愿失去中国广阔的市场，同意将赔偿金额提高到 40 亿日元。我方又提出最低赔偿额为 60 亿日元，谈判又出现了新的转机。经过双方多次的抬价压价，最终以日方赔偿中方 50 亿日元，并承担另外几项责任而了结此案，创造了中日谈判索赔案的最高赔偿纪录。

思考：

1. 中国在索赔谈判中采取了什么价格让步模式？这种模式对谈判产生了什么影响？

案例四： 日澳资源贸易谈判

日本与澳大利亚在资源方面存在巨大的差异，且两国具有很大的互补性。一次，双方就资源贸易进行谈判。从谈判双方的实力上讲，由于日本资源短缺，谈判中有求于澳大利亚，而澳大利亚则不乏有竞争力的买主。为了弥补自己的劣势，日本谈判代表争取将谈判安排在日本举行。澳大利亚谈判代表经过十多个小时的飞行到达日本时已感到十分疲劳，当天晚上日方安排了热情的招待会，盛情款待澳大利亚来宾。澳大利亚谈判代表经过长途跋涉，又在晚上的盛宴上喝了不少后劲十足的日本酒，感到疲惫不堪，回到住所后就沉沉地进入梦乡。第二天清晨当他们还在睡梦之中时，日方代表礼貌地敲开门，神采奕奕地出现在他们面前，请他们参加洽谈会。澳方代表对这样的安排十分不习惯，但又不好说什么。最后的谈判结果可想而知，日方顺利地达成了对自己十分有利的谈判协定。

思考：

1. 日本为何要争取主场谈判？主场对谈判己方有何好处？

2. 日本是如何巧妙利用主场谈判优势取得谈判成功的？

【参考文献】

[1] 李爽等. 商务谈判 ［M］. 北京：清华大学出版社，2007.

[2] 柯里. 国际谈判：国际商务谈判的策划与运作 ［M］. 朱丹，陆晓红等译. 北京：经济科学出版社，2002.

[3] 周海涛. 商务谈判成功技巧 ［M］. 北京：中国纺织出版社，2006.

[4] 丁建中. 国际商业谈判学 ［M］. 北京：中信出版社，1996.

[5] 郭芳芳. 商务谈判教程：理论·技巧·实务 ［M］. 上海：上海财经大学出版社，2006.

[6] 张华荣. 商务谈判新论 ［M］. 北京：中国财政经济出版社，2005.

第十章

商务谈判的策略与技巧

【学习目标】

通过本章的学习，了解商务谈判常用的策略，并能针对不同风格的谈判对手灵活运用不同的谈判策略；了解商务谈判中可能遇到的各种障碍，并能运用技巧进行排除；了解商务谈判中形形色色的陷阱，掌握破解谈判陷阱的方法与技巧。

【关 键 词】

常用策略　固执型谈判者　平和型谈判者　强硬型谈判者　虚荣型谈判者　谈判障碍　谈判陷阱

商务谈判从本质上说是智慧和谋略的较量。商务谈判策略关系到整个谈判的成败，恰当地运用谈判策略可以在谈判中起到加速成功的作用。谈判技巧是谈判中的润滑剂。在谈判中，只有运用技巧，一点一滴地去争取自己的利益，迫使对方放弃坚守的阵地，带来"四两拨千斤"的效果，就会成功。

第一节　商务谈判策略

"策略"一词，顾名思义，是指计策和谋略。通常也被人们理解为：为了实现既定的目标而采取的特定方法、措施与技巧。何谓商务谈判策略？目前国内学术界尚无一个被人们普遍接受的定义。商务谈判主体是谈判者，商务谈判策略是谈判者经验的总结和归纳，是谈判者在实际商务谈判活动中灵活运用知识和经验寻求双方利益平衡、解决实际问题的方法与措施，同时，也是谈判者为达到既定目标而采取的单方面的行动，是针对谈判预期效果采取的进攻或防卫谋略。基于此种理解，本教材认为，商务谈判策略是指谈判者为了达到既定的谈判目标或取得预期成果，在商务谈判活动中根据谈判情况所采取的特定的措施、计策和谋略。

商务谈判策略类型多样，有的学者根据商务谈判策略的运用对哪一方有利，把商务谈判策略分为两类，即"互利型谈判策略"与"对我方有利型谈判策略"①，有的则把商务谈判策略分为"商务谈判的语言技巧"、"商务谈判的策略"、"商务谈判中僵局的处理"、"商务谈判的风险与规避策略"四种类型②。本教材商务谈判策略分为两大类，即"商务谈判常用策略"与"针对不同风格谈判对手的策略"。

一、商务谈判常用策略

商务谈判常用策略是指在商务谈判活动中经常被人们采用，且易于为谈判各方接受的谈判方法与措施。它是建立在谈判双方互利共赢、有理有节原则基础上之的谈判策略。在商务谈判中，人们总结出了丰富多样的常用策略类型，其中最重要的有假设策略、开放策略、润滑策略、权力限制策略、留有余地策略、创设契机策略和休会策略。

1. 假设策略

假设策略是指在谈判的初期阶段提出某种假设情况的策略。假设有可能是虚拟的假设，也有可能是真正假设。如在货物交易中，买方说：如果我们批发 1000 件，价格是多少？如果买方意在试探卖方价格，并不一定会买 1000 件，这就是虚拟假设；如果买方确实要买 1000 件，那就是真实假设。但无论是虚拟假设还是真正假设，该策略的运用都是谈判方旨在探测对方底细，为下一步谈判开辟道路。

运用假设策略，要想达到理想效果，必须注意如下三点：一是提出假设要紧扣重要问题，如果对方反应强烈，我方稍作让步，会取得好效果；反之，则不会有好效果；二是提出假设要抓住时机，最好在双方出现分歧时提出，假设策略才能发挥更好的作用；三是提出假设要充分考量可能出现的后果，因为一旦假设变成真实，会对提出假设条件一方产生影响。

2. 开放策略

开放策略又叫开诚布公策略，是指谈判人员在谈判过程中以诚恳、坦率的态度向对方袒露自己的真实思想和观点，实事求是地介绍己方情况，客观地提出己方要求。运用开放策略，符合现代谈判学发展趋势，有助于谈判双方有效地完成各自使

① 李品媛. 现代商务谈判 [M]. 大连：东北财经大学出版社，2008.
② 殷向洲. 商务谈判理论与实务 [M]. 北京：清华大学出版社，2011.

命，达成一个双方都满意的协议。

由于开放策略的运用具有暴露书己方实力、给对方可乘之机的风险，因而运用此策略必须注意三点：一是以对方诚意与己方谈判为前提，在对方把己方当作唯一谈判对象的情况下采用此策略；二是把握好时机，选择在谈判探测阶段结束或报价阶段之初使用此策略；三是透露给对方的信息限定在十之八九，而不是百分之百。

3. **权力限制策略**

权力限制策略是指谈判一方通过故意限制谈判人员的权力从而达到谈判目的之策略。无数谈判事例说明，一个权力受了限制的谈判者要比大权独揽的谈判者处于更有利的地位。这是因为受到限制的权力才具有真正的力量。其一，谈判者可利用权力有限迫使对方让步；其二，谈判者可把权力有限作为拒绝对方某些要求的借口而不伤对方面子；其三，谈判者可利用权力有限，借此与高层决策人联系，商讨更好地处理问题的办法。

相关链接 🔍搜索

基辛格拒绝授予"全权"

在埃及和以色列和平与冲突持续不断的20世纪70年代，为了调停两国的争端，苏联与美国一直不停地出面斡旋。1973年10月，埃及的第三军团被以色列包围，随时都有被歼灭的危险。当时的苏共总书记勃列日涅夫急电美国总统尼克松，建议美国国务卿基辛格博士速到莫斯科，作为总统授权的全权代表与苏方谈判，调停战事。

尼克松立即将谈判重任委以基辛格，但国务卿却不急于到达苏联，并要求苏联必须明确美国国务卿是在苏方邀请下前往莫斯科的。正当基辛格精心策划外交谈判策略的同时，尼克松向苏共总书记发去了一封电报，电文大意是他将授予基辛格"全权"，称"在你们商谈的过程中，他所做的承诺将得到我的全力支持"。

勃列日涅夫见电文后异常高兴，立即复电尼克松："完全像您说的那样，我理解基辛格博士是您所充分信任的最亲密的同事，这次他将代表您讲话，并理解在我们同他商谈的过程中，他所做的承诺将得到您的全力支持。"与此同时，苏联将尼克松的电文告诉基辛格，国务卿对此大吃一惊，并十分恼火，立刻急电华盛顿，拒绝被授予全权："一定要使我能够对俄国人坚持双方提出的建议向总统汇报，并请他考虑。授予全权，就会使我无能为力。"基辛格作为一个谈判老手，非常清楚，如果将自己处于某种受牵制的地位，会更好地争取谈判主动。

谈判人员运用权力限制策略，必须注意如下两点：一是不要把权力限制看成对自己的约束；二是学会利用有限的权力作为谈判筹码，巧妙地与对方讨价还价；三

是不要滥用有限的权力，否则，会对谈判进程产生负面作用。

4. 创设契机策略

创设契机策略是指在商务谈判中运用时机来实现谈判预期目的之策略。创设契机包含内容有三：一是寻找谈判有利契机；二是抓住谈判有利时机；三是创造谈判有利条件。创设契机是任何一个成功的企业家不可不用的策略。在商务谈判活动中，谈判者要想实现谈判之预期目的，也必须运用创设契机策略。

相关链接 🔍搜索

杜戴拉创设契机成大亨

委内瑞拉著名的石油大亨拉菲勒·杜戴拉在不到20年里，白手起家，创建了10亿美元的巨型产业。其原因就是他善于抓住一切机会扩张他的企业，从而获得了巨大的成功。

在20世纪60年代，杜戴拉拥有一家玻璃制造公司，但他一直渴望能进入石油业。当他得知阿根廷准备在市场上买2000万美元的丁二烯油气，他就到那里去看看能否获得合约，但他发现他的竞争对手是英国石油公司和壳牌石油公司。同时，他也了解到一个信息，阿根廷牛肉生产过剩，于是，他便对阿根廷政府说："如果你们愿意向我买2000万美元的丁二烯油气，我将向你们采购2000万美元的牛肉。"阿根廷把这个合约给了他。

杜戴拉然后飞到了西班牙，那有造船厂因无活可接而濒临倒闭，这令西班牙政府十分头痛。杜戴拉对西班牙政府说："如果你们向我买2000万美元的牛肉，我就在你们的制造厂订购2000万美元的油轮。"

然后，杜戴拉又飞到美国的费城，对太阳石油公司的经理们说："如果你们愿意租用我在西班牙建造的2000万美元的油轮，我将向你们购买2000万美元的丁二烯油气。"

太阳石油公司同意了，而杜戴拉也由此进入石油界。

运用创设契机策略要注意的问题比较多，其中最为重要的有四：一是善于分析，寻找谈判有利时机。知道谈判时，什么情况下谈价格，什么情况下坚持，什么情况下放弃；二是全面观察，充分了解谈判对手。既要在生意场合上了解谈判对手，也要注意在私下接触时了解谈判对手；三是冷静观察，应对危机。面对谈判桌上出现的各种不利局面，要沉着应对，冷静观察，化危机为生机；四是注意培养谈判人员的综合素质。只有综合素质高的谈判人员，才知道如何寻找，并能抓住和创造谈判的有利时机。

5. 休会策略

休会策略是指谈判双方或一方试图通过暂时中断谈判以确保谈判能顺利进行下去采用的策略。休会策略出于多种目的考虑，如恢复谈判人员体力、精力，便于谈判双方调整对策等。其作用在于调节、控制谈判过程，缓和谈判气氛，融洽双方关系，推动谈判的顺利进行。

运用休会策略，必须注意如下三点：一是把握休会的最佳时间。根据谈判专家的意见，只有在会谈某一阶段接近尾声或谈判出现低潮、僵局或一方不满现状或疑难问题时，运用休会策略较佳；二是看准对方态度的变化，在对方也想休会时提出休会；三是灵活运用休会。

6. 声东击西策略

声东击西策略是指在谈判中，一方出于某种需要而有意识地将会谈的议题引到对己方并不重要的问题上，借以分散对方的注意力，从而达到己方谈判目的。如美国大富豪洛克菲勒想使纽约的不动产升值，打算把有影响的机构设在纽约，其中包括联合国大厦。当他已悄悄买下准备建联合国大厦的地皮后，立刻又公开扬言他要以两倍以上的价格购买纽约的房地产，由此房地产价格飞涨，他达到了自己的双重目的。

声东击西策略注意如下三点：一是目的要明确，我方使用这种策略，绝非欺骗对方，主要目的在于：转移对方的视线，作为缓兵之计，如我方关心的可能是货款的支付方式，而对方的兴趣可能在货物的价格上，这时声东击西的做法是力求把双方讨论的问题引到订货的数量、包装、运输等方面，借以分散对方对前述两个问题的注意力；二是摸清对方的虚实，排除正式谈判可能遇到的干扰，为以后的真正会谈铺平道路；三是尽量不能让其觉察或引起其警觉，否则会适得其反。

相关链接 🔍 搜索

台资"声东击西"赢得谈判

若干年前，在台湾劳工运动方兴未艾之际，台南某地一机械厂在投资大陆时遇到了很大的麻烦。员工拒不接受厂里提出的谈判条件，他们态度强硬地拉起白布条，围厂静坐抗议，并提出两项要求：第一，加薪30%；第二，改进员工福利。他们扬言，投资方如不妥协，大家骑驴看唱本——走着瞧。造成员工如此坚决对抗的原因是他们担心厂里将主要资金投向大陆，员工都会被辞退。机器是工厂的命脉，投资方唯恐员工做出报复行动，因此，找来一位专家，由他代表投资方出面谈判。讨价还价后，劳工方同意给业主一星期时间考虑。

投资方利用争取到的这段缓冲期，积极部署，联络货柜车、货运船期，准备扭转局势。一个星期后，双方再度磋商，投资方暂且答应劳工方开出的价码，并且为了显示其诚意，特于次日招待全体员工到台湾溪头旅游。当游览车将兴高采烈的员工送走之后，大卡车便缓缓驶入，资方迅速地将工厂机器拆下，运至码头接驳货轮，驶向大陆。四天之后，员工度假回来，工厂已空无一物，员工已失掉与投资方谈判的主要筹码。而投资方提出协助转业及依照劳动基本法遣散的做法都有理有据，一场相持不下的劳资纠纷，终于在投资方"声东击西"策略的运作下落幕。

7. 不开先例策略

不开先例策略是指在谈判中，一方以从未这样答应过别人或从未做过某事为借口拒绝另一方要求而采取的策略方式。

在实际谈判中，如果你是卖方，常常会遇到这样的事情：买方提出一些让你感到为难的要求。你是答应呢？还是向买方做出解释？最佳办法是采用不开先例的策略，即向买方耐心解释。告诉买方如果答应了他们的要求，对自己而言，就等于开了一个先例，以后对其他买主必须采取同样的做法，这不仅使自己无法负担，而且对以前的买主也不公平。例如，当买方购买你的产品报价太低时，你实在无法接受，你可直言不讳地告诉买方："我们这种型号产品售价一直是××元，如果按照你们开出的价格，我们不仅赚不到钱，而且会有亏损的危险"，再说，"××公司是我们十几年的老客户，我们一向给他们的最低价格都高于你们给出的价格，因此，我们不能开这个先例，否则，生意无法做下去"。

不开先例策略是谈判中一个两全其美的好办法。当不得不拒绝对方无理要求时，唯有掌握拒绝的技巧，不开先例，才能在回绝对方时不伤面子和感情。但值得注意的是，既然不开先例是一种策略，那么，提出的一方就不一定真是没开过先例，也不能保证以后不开先例。它只说明，对应用者是不开先例的。因此，在采用这一策略时，必须注意如下几点：一是要以事实证明你从未对别人开过先例，如果对方有事实证据表明，你只是对他不开先例，那就会弄巧成拙、适得其反了。二是如果对方运用不开先例策略，你的对策首先是具体情况具体分析；其次，认真收集有关信息，判定对方不开先例是借口，还是真实情况，寻找突破口。

8. 吹毛求疵策略

吹毛求疵策略是指在谈判中，一方为了达到自己预定的目的，先向对方提出苛刻要求，然后再逐渐让步，以此来获得己方的最大利益。实施这一策略的关键在于，要让对方觉得占了便宜，得到了对方的让步，而事实上，这些"让步"是买方本来就打算给予的。比如，买方为了使卖方在价格做出较大的让步，先是对商品品质、运输条件、交货期限、付款方式等方面提出了较为苛刻的要求，然后利用这些条款要求与卖方讨价还价，并逐渐让步，使卖方感到买方在这些问题上忍痛做了较大的让步，因而在价格上乐意做出相应让步，达成协议。

在谈判中运用此策略需注意如下几点：一是先向对方提出要求，不能过于苛刻、漫无边际，要有分寸，不能与通行和惯例做法相差太远；否则，对方会觉得我方缺乏诚意，以致中断谈判。二是提出比较苛刻的要求，应估计是对方不掌握信息与资料的某些方面，或者是双方难以用客观标准检验、证明的某些方面，以增加策略的使用效果。三是实施此策略谈判小组成员要有分工，比如分别扮演"红白脸角色"。扮演红脸的谈判者提出苛刻条件，双方在围绕这些条件讨价还价、争得不可开交时，就需要白脸扮演者出面调停，不断妥协、让步，缓解紧张气氛，达成双方的谅解。

相关链接 🔍 搜索

脾气暴躁的霍华·休斯

美国大富豪霍华·休斯是一位成功的企业家，但他也是个脾气暴躁、性格执拗的人。一次他要购买一批飞机，由于数额巨大，对飞机制造商来说是一笔好买卖。但霍华·休斯提出要在协议上写明他的具体要求，内容多达34项。而其中11项要求非得满足不可。由于他态度跋扈，立场强硬，方式简单，拒不考虑对方的面子，也激起了飞机制造商的愤怒，对方也拒不相让，谈判始终冲突激烈。最后，飞机制造商宣布不与他谈判。霍华·休斯不得不派他的私人代表出面洽商，条件是只要能获得他们要求的11项基本条件，就可以达成他认为十分满意的协议。该代表与飞机制造商洽商后，竟然取得了霍华·休斯希望载入协议34项中的30项。当然那11项目标也全部达到了。当霍华·休斯问他的私人代表如何取得这样辉煌战果时，他的代表说："那很简单，在每次谈不拢时，我就问对方，你到底希望与我一起解决这个问题，还是留待与霍华·休斯来解决。"结果对方自然愿意与他协商，条款就这样逐项地谈妥了。

---

9. 积少成多策略

积少成多策略是指一方在争取对方一定让步的基础上，继续提出要求，争取更多的己方利益。积少成多策略虽然已经被国外谈判专家证实是一个十分有效的谈判战术，但运用它也具有一定的风险，即如果一方的要求提得太多或者高得离谱，会给对方造成贪得无厌的感觉，甚至会激怒对方，使其固守原价，甚至加价，导致谈判陷入进退维谷的僵局。因此，采用此策略应记住如下几点：一是要记住提要求的次数，不能一次提出很多要求，而是一点一点地提要求，积少成多，达到目的；二是要看提要求的条件是否成熟，一般在出价较低的一方有较为明显的议价倾向或经过科学的估算确信对方出价水分较大时，才能采用此策略。三是熟悉市场行情，在对方产品市场疲软的情况下采用此策略，因回旋余地较大，对方容易接受你提出的要求。

10. 以林遮木策略

以林遮木策略是指在谈判中，一方会故意向另一方提供一大堆复杂、琐碎，甚至一些不切实际的信息、资料，致使对方分辨不清内容真假或为假情报所惑，从而争取到最大利益的谈判策略。

以林遮木策略虽然具有分散对方注意力、造成对方错觉的谈判功效，但由于其实质是混淆视听、遮盖真实意图，带有鲜明的欺骗特点，一旦被对方发现你有意欺骗，容易导致谈判破裂，因而在谈判时，己方慎用或尽量不用此策略。如果发现对方对你使用此种战术，需注意如下几点：一是援引政府条例、法规或运用有关程序规定，道出对方遮盖真实意图的消极后果，迫使对方说出实情；二是采用心理攻势，如暗示我方掌握某些情况，必要时可能放弃合作等，使对方主动放弃此策略；三是对复杂资料进行去粗取精，去伪存真；回答问题提纲挈领，不偏离商谈主题；四是保持清醒的头脑，以静制动，设法引导对方陈述实质内容，使对方按己方的谈判思路走；五是掌控好时间，尤其是注意谈判截止的时间，以免在时间紧急的情况下，犯急于求成、上当受骗的错误；六是透过现象看本质，既要看到谈判中某一面或某一点，又要注意谈判的全局和大方向，不为谈判的表面现象所惑，紧紧抓住谈判的重点、要点。

11. 中间人策略

中间人策略是指在谈判中，一方为了达到预期的谈判效果，请中间人或代理人出面参加谈判而采取的策略。谈判专家认为，在商务谈判中，寻找中间人或代理人是十分重要的，因为谈判实践和研究表明，与陌生人或不甚了解的人谈判，聘请中间人或代理人参与谈判，有时比亲自出面谈判的效果要更好。原因有二：一是由于你聘请中间人或代理人，往往与对方是朋友或较熟，容易与对方沟通；二是有利于谈判策略与技巧的更好运用与发挥，如当对方向中间人或代理人提出要求时，他可以"有限权力"为借口，将对方的要求轻松推掉，也不会伤害对方的面子；三是在商务谈判中，中间人或代理人不同于交易当事者，买卖能否成功与其切身利益关系不大，因而心理状态比较稳定，往往能争取到最优惠的条件。

相关链接｜　🔍搜索

谈判专家为委托人争取利益

　　著名谈判专家尼伦伯格以他的亲身经历证明了这一点。一次，他作为一个公司的代理人进行谈判，对方的老板及律师都到场了，而尼伦伯格的委托人却借故没有出席。在谈判过程中，专家发现他可以十分顺当地迫使对方做出一个又一个的让步或承诺，而他却可以借委托人未到，权力有限为由，婉拒对方的要求，最后，他以极小的让步为他的委托人争取到很多利益。

　　运用中间人策略进行谈判，必须注意如下几点：一是精选中间人或代理人，即选择那些谈判职业素养高、忠诚可靠、商业信誉较好、愿意与你合作的人为中间人或代理人，同等条件下，与对方熟悉者应优先考虑；二是灵活授权中间人或代理人，即根据具体情况，灵活授予他们全权或部分委托代理；三是注意谈判对象，如与日本人进行商务谈判时，中间人或代理人的作用非常大，故要想办法寻找中间人或代理人与之谈判，而对于一些不重视中间人的国家，如美、德、意等，就不必费心去找中间人或代理人了。

二、应对不同风格谈判对手的策略

　　在商务谈判，尤其是国际商务谈判中，由于谈判者所在国家政治制度、意识形态、文化价值观念以及个人所受教育背景、性格特征、经历与修养等不同，因而在谈判中也呈现出不同的谈判风格，这就要求谈判者除了采取常用的谈判策略外，还必须针对不同风格的谈判对手采取相应的对付策略。

1. 对付 "固执型" 谈判者之策略

　　在商务谈判中，由于涉及利益关系，因而不认同别人的意见、严格按章办事、固执己见的谈判者经常可见。此类谈判者在谈判学界被称为"固执型"谈判者。

　　对付固执型谈判者，可采用疲劳战术策略、耐心策略、制造僵局策略、死守底线策略。

　　疲劳战术策略，即通过许多回合的拉锯战，使固执型谈判者感觉疲劳生厌，逐渐磨其锐气，从而迫使其放弃"固执"，接受我方条件。心理学研究表明，人的个性特征有很大的差别，而个性上的差异，又使人们的行为染上其独特的色彩。一般来说，性格比较急躁、外露，对外界事物富于挑战特点的人，往往缺乏耐心、忍耐力。扼制其气势的最好办法就是采取马拉松式的战术，攻其弱点，避其锋芒，在回避与周旋中消磨其锐气，做到以柔克刚。实行疲劳战术最忌讳的就是硬碰硬。因为这很容易激起双方的对立情绪，况且硬是对方的长处，只有以柔克刚，以软制硬，才会收效显著。沙特阿拉伯石油大亨亚马尼最擅长疲劳谈判战术："他最厉害的一招是心平气和地把一个问题重复一遍又一遍，最后搞得你精疲力竭，不得不把自己祖奶奶都拱手让出去。"

谈判实践证明：采用耐心策略对付"固执型谈判者"，也具有一定的功效。因为耐心就是力量，耐心就是实力。而"固执型谈判者"虽然固执很少退让，但心理学研究表明，这种类型的人往往缺乏应有的耐心。如在国际商务谈判中，以自信傲慢著称的美国人、墨守成规的俄罗斯人和以严谨著称的德国人，他们都是"固执型谈判者"的代表，如在谈判中对他们采用耐心策略，会收到意想不到的功效。

相关链接 🔍搜索

越南人耐心胜强敌

持续数十年的越美之战，使越南人耗尽了一切，资源设备均遭严重破坏，民不聊生，越南人确实想尽快结束战争。但在怎样结束的问题上，他们却使实力雄厚的美国人着实吃了一惊。越南政府放出信息："我们要把这场战争打627年，如果我们再打128年的话，那有什么要紧呢？打32年战争对我们来说只是一场快速战。"真是出语惊人，一场32年的快速战。

越南人之所以这样，就是利用美国国内大选，竞选人急于想结束旷日持久的战争，以换取美国民众拥护的心理。越南人这种无所谓、不在意的态度，越发使美国人着急，本来主动权在美国，但却变得十分被动，费了九牛二虎之力才使越南人坐到谈判桌上来。

在巴黎和谈时，以黎德寿为首的越南代表团没有住旅馆，而是租用了一栋别墅，租期是两年半。而以哈里曼为首的美国代表团则是按天交付旅馆的房费，他们只准备了几个星期的时间，甚至随时准备结束谈判，打道回府。结果怎样呢？越南在最不利的条件下，取得了最理想的谈判结果，这就是耐心的力量。

可见，在实际谈判中，对付"固执型谈判者"，一定要有耐心，因为有了它，你就有了防卫的筹码，在必要时，打乱对方的部署，争取胜利。

此外，制造僵局策略和死守底线策略，也是对付"固执型谈判者"的有效策略。因为就前者而言，如在适当的时机人为地制造僵局，并让对方相信僵局形成是由于他们的"固执"所致，会起到迫使对方就范的良性作用；就后者而言，在让步达到一定程度时，坚决不再退让，死守底线，甚至表现出不惜谈判破裂的姿态，这种"以毒攻毒"的办法，对战胜固执型谈判者效果较佳。

2. 对付 "平和型" 谈判者之策略

"平和型"谈判者由于在商务谈判中呈现出性格平和、态度和蔼、办事稳重、修养较好的特点，因而是最难对付的谈判对手。虽然此类谈判者好商量，易于合作，但要想为己方争取到最大限度的利益，签订对己方有利的商务合同，则难度较大。在国际商务谈判中，擅长谈判、性子平和的日本人是此类谈判者的代表。

对付"平和型"谈判者，应采取攻心、先斩后奏、最后期限等策略。

攻心策略是指谈判一方利用愤怒、发脾气、眼泪、谄媚恭维、制造负罪感、蔑视或暗示等心理战术，使对方感觉不舒服或感情上的软化，从而促使对方妥协退让的战术。因为愤怒、发脾气能使对手手足无措，感到强大的心理压力；眼泪可博得谈判另一方的同情、怜悯，以使对方让步；谄媚恭维能唤起对方的虚荣心，使对方在意乱情迷之下失去自我控制能力；制造负罪感，使谈判另一方产生赎罪心理；蔑视能给对方设置心理障碍，制造自卑感或形成低人一等的感觉，使对方主动让步。

运用攻心策略需注意如下几点：一是选好对象。攻心策略一般适用于"平和型"谈判者中的新手、软弱者以及虚荣心较强者。对于那些心理素质好、承受能力强的"平和型"谈判老手，慎用之。二是攻心战术要适可而止，无论是感情上的爆发，还是制造负罪感，都要掌握好尺度；否则，谈判效果上会大打折扣。三是事先须制订较为周密的计划方案，注意临场作用的发挥，灵活运用攻心策略。

先斩后奏策略，在谈判学上又叫既成事实策略，是指在谈判中，一方在未征得对方同意的情况下，先斩后奏，为己方争得先机的做法。此策略在国际政治军事谈判中，不仅经常采用，而且效果也比较好。如一方先动用武力，取得阶段性或局部胜利后，再坐下来与对方谈判，这时局势对胜利方有利，胜利方容易取得理想的谈判效果。

相关链接 🔍搜索

荷伯·科恩妻子买房

荷伯·科恩的妻子打算另买一处房子，所以每到周六、周日，她都约上荷伯·科恩去看房子。最后，不胜其烦的荷伯·科恩告诉他妻子："买房子事宜由你全权处理。只要买好了，告诉我一声，我与孩子搬进去就是了。"荷伯·科恩自己很得意，认为"把球打到了她的场上"。几周之后，妻子打电话给他，说她买了一所房子。荷伯·科恩以为听错了，修正她说："你是看中了一所房子。"他妻子说："已经写了合同，但得你同意才行。"荷伯·科恩便放下心来，与妻子一同去看房子。在路上，妻子告诉他，邻居朋友们都知道他们要搬家了，他们双方的父母也都通知了，甚至连新房的窗帘都已经做好了，孩子们都选择了自己的房间，告诉了他们的老师，新家具也已订购了。结果怎么样呢？正如荷伯·科恩所说："我妻子告诉我的是一个已经完成了的事实，为了维持我的面子，我只得同意，而且毫无怨言。"

在与"平和型"谈判者进行的商务谈判中，之所以采取既成事实策略，主要基于他们不愿与对方发生正面冲突，容易接受既成事实。但必须注意如下几点：一是做好外围工作，如了解对方情况，联络感情，寻找权威人物，筹措必要资金等，待时机成熟后再与对方进行实质性谈判，迫使或诱使对方签下合同；二是避免与对方的正面冲突，巧妙地达到己方的目的，如在得到对方口头承诺的情况下，将口头承诺变成事实；三是即时修正，如当你接到一份不同意的合约时，立即把不同意的条文画掉，签上名字，然后寄还给对方，造成双方都会接受合约的既成事实。

最后期限策略是指在谈判进行到某一阶段时，一方出于某种目的的考虑，提出谈判的最后期限，规定出谈判的截止日期，向对方展开心理攻势，最终使对方做出退让。与"平和型"谈判者进行谈判，之所以要采取最后期限策略，是因为此类谈判者具有性格平和、修养较好的特点，他们在谈判中不急不躁，容易将谈判拖入毫无休止的泥塘。采用此策略，旨在向对方施加心理压力，在不断地暗示对方这是最后机会的情况下，使之随着期限的逐渐迫近而不安和焦虑，做出退却和让步。

相关链接 🔍搜索

农夫陪审团

在美国某乡镇，有一个由12个农夫组成的陪审团。在一次案件的审理中，陪审团中11个人认定被告有罪，而另一个人则表示了不同看法，认为被告无罪。由于陪审团的判决只有在其所有成员一致通过的情况下才能成立，于是陪审团中11个成员花了将近一天的时间劝说不同意者改变初衷，但该名成员不为所动，始终坚持己见。因为他知道，随着最后期限的到来，他会取得最终的胜利。这时，忽然天空乌云密布，一场大雨就要来临，那11个农夫都急着要在大雨之前赶回去，收回晒在外面的干草。可是，持不同意见的人仍然不为所动，那11个农夫急得如同热锅上的蚂蚁，立场开始动摇了。最后，随着"轰隆"一声雷鸣，这11个农夫再也等不下去了，转而一致投票赞成另一个农夫的意见，宣判被告无罪。这样一个故事，恰如其分地说明了最后期限的力量。

采用最后期限策略对付"平和型"谈判者，必须注意如下几点：一是注意提出的时机，即在谈判双方争执不下之时，才能提出最后期限；二是提出最后期限之后，不要操之过急，而是不断地暗示，表明立场，使对方内心焦躁不安，直至达到高峰，迫不得已地改变自己原先的主张，以尽快求得问题的解决。

3. 对付 "强硬型" 谈判者之策略

商务谈判虽然不如政治军事谈判那样火药味十足，但它关系到人们最看重的经济利益，加之经济发展不平衡，因而"强硬型"谈判者在商务谈判中也比比皆是。"强硬型"谈判者在谈判中主要呈现出傲慢自信、目中无人之特点。在国际商务谈判中，财大气粗、傲慢自大的美国人乃是此类谈判者之代表。

对付"强硬型"谈判者，可采取忍让、以退为进、以柔克刚、沉默等策略。

忍让策略是指在谈判中，面对一方咄咄逼人的姿态和苛刻的条件，另一方以己方的忍耐磨其棱角，在允许的范围内做些让步，心平气和地与之谈判。

相关链接 🔍搜索

亶父忍让成基业

亶父是周王朝的奠基人。是一位远见卓识、英明果敢的伟大的改革家、军事家、政治家，缔造者之先驱，使周兴盛的一位重要人物，是历史上一位著名贤王。

早期，古公亶父和他的部落先是居于邠地，他们不时受到狄人的侵扰。吠人来犯，亶父便以皮裘、丝绸相与；狄人再犯，又以好狗名马相与；亶父采取的是不抵抗政策。亶父不抵抗，是因为亶父的部落很弱小，完全不具备抵抗的条件。

但是，如此几次三番，狄人仍然没有停止侵犯。亶父明白了狄人的意图，便召集邠地长老，对他们说："狄人所要的是我们的土地，土地本是养人之物，我不能因为它而使人遭害。我们只好离开，放弃它了。"

于是亶父将自己的部落迁到岐山，最终不仅保存下来，而且发展了强大的基业。

孟子认为，亶父在不得已时采取的暂时规避，正是智者成事之心。

处世让一步为高，退步即进步的成本；待人宽一分是福，利人实利己创根基。为人处世都要有让人一步的态度才算高明，因为让人一步就等于为日后进一步做好了准备；待人接物以抱宽厚真诚的态度为最快乐，因为给人家方便是日后给自己留下方便的基础。

以退为进策略是指在谈判中，一方表面退让妥协或委曲求全，但实际上却是为实现最终目标而采用的一种谈判策略。由于采用此种策略的前提条件和采用手段比较灵活，能避开"强硬型"谈判者的锋芒，收到十分理想的谈判效果，因此，该策略被普遍用于与"强硬型"谈判者的谈判中。

相关链接 🔍搜索

航空公司建发电厂

美国一家大航空公司要在纽约建立一个大型航空站，要求爱迪生公司优惠供电。最初被电力公司以公共服务委员会不批准为由所拒绝。为此，谈判陷入僵局，后来航空公司决定以退为进，自己建一个发电厂来满足供电需求，消息一传出，爱迪生电厂预感到要失去这个大用户，于是立即改变态度，主动请求委员会给予其优待价格。委员会批准后，航空公司还是准备自己建厂，结果电力公司不得不两度请求委员会一再降低价格，这时，电力公司才与航空公司达成协议，航空公司获得了极优惠价格的供电。

运用以退为进策略，必须注意如下几点：一是先向对方提出温和的要求，然后再提出强硬的要求，如对方购买你的产品，你可以先告知对方：如果他批量购买在1000件以上，他就可享受产品最优惠价格的条件，待对方同意后，你可接着提出：但预付货款必须40%，货款一次性付清，由于对方享受了产品最优惠价格的待遇，故在付款方式上，就不好意思再讨价还价了；二是一方故意向对方提出两种不同的条件，然后迫使对方接受条件中的一个，如对方购买你的产品，你可以先告知对方：如果他批量购买在1000件以上或者接受预付货款35%、货款分两次付清的条件，他就可享受产品最优惠价格的条件。一般情况下，对方要在两者之间选择其一，自然对方就很容易接受你的温和要求；三是认真考虑使用这一策略的后果，即万一退步的后果对你十分不利，即使是能够挽回，也得不偿失。

此外，对付"强硬型"谈判者，以柔克刚策略与沉默策略也比较有效。以柔克刚策略通过采用柔和的语言、谦恭的态度应对对手咄咄逼人的语言，以充分的耐心，避其锋芒，挫其锐气，待对方烦躁、疲惫之时出击，赢得谈判的胜利；沉默策略则依据"沉默是金"的道理，尽量多听少讲，在掌握对方大量信息的情况下出击，变被动为主动。一则可使谈判对手因冷遇而气势减弱；二则可造成对方心理恐慌，自乱阵脚，不失为高招。

4. 对付 "虚荣型" 谈判者之策略

虚荣心是人类固有的天性。这种天性在不少商务谈判者身上也时有体现。由于好表现、爱面子的虚荣心作祟，与"虚荣型"谈判者谈判需格外谨慎，一不小心将会前功尽弃。因此，必须熟练掌握应对"虚荣型"谈判者之策略。

对付"虚荣型"谈判者，可采取赞美恭维、争取承诺、情感润滑等策略。

赞美恭维策略，即通过好言好语赞美恭维对方，在不经意间软化对方谈判立场，使其在意乱情迷之下失去自我控制能力，或为显示自己能力而做出退让。

相关链接　🔍搜索

赞美推销

一位刚买了新房的顾客到装修市场买地砖，由于地砖的款式、价格琳琅满目，这位顾客不知如何挑选，在一款地砖面前驻留了很久。只见导购员走过去对他讲：

"您的眼光真好，这款地砖是我们公司的主打产品，也是上个月的销售冠军。"

"多少钱一块啊？"

"折后价格 150 元一块。"

"有点贵，能不能便宜点"

"您家在哪个小区？"

"街心豪苑。"

"街心豪苑是市里最好的楼盘了。听说小区的绿化非常漂亮，而且室内的格局都非常好，交通也很方便。买这么好的房子，我看就不用在乎这点钱了吧？不过街心豪苑和明月花园两个小区我们正在做促销，即使您不谈，我们也可以给您打折的，能给您一个团购价的优惠。"

"可是我现在还没有拿到钥匙呢？没有具体的面积怎么办呢？"

"您要是现在就提货还优惠不成呢？我们按规定要达到 20 户以上才能享受优惠。今天加上您这一单才 18 户，还差 2 户。不过，您可以先交定金，我给您标上团购，等你面积出来了，再商定具体面积和数量。"

随后，这位顾客便跟着导购员到服务台交了定金，成交已经达成。

争取承诺策略是指谈判中一方答应承担某种责任。争取承诺策略在谈判中，承诺的作用很重要。一方如果争取到另外一方的口头承诺，可以增加议价的筹码，因为一项承诺就是一个让步，有打折扣的效果。承诺的形式很多，既有口头承诺，也有书面承诺，在买卖交易中，如买方的人员称赞卖方所提供的服务时，这也是一种承诺。卖方应巧妙地利用这一点，促使双方达成交易。

争取承诺策略需注意如下几点：一是选择好时机，如果谈判一方无法得到对方的让步，就该尽量争取对方的承诺。二是记下口头承诺，妥善保存，以备以后查证。三是采取一些必要的措施、步骤，使对方知道不履行承诺的后果。四是要明确承诺的关键是守信。有道是"一诺万金"；"一言既出，驷马难追"。承诺一旦做出，就要尽力去履行的。如果不遵守承诺，不仅会自损形象，还会失去朋友。

飞利浦公司出尔反尔

美国通用电气公司的前任董事长杰克·韦尔奇在他的回忆录中列举了一个事例——谈判对手失信的事情，认为这是最不讲道德的。

在1988年，杰克与手下的保罗到荷兰的艾恩德霍芬与飞利浦公司的CEO会谈。杰克听说他们有兴趣卖掉公司的电器业务，如果那笔买卖能成交，GE在欧洲的电器市场就拥有了强大的地位，因为飞利浦公司在这个领域是欧洲的第二大公司。

会谈结束后，杰克一行冒雨赶往机场。在路上，杰克对手下的人说："你有没有在一个房间里同时听到过从两个完全不同的角度谈论同样的业务？我们两人不可能都对，我们有一个人最后会火烧屁股的。"那天的会谈后，双方开始谈判飞利浦的电器业务，那个CEO安排他的总裁与杰克手下的保罗谈判。经过几个星期的努力后，双方就价格问题达成了一致，便认为可以成交了，但这时却出现了令人震惊的事。

在他们握手后的第二天，那位总裁带来了惊人的消息："对不起，保罗，我们打算和惠尔浦合作。"这时杰克给飞利浦的CEO挂了电话，"这不公平"，杰克对那位CEO说。对方表示同意："你把保罗派过来吧，我们这个星期内解决这个问题。"

结果，保罗立刻飞到艾恩德霍芬。他用了星期四整天的时间就新交易进行谈判，同意为飞利浦的电器业务支付更多的资金。到星期五中午，细节问题也完成了。对方总裁告诉保罗："我们下午四点之前过去，到时我们带去打印好的正式文件，就可以签字了，到时候我们一起喝一杯香槟。"

大约五点钟，飞利浦公司的总裁出现在保罗所住的饭店，他抛出了另一颗炸弹。"我很抱歉，我们要跟惠尔浦公司合作。他们又回来了，报的价比你们的高。"保罗简直不敢相信，当他在半夜时分向杰克汇报时，杰克十分震怒，飞利浦在交易上两次反悔，这在他的高级商务谈判的交易中是从来没有过的。也是在杰克几十年的经理生涯中最令他感到不愉快的事情，因此，他决定今后再也不与飞利浦公司做生意了。飞利浦公司在生意场上从此失去了通用电气公司这个朋友。

润滑策略是指谈判过程中一方赠送礼品给对方的策略。西方学者称这一策略之为"润滑策略"。在谈判中运用润滑策略，虽然有行贿受贿之嫌，但只要目的好，送礼适度，还是对谈判大有裨益的！因为一则对不少国家来说，赠送礼品如同互致问候一样，是交友的必要手段；二则互赠礼品有助于联络双方感情，为谈判顺利进行创造条件；三则一方面赠送礼品给对方，既表达向对方传递己方的尊敬之意，又满足了对方心理上的虚荣心，从而达到预期谈判目标。

由于各民族文化价值观念不同、风俗习惯不一样，因而运用润滑策略必须注意三点：一是要注意由文化造成的爱好上的差异，如英国人忌送大象做商标的礼物，日本人忌送有狐狸图案的礼品，阿拉伯人忌送酒等；二是要注意送礼的场合，如给法国人送礼最好是在下次重逢之时，英国人则在用过晚餐或看完戏之后；三是要注意礼品价值的大小，礼品价值不能过高，一般以 100~1500 美元为宜；四是要注意送礼对象，如赠礼对象是一对夫妇，其夫人则是受礼的对象；五是要注意回礼，正所谓来而不往非礼也。

第二节　商务谈判的技巧

"技巧"一词，一般包含两层意思：一是指工艺、文艺、体育等方面精巧的技能；二是做事、处理事情的方法。在商务谈判中，要想达成谈判协议，仅仅掌握谈判策略还不够，必须掌握一定的谈判技巧，如打破僵局的技巧、破解谈判陷阱的技巧。

一、打破商务谈判僵局的技巧

商务谈判中的僵局是指谈判中出现的不进不退的僵持局面。人类谈判的历史已经证明：任何一次商务谈判都不可能顺风顺水地进行，都会遇到这样或那样的障碍。在商务谈判中，僵局是最常见也是对谈判进程影响最大的谈判障碍。它一旦出现，轻则影响谈判的顺利进行，重则导致谈判破裂。因此，谈判者必须想办法打破僵局，以确保谈判的顺利进行。

1. 分析成因，对症下药

要想打破商务谈判僵局，首先要深刻分析其产生的原因。导致商务谈判僵局形成的原因有四：一是谈判人员素质较低，导致僵局。参加谈判各方代表素质有高有低，而素质较低的谈判人员，在商务谈判活动中，或自以为是，瞧不起对方引起反感情绪，或从自身情感出发进行人身攻击等，引起对方强烈的不满，造成僵局；二是信息沟通不畅，导致僵局。商务谈判离不开信息的有效沟通。但在商务谈判活动中，信息沟通不畅的现象却时有发生，如一方听不清或理解不了对方所表达的意思，或者说听清了却达不到思想上的一致，所有这些，都会因信息传递过程中的失真而导致谈判双方产生误解，出现争执，从而使谈判陷入僵局；三是坚持立场谈判，导致僵局。当双方在谈判过程中就某些问题各持己见、互不让步时，分歧就会越来越大，如果此时双方还不让步，就会使谈判陷入僵局；四是双方要求和想法差别较大，形成僵局。以交易为例，如双方对交易的价格要求较大，卖方要价为150万元，而买方报价为50万元，卖方要求一次性现金付款，买方则坚持三次付款，如此差别大的价格要求，如任何一方不妥协，就会形成僵局；五是人为因素，导致僵局。当一方为了策略上的需要，人为制造谈判矛盾时，也会导致谈判僵局。

2. 提高认识，巧用技巧

僵局会给谈判带来负面影响，如果处理不好还会导致谈判的最终破裂，但这只是问题的一个方面，我们还需提高对谈判僵局的认识，即既要认识到僵局对商务谈判负面的影响，还要认识到僵局并不等于谈判失败，如果能妥善处理僵局，还是有顺利达成协议的希望。

要想打破商务谈判僵局，还必须运用下列技巧，达到打破僵局之目的。

其一，起用后备力量，及时调整谈判人员。如果发现我方谈判人员由于素质或其他主观原因，与对方形成对立情绪，且不可调和，致使会谈很难继续进行下去时，应该毫不犹豫地立即起用后备力量，及时调整谈判人员。

其二，耐心倾听。如果发现商务谈判僵局是因双方信息沟通出现障碍所致，我方应抱着欢迎和尊重的态度耐心聆听对方意见，以消除信息沟通障碍。

其三，转移问题。如果发现商务谈判僵局是因双方在某个问题上纠缠不清造成的，暂时把这个问题抛在一边，转而商谈别的问题，也不失为明智之举，如双方在价格条款上互不相让，我方可以与对方商谈付款方式、交货期限、运输方式等条款，在解决了这些问题的基础上，再重谈价格条款。

其四，协调利益。商务谈判僵局的形成如果是由双方只关注眼前利益造成的，我方应在着眼于长远利益考虑的前提下，提醒对方寻求双方都能接受的利益平衡点，只有协调了利益分歧，双方都比较满意，才能打破僵局。

其五，暂时休会。当谈判出现僵局时，在双方都同意的前提下宣布暂时休会，也是一个比较好的破解僵局的办法。因为休会既可缓解双方激动的情绪，还可使双方集思广益，冷静思考存在争议的问题，找出解决问题的办法。

其六，寻找调节人。当商务谈判僵持局面出现时，寻找一个双方都能够接受的中间人作为调节人或仲裁人，也有助于打破僵局。因为借助调节人，不仅可以重启谈判，而且通过调节人，还可以获得不带偏见的意见、有助于问题解决的创造性建议以及双方都能接受的妥协方案，从而打破僵局，促进谈判协议达成。

二、破解谈判陷阱的技巧

在商务谈判活动中，受利益驱使或其他因素作用，某些谈判者为达到获取最大利益之目的，不惜采用不正当手段，设下重重陷阱。如果在谈判中我方不加提防，掉入对方设计的陷阱中，其后果不堪设想。因此，我们必须识别并掌握破解这些谈判陷阱的技巧，维护自己的利益。

1. 破解交易谈判陷阱的技巧

在交易谈判中，人为设计的谈判陷阱五花八门，如果谈判者不知道识别和破解这些谈判陷阱，一不小心就会掉入陷阱之中，轻则利益受损，重则企业破产。

表 10-1　交易谈判中常见的谈判陷阱

名称	目的	特点
价格诱惑	诱使对方迅速签订谈判协议	1. 把谈判对手的注意力吸引到价格问题上来 2. 争得让步与优惠
假出价	排除同行竞争以获得与对方谈判或合作的机会	1. 利用虚假报价的手段 2. 在实质性的磋商阶段改变原先报价
威胁	迫使对方让步签订谈判协议	威胁的负面影响大于正面影响
欺骗	欺骗对方达到目的	1. 隐瞒真实情况 2. 编造一些虚假的事实
百般刁难	迫使对方妥协让步	1. 不顾客观事实 2. 鸡蛋里挑骨头 3. 表现形式多样
强硬要求	竭力攫取一切	1. 固执得不近情理 2. 强硬坚持某些要求
车轮战术	打乱对方的部署	1. 不断地更换谈判人员 2. 以不同的方式轮番攻击对方

从上表可知，这些商务谈判陷阱虽然各异，但都以损人利己为终极目的，因而对谈判的展开和结果都会产生消极影响，必须加以识别和破解。然而，识别和破解商务谈判陷阱并非易事，必须逐个针对谈判陷阱特点，运用有效技巧，才能达到目的。

破解"价格诱惑"陷阱，关键要做到如下几点：一是以一种坦然的心态对待市场价格上涨下跌，当市场价格即将上涨时，不要急于与对方签订购买协议；二是保持清醒的头脑，提防价格诱惑；三是不贪小便宜，对于对方给你"价格优惠"之说，要多长几个心眼；四是对待价格诱惑要慎重，要与对方认真磋商，决不随意迁就，要反复推敲各项商务合同条款，充分考虑各种利弊关系。

破解"假出价"陷阱，务必做到如下几点：一是索要订金。所付订金数量的多少，以对方不敢轻易反悔作为考量标准；二是规定谈判期限，到期不能达成主要条款协议并立即放弃谈判；三是留有后路。当某些迹象显示出对方在假出价时，要注意随时保持两三个其他的交易谈判对象，以便主动进退；四是寻找中间人，并要其在商务合同上签名做证，防止对方反悔。

破解"威胁"陷阱，必须做到如下几点：一是不予理睬，即或以沉默对之，或把它看成是不相干的发话，使对方的威胁失去目标；二是明确指出威胁的双重后果，尤其是对提出威胁者的严重后果，使之意识到问题的严重性而放弃威胁；三是据理对威胁进行必要反击，使威胁者在理亏中放弃威胁。

破解"欺骗"陷阱，要做到如下几点：一是搞清楚欺骗的类型。商务谈判中的欺骗类型有：提供无用信息与资料、故意透露错误情报、擅自改动协议书内容等。只有明确了欺骗的类型，才能识别与破解"欺骗"陷阱；二是学会察言观色。编假话欺骗对方常常会出现前言不搭后语甚至自相矛盾的情况，仔细观察你就会发现这些破绽；三是不听一面之词，重要信息一定要经过调查、核实，方可决断；四是商谈重要内容时，一定要一丝不苟，严肃认真，警惕对方在谈判中使用故意欺骗的伎俩；五是仔细审查协议书的内容。重点查看意思表达是否清楚完整，措辞是否严谨。

破解"百般刁难"陷阱，要做到如下几点：一是弄清目的。谈判中的百般刁难表现形式多样，目的也多种多样，如有的百般挑剔，旨在压价；有的推脱责任索要高额赔款；有的故意刁难，意在提高标价，因此，只有弄清楚对方的目的，才能针锋相对破解这一陷阱；二是揭露对方企图，表明我方立场，并咬牙坚持，绝不退让；三是向对方上级申诉，据理力争，迫使对方上级出面调解；四是针对百般刁难之不道德行为，运用法律、政治手段，向对方施加压力。

破解"强硬要求"陷阱，要做到如下几点：一是告知对方强硬要求会导致两败俱伤的严重后果，从而使对方有所收敛；二是灵活应对。强硬要求与威胁不同在于：威胁你可以置之不理，但强硬要求却不能不理。然而，对待强硬要求必须讲究灵活有方法，不能硬碰硬，即必须想尽一切办法把对方的不可变成可以通融与协商，从而破解对方之"强硬要求"。灵活应对强硬要求的方法很多，如开个玩笑或讲个幽默故事等，都不失为一个好办法。

破解"车轮战术"陷阱，要做到如下几点：一是谈判初始申明我方的立场，不轻易同意对方更换谈判人员；二是除非处理谈判僵局需要，否则，坚持与原谈判对手谈判；三是不重复已讨论过的条款，以避免给对方乘虚而入的机会；四是少安毋躁，在摸清新谈判对手底细之后再谈判；五是针对新谈判对手，采用新的策略技巧；六是如有需要，更换己方谈判人员。

2. 破解其他谈判陷阱的技巧

在实际商务谈判活动中，除了常见的交易谈判陷阱外，还有专门为"谈判对手"和"人质"设下的陷阱。对于这些较为隐蔽的谈判陷阱，也同样不能掉以轻心；否则，会导致商务谈判夭折。

谈判者是谈判活动的主体，对谈判成功与否起着不可忽视的作用，因而，在实际商务谈判活动中，狡猾的对手会针对谈判人员设下种种陷阱。其中最为重要的有"贿赂陷阱"和"人身攻击陷阱"。

表 10 - 2　商务谈判中针对"谈判对手"和"人质"设下的陷阱

名称	目的	特点
贿赂陷阱	创造更有利谈判条件	1. 利用金钱、商品行贿 2. 危害性大：破坏谈判的公平与合理性
人身攻击陷阱	施加压力迫使对方屈服	1. 用讽刺挖苦的语言嘲笑、羞辱对方 2. 用或明或暗的方式使对方产生身心不适感
人质陷阱	为己方谋取最大利益	1. "人质战略"的运用在谈判中司空见惯 2. 人质在谈判中非人而是"物"

破解"贿赂陷阱"，要做到如下几点：一是严格挑选谈判人员，实施人员轮换制度，防患于未然；二是提高谈判人员素质，使其自觉抵制贿赂行为；三是加大贿赂处罚力度，提高谈判人员违规代价；四是制定严格法规，加强谈判监督管理。

破解"人身攻击陷阱"，要做到如下几点：一是保持冷静，沉着应对，即无论对方如何向你进行人身攻击，你都要处变不惊，顶住压力，以局外人身份观看他的"表演"，直到对方泄气为止；二是忍耐为先，适时反击，即面对讽刺挖苦，先是采取忍耐不理会的态度，在时机成熟时进行反击。三是明确指出，必要时提出抗议或退出谈判。

破解"人质陷阱"，要做到如下几点：一是认清"人质陷阱"的类型。在商务谈判中，买方设计的"人质陷阱"类型主要有：先购后换、先用后谈、先侵后补、先控后调等；卖方设计的"人质陷阱"类型主要有：延期交货、先修后议（价）、高收（款）低付（货）等；二是找中间人，以便对付"人质陷阱"；三是严签商务合同，不给对方以可乘之机；四是预留王牌，关键时打出，令对手措手不及。

总之，在实际商务谈判活动中，会遇到不少对商务谈判造成负面影响的陷阱，如不破解这些陷阱，谈判就会难以顺利进行下去，甚至破产夭折。要想破解这些陷阱，除了充分认识到谈判陷阱的巨大危害性之外，还必须掌握破解陷阱的技巧，并能对症下药，将这些技巧熟练运用于商务谈判之中，才能达到目的。

三、商务谈判成交的技巧

成交是检验商务谈判成功与否的标尺之一，因而对商务谈判活动至关重要。然而，要想使商务谈判顺利成交，必须掌握达成交易的技巧。

在商务谈判中，价格作为谈判的核心问题，无论是报价前的投石问路，还是报价、讨价还价、最后成交，都离不开技巧。

1. 投石问路的技巧

投石问路是指报价前谈判一方为了解对方情况而采取的一种技巧。有经验的谈判者，报价前都得先投石问路。

如欲试探卖方价格上有无回旋的余地，买方可采取如下投石问路的技巧：一是向卖方提出："我方增加购买数量，你们的价格优惠是多少呢？"或者再具体一些："购买数量为50时，单价是10元，如果购买数量为100时，单价又是多少呢？"二是向卖方提出："以现金支付或采取分期付款，产品价格有什么差别？"三是向卖方提出："如我方除购买这种产品外，还购买其他产品，能否在价格上再优惠些？"四是向卖方提出："如果我们解决货物运输问题，价格能降多少？"五是向卖方提出："如果我们给你提供生产产品所需的原材料，那么，成品价又是多少呢？"六是向卖方提出："假设我们买下你的全部存货，报价又是多少？"七是向卖方提出："如果我们与你签订时间较长的合同，价格可否优惠？"

如我为卖方，应采取下列技巧：一是顺水推舟，即买方投出一个"石头"，立刻向对方回敬一个，如对方探询数量与价格之间的优惠比例，我方可立刻要求对方订货；二是将计就计，如买方询问订货数额为100的优惠价格，我方可以反问："你希望优惠多少？""你是根据什么算出优惠比例的？"三是灵活应答，该回答的就回答，不便回答的拖后回答，这样效果或许更好；四是找出买方购买的真正意图，根据对方情况估计其购买的数量。总之，买方的投石问路有可能为我方创造了极好的机会，针对买方想要知道更多资料信息的心理，我方可以提出许多建议，促使双方达成更好的交易。

2. 报价的技巧

报价是交易谈判不可逾越的阶段，对整个谈判结果有着实质性的影响。因此，报价在谈判中显得非常重要。然而，报价要想为对方所接受或使对方尽量少讨价还价，必须掌握一定的报价技巧。

先报价与后报价的技巧。先报价与后报价各有利弊，因此先报价还是后报价要视情况而定：如对那些已方情况不太熟悉的谈判者，可把球踢给对方，让其先报价，以便我方摸清、了解更多情况；而对预期双方可能出现矛盾冲突的谈判，则应抢先报价，先下手为强，以争取主动，给对方以较大的心理压力。

确定报价的起点，总的策略技巧是买低卖高。"买低"指的是买方要采取低报价，"卖高"指的是卖方要采取高报价。

相关链接 🔍搜索

报价高与成功的可能性成正比

谈判专家曾做过一个有趣的实验。他们把两组学生分为谈判的两方，都有同样的机会获得 5 元的谈判结果。研究人员暗示一方，希望他以 7.5 元作为谈判目标，而暗示另一方，希望他以 2.5 元作为谈判目标。结果是，前者的谈判结果接近 7.5 元，而后者却接近 2.5 元。这说明：期望水平高，报价也高，成功的可能性也越高，获利也越大。所以，作为卖方来讲，报价越高，结果可能越理想。

如果对方先报价，我方应采取下列技巧：一是不要中途打断对方的报价，要沉得住气；二是要适当加以重复对方报价，以便真正了解了对手报价；三是不要马上回绝对方的不合理报价。

如果我方先报价，采取的报价技巧有：一是要结合企业的实际情况，确定报价的目标；二是报价时要留出较大的讨价还价余地；三是报价时态度要坚定果断，给人以自信、从容的印象；四是报价要非常明确，以使对方能准确无误地了解报价方的要求、期望；五是尽量避免口头报价，如非口头报价不可，最好同时以文字记载下来，以备事后出现误会、纠纷时用；六是报价时一般不应附加任何解释说明，只有当对方不满你的报价时才加以说明。

3. 抬价压价的技巧

在商务谈判中，抬价压价是普遍现象。因为一则任何一方报价都会有不同程度的水分；二则谈判中没有一方开价另一方就马上同意拍板成交的，都要经过多次的抬价与压价，直到互相妥协。所以，谈判高手也是抬价压价的高手。然而，无论抬价还是压价，都必须掌握一定的技巧，才能达到抬价或压价之目的。

一般说来，抬价技巧有二：一是科学的计算，精确判断，在分析基础上，估量抬价多高对方才能乐意接受；二是要有足够的信心与耐力，因为时间一久，局势总是朝着有信心、有耐力的一方倾斜；三是先低后高，遏制买方的进一步要求。

相关链接 🔍 搜索

麦科马克难忘的谈判经历

美国谈判专家麦科马克曾经历过一次难以忘怀的谈判。有一次，他代表一家公司交涉一项购买协议，对方开出的价格是 50 万元，他和公司的成本分析人员都深信，只要用 44 万元就可以完成这笔交易。一个月后，他开始和对方谈判，但对方却又声明原先的报价有误，现在开价 60 万元。这反使麦科马克先生怀疑自己原先的估计是否正确。直到最后，当他以 50 万元的价格与对方成交时，竟然感到非常满意。这是因为，他认为是以低于对手要价 10 万元之差达成了交易，而对方则成功地遏制了他的进一步要求。

在谈判专家看来，压价是对抬价的破解，可采取如下技巧：一是指出对方报价的水分，如算出对方产品的成本费用、赢利数额等；二是与市场价或别的卖家货物进行比较，显现对方报价太贵；三是制定一个价格的上、下限，然后围绕这些标准，进行压价；四是通过付款方式、运输方式、善后服务等其他方面迁就对方，要求对方压低价格。

四、商务谈判的语言技巧

商务谈判离不开语言技巧。在谈判中，从谈判双方接触、正式谈判，直至合作签订协议，都是通过语言表达来实现的。诚如谈判专家所言：谈判技巧的最大秘诀之一，就是善于将自己要说服对方的观点一点一滴地渗进对方的头脑中去。

相关链接 🔍 搜索

萨克斯说服罗斯福

第二次世界大战期间，一些美国科学家试图说服罗斯福总统重视原子弹的研制，以便能最有效地打击德国法西斯，尽快结束战争，减少无谓的人员伤亡。他们委托总统的私人顾问——经济学家萨克斯出面说服总统。但不论是科学家爱因斯坦的长信，还是萨克斯的陈述，总统一概不感兴趣。为了表示歉意，总统邀请萨克斯次日共进早餐。第二天早上一见面，罗斯福就以攻为守地说："今天不许再谈爱因斯坦的信，一句也不谈，明白吗？"

　　萨克斯说："英法战争期间，在欧洲大陆上不可一世的拿破仑，在海上屡战屡败。这时，一位年轻的美国发明家富尔顿来到了这位法国皇帝面前，建议把法国战船的桅杆砍掉，撤去风帆，装上蒸汽机，把木板换成钢板。可是拿破仑却想，船没有帆就不能行走，木板换成钢板就会沉没，于是他二话没说就把富尔顿轰了出去。历史学家们在评论这段历史时认为，如果拿破仑采纳了富尔顿的建议，19世纪的欧洲史就得重写。"萨克斯说完，目光深沉地望着总统。

　　罗斯福总统默默沉思了几分钟，然后取出一瓶拿破仑时代的法国白兰地，斟满了酒递给萨克斯，轻轻地说："你胜利了。"萨克斯顿时热泪盈眶，他终于成功地说服了总统做出美国历史上最重要的决策。

1. 语言表达的技巧

　　在谈判中，语言表达的方式不同，技巧不一样，对方接收的信息、做出的反应也就不同。这表明：虽然人人都会说话，但说话的效果却取决于表达的方式与技巧。

　　语言表达的技巧虽然很多，但就商务谈判而言，应掌握下列技巧：

　　一是使用具体、准确并有数字证明的语言，以明确双方各自的责任、义务。

　　二是慎用语言，以维护对方的面子与自尊。

　　三是注意表述细节，如说话时应每隔30秒钟停顿一次，以给对方思考的余地；讲到重点处，或放慢语速，或加强语气重点强调，或提高说话声音，或适当的重复，以加深对方印象；此外，恰到好处地抑扬顿挫，美妙动听地发音，都会吸引对方的兴趣；最后，要说服对方，必须要寻找对方能接受的谈话起点，即寻求与对方思想上的共鸣。先表示出自己对对方的理解，然后步步深入，把自己的观点渗透到对方的头脑中，不能急于求成；否则，往往事与愿违。

　　四是尽量避免不利于谈判的言辞（参见表10-3），因为多用或常用这些言辞会给谈判带来消极的后果。

表10-3　谈判中应避免的言辞

名称	例句	危害
有损自尊的语言	"降价你也买不起"、"买不起别来"	容易导致谈判破裂
极端性的语言	"绝对不是……"、"肯定是……"	同上
涉及隐秘的语言	"看来你根本做不了主"，"你不同意是不是你的上司没点头？"	容易引起谈判争论
针锋相对的语言	"说太多也无益，价格就这样定了。"	容易引起谈判僵持

续表

名称	例句	危害
赌气的语言	"上次交易让你们赚了很多，这次不能再让你们占便宜了。"	容易引起谈判不良后果
以我为中心的语言	"我认为……"	容易引起对方反感
言之无物的语言	"我还是要说……"，"真是这样的吗？……"	容易引起对方烦躁
模棱两可的语言	"听别人说……""好像是……""大概如此"，"似乎……"	容易引起对方误解
催促对方的语言	"请快做决定"，"请立即答复。"	容易引起对方猜疑
威胁性的语言	"如果你……，后果自负。""你要给自己留条后路。"	容易导致谈判破裂

2. 提问的技巧

在商务谈判中，提问是必不可少的环节。因为只有通过提问，才能表达己方的要求，了解对方的想法和意图，获取自己所需要的信息。

然而，提问不能随心所欲，必须讲究提问的技巧。因为不同的提问方式，会导致不同的结果。作为谈判者，应该掌握如下技巧：

一是问前多思考，即提问前应思考提问什么，如何问，只有做足了提问前的准备工作，才能使自己的提问具有针对性，切中要害。

二是提问要具体明确，准确简练，比如，关于付费方式，你可发问："你们打算现金支付，还是支票支付？如果是现金支付，打算分几次付清？"而不能笼统地问："你们打算如何付款？"

三是把握提问的时机。一般说来，谈判伊始不能草率提问，如主持人刚宣布谈判开始，一方就问："大家已经认识了，我有一个问题想请问对方，请如实回答，"显然这是不合适的，因为过早地提问，会让对方摸不着头脑，也使人感到为难。提问的最佳时机一般出现在：当对方充分表述完自己的意见和要求之后，你对其中某一问题不理解或理解得不够时，可向对方提问，或者当你想从自己被打岔的话题中回到原来的话题上时，你可以提问，或者你希望别人能注意到你提的话题时，也可以提问，把对方引导到你希望的结论上。

四是提问措辞要得当。提问具有使对方陷入窘境、引起对方的焦虑与担心的负面影响，因此，无论你在谈判中的地位如何特殊，是谈判中的决策人物，还是核心人物，都要措辞慎重，以不为难对方、刺伤对方为原则。如果你的提问措辞咄咄逼人，有可能产生相反的效果。有一个小例子能充分说明提问措辞的重要性。在西方国家，有一位牧师问一位长老："我可以在祈祷时吸烟吗？"他的请求遭到坚决的拒绝。另一位牧师又问同一位长老："我可以在吸烟时祈祷吗？"因为提出问题的措辞不同，结果，他被允许了。

五是提问要注意切入角度。提问的角度不同，引起对方的反应也不同，得到的回答也就不同。比如，当对方开价太高时，你这样提问："你们的开价远超出我们的估计，有商量的余地吗？"对方感受到你温和的语气中所显露出来的谈判诚意，他们会接受你的意见，反之，如果你这样提问："你们的报价太高，你觉得我们能接受吗？"这种带有挑战意味的提问，会给对方以压迫感、威胁感，效果适得其反。

六是提问要因人而异。在谈判中，针对不同的谈判对象，因人而异提问，也非常重要。比如，对方是一位严肃型谈判者，你的提问要认真；一位活泼型谈判者，你的提问可诙谐幽默；一位坦率型谈判者，你的提问就要简洁明了；一位挑剔型谈判者，你的提问要周密严谨；一位急躁型谈判者，你的提问就要委婉；一位羞涩型谈判者，你的提问要含蓄。

七是"聪明劝诱法"提问，即通过提出一系列的问题让对方称"是"，同时要避免对方说"不"，进而促使对方发生态度转变的方法。"聪明劝诱法"提问，又称"苏格拉底式"的谈话技巧①。这种技巧着眼于寻求谈话共同点，在商务谈判中非常有效。

相关链接 🔍搜索

西屋公司的推销员

在营销成功学大师卡内基的书中，有这样一个例子：一家公司的总工程师通知西屋公司说，不准备订购他们的发动机了，理由是发动机的温度过高。西屋公司的推销员前去交涉，他就是从"是"开始进行说服的。推销员说："我同意你的意见，如果发动机太热，不应该买它。发动机的温度不应该超过国家规定的标准。"对方答："是。""有关规定说，发动机的温度可以高出室内温度华氏72度，对吗？"对方说："对。""厂房有多热？"对方答："大约华氏75度。""75度加上72度是147度，是不是很烫手呢？"对方答："是的。"结果，推销员就是用这种方式，把自己的意见通过对方的"是"灌输到对方的头脑中，使对方又接受了订货。

---

① 苏格拉底是两千多年前古希腊著名哲学家，他以辩论见长。他创立的问答法至今还被世人公认为。其基点是：与人辩论，开始不要讨论分歧的观点，而是着重强调彼此共同的观点，取得一致后，再自然地转向自己的主张。

3. 回答问题的技巧

在商务谈判中，有问有答，都是谈判语言交流不可缺少的重要组成部分。诚如提问需要讲究技巧一样，要想回答好问题，给对方一个称心如意的答复，同样需要技巧。

在商务谈判中，回答问题的技巧归纳起来主要有如下几种：

一是慎重回答。对于谈判另一方所提问题，尤其是一些至关重要的问题，有经验的谈判者，一般不会马上回答，而是思考再三才回答。例如，在价格问题上，对方一开始谈判，就向你提问："这批货物，你们准备开价多少？"在你对另一方情况一无所知或一知半解的情况下，最好不要马上回答，而是想办法引开，谈一些如购买数量、产品质量、付款方式等与价格相关的问题，待时机成熟时再开价，这样，既可避免过早暴露我方意图，又可获得理想的谈判效果。

二是弹性回答，即在回答问题时，不必考虑所答的问题是否确切，而是知道该说什么和不该说什么，并采取诸如"那要看……而定"，"至于……就看你怎么看了"等比较的语气，如对方问"这批货物价格你们到底打算开价多少？"如果你觉得说出具体的价格不利于讨价还价，而且你又想对方多买一些，就可以说"这要视情况而定，关键看你们能购买多少？"这种弹性较大的回答，不仅必要，而且能为后面的讨价还价埋下伏笔。

三是部分回答，即在回答问题时，不要全部回答，而是将提问的范围缩小，只回答问题的某一部分。如对方问："你们同意我方提出的付款方案吗？"如觉得时机尚未成熟，或者对付款方式存有异议，你可回答："我们还要向上级汇报一下，征得上级的同意，另外，付款方式问题，能否再加上……"这样，既避开了对方问话的主题，又可把对方的思路引到自己所关注的问题上来。

四是回避或降低难题，即对于一方提出的一些比较难以回答的问题，我方不能予以合情合理、有条不紊回答时，可以找借口，如自己权力有限、资料不在手上等，巧妙地回避那些难以回答的问题，也可通过降低问题难度系数的方式，说："对于你所提的问题，我们也认真考虑过，应该说情况没有你想的那样严重。"这样可达到冲淡回答问题气氛之目的。

五是设法阻止追问。在商务谈判不少场合中，经常会遇到一方连珠炮式提问，在此种情况下，有经验的谈判者会设法阻止追问，因为此种提问对方往往精心做了准备，对回答者非常不利。阻止追问比较好的方法是：强调客观原因，如交货延期，对方有可能问："为什么不按时交货？是主观还是客观原因造成的？什么时候才能交货？"等一连串问题，你或可强调天气，或者铁路运输部门办证手续复杂以及工厂停电、工人放假等原因，耽搁了交货时间，而非己方出了问题，并向对方说明，自己也不愿意看到此种情况出现，甚至比他更心急。这样，对方就不会追问下去了。

相关链接 🔍搜索

罗斯福微笑拒答

　　罗斯福在当选美国总统之前，曾在海军担任要职。有一天，一位朋友向他打听海军在加勒比海一个小岛上建立潜艇基地的计划。罗斯福向四周看了看，压低声音问："你能保守秘密吗？"那位朋友回答道："当然能。"罗斯福笑着说："那么我也能。"那位朋友顿时明白了罗斯福的意思，不好意思再问下去了。

五、其他技巧

　　商务谈判其他技巧，如处理反对意见的技巧、掌控谈判氛围的技巧等，也对商务谈判是否取得成功有着一定的影响，因此，谈判者必须熟练掌握它，并能运用到谈判实践当中，这样才能确保谈判成功。

1. 处理反对意见的技巧

　　在商务谈判中，任何一项协议中的某一条款的商定，都会出现这样或那样的反对意见，只有学会处理各种反对意见的方法与技巧，才能克服谈判中的各种障碍。

　　在商务谈判中，反对意见一般分为五类，即一般性反对意见、偏见与成见式反对意见、借口式反对意见、自我表现式反对意见和恶意反对意见。处理不同类型的反对意见，应根据其特点，对症下药，运用不同的处理技巧（参见表10-4）。

表10-4　不同类型的反对意见及其处理技巧

名称	特点	处理技巧
一般性反对意见	最常见的反对意见，提议因带有明显的偏颇性而遭到反对。	认真听取，耐心解释。
偏见与成见式反对意见	感情色彩较强的反对意见，先入为主，片面强调某点，最难处理。	找出偏见形成根源，尽量避免讨论由偏见引起的分歧。
借口式反对意见	不是真正的反对意见，想拒绝对方而不便公开申明的理由。	采取回避方式，也可建议对方回头再讨论。

续表

名称	特点	处理技巧
自我表现式反对意见	也不是真正的反对意见，旨在自我表现，证明自己比对方强。	不急于驳斥，必要时给予肯定，不盲目迎合，事实说话。
恶意反对意见	旨在刁难对方，搅乱视听，甚至进行人身攻击。	冷静，佯装没听见或指出其错误、设法消除对方的火气。

处理谈判中的反对意见，除了针对不同类型的反对意见采取不同的技巧外，还必须注意如下几点：

其一，态度平和友好，幽默风趣。既然是反对意见，如果你带着愤怒的口吻回答对方，会导致对方误认为你对他有看法，如此便难以说服对方了，甚至还会遭到对方更为强烈的反对，所以，态度平和友好是十分必要的。如果你恰到好处地运用幽默，或许效果会更好。

相关链接 🔍搜索

林肯与卡特莱特竞选州议员

美国前总统林肯在 1843 年与卡特莱特共同竞选伊利诺伊州议员，两个人因此成了冤家。一次，他们碰巧一同到当地教堂做礼拜。卡特莱特是一名牧师，他一上台，就利用布道的机会拐弯抹角地攻击林肯，最后他说："女士们，先生们，凡愿意去天堂的人，请你们站起来。"全场都站起来，只有林肯仍坐着。牧师又说："凡不愿去地狱的人，请你们站起来。"人们又都站起来，林肯仍坐着。牧师以为奚落林肯的机会来了，他大声问："林肯先生，那么你打算去哪儿呢？"林肯不慌不忙地说："卡特莱特先生，我打算去国会。"全场的人都笑了，牧师反而窘住了。

其二，回答言简意赅，切记离题啰唆，只回答对方提出的疑点即可，必要时可适当予以解释和说明，以免引起对方反感，给对方新一轮反驳留下口实。

其三，把握时机。当对方就某一项条款提出反对意见时，你可仔细审议此条款，并在脑海中思考对策，思考成熟后或是你感到时机成熟时，再予以回答。这样不仅有利于避免矛盾升级，还会增加说服对方的概率。

其四，间接反驳。对于反对意见，如果直截了当地驳斥对方，容易使对方丢面子，因此，比较好的一种处理方法是间接地反驳，如对方反对你的报价，认为你所报价格太离谱，你既可说：这是我们卖给所有朋友的统一优惠价，也可以解释说：

此报价不高于所有市场同产品报价，甚至别人报价比我们的报价还高。

2. 创造良好谈判气氛的技巧

谈判离不开气氛。谈判气氛的好坏，对谈判的前途有着不可低估的影响。因此，谈判专家普遍认为，谁能控制谈判气氛，谁就能掌控谈判的主动权。

谈判专家一般把谈判气氛分为以下四种类型，即对立型、松散型、严肃型和友好型。从表 10-5 可知，友好型谈判气氛最为谈判者所欢迎，也是最有益、最有效的类型。

表 10-5　谈判气氛的类型

类型	表现	特点
对立型	谈判人员：相互猜疑、对立。	气氛：冷淡、紧张。
松散型	谈判人员：漫不经心、私下交谈、打瞌睡。	气氛：松松垮垮
严肃型	谈判人员：认真、谨慎。	气氛：平静。
友好型	谈判人员：心情愉快、关系融洽。	气氛：热烈。

那么，如何才能营造出友好型谈判气氛、从而有效地促进会谈呢？关键在于掌握一定的技巧。

其一，重视开端，赢得"第一印象"。

有经验的谈判者都知道，谈判气氛往往是在双方开始会谈的一瞬间就形成了，并影响以后会谈气氛的发展。因此，重视开端，赢得"第一印象"，显得十分重要。而要想达此目的，必须注意如下三点：一是初次交往，尽量保持良好的言行举止、风度气质，力图给对方留下良好的第一印象；二是谈判伊始，彼此之间可能聊一些谈判以外的轻松话题，以消除相互间的生疏感、拘束感，为正式谈判打下基础；三是重视"开场白"，以创造和谐、融洽的谈判气氛。

相关链接　🔍搜索

周总理与江青会见尼克松

中美建交是现代外交史上具有划时代意义的重大事件。美国前总统尼克松在他的回忆录中，对1972年访问中国时，与周恩来总理的初次会面有深刻的描述，并把他与江青的会面做了比较。周总理与他见面时的第一句话是："您从大洋彼岸伸出手来和我握手，我们已经25年没有联系了。"而江青见到尼克松的第一句话就是："你为什么从前不来中国？"同样是短暂的见面语，周恩来的机智、高雅、诚挚、友好与江青的愚蠢、盛气凌人和缺乏幽默感形成鲜明的对照，给人留下的印象也就不同了。

其二，运用诙谐调节谈判气氛。

如果说开好头为友好型谈判气氛打下了基础，但这并不意味着谈判友好气氛能贯穿于谈判的始终。事实上，在实际谈判活动中，随着人的生理机能的变化以及谈判结果的随机性因素影响（当双方关系融洽时，谈判气氛既热烈又和谐；当双方关系僵化时，会谈气氛就紧张），谈判气氛并不能完全随人愿发生变化。因此，当我们遇到谈判气氛不理想时，应该想办法予以调节，其中运用诙谐幽默，被证明是最好的调节方式。因为，诙谐幽默对缓和、打破谈判僵局、调节谈判气氛，具有十分重要的功效。

相关链接 🔍 搜索

里根式幽默

美国前总统里根到加拿大访问时，双方的会谈时常受到屋外反美抗议示威的干扰。加拿大总理特鲁多感到十分尴尬和不安。此时，里根却幽默地说："这种情况在美国时有发生，我想这些人一定是特意从美国来到贵国的，他们想使我有一种宾至如归的感觉。"几句话使得在场的人都轻松下来。应该说里根总统深受美国人民的爱戴，与他"自我贬损式"的幽默是分不开的。研究美国大选的专家认为美国人认同普通人，那些谦虚、优雅而且愿意贬低自己的人在人际交往中尤其受欢迎。里根总统身边的人在回忆总统时印象深刻的内容之一就是他年龄偏大，经常遭人挖苦。对于这一点他从来不回避。一次在一个医疗会议上发表演讲时，他对与会者说："要是我需要做一次移植手术，那么我肯定会碰到一大难题：我所需要的器官他们不再生产了。"结果受到与会者的热烈欢迎。这样做的效果：一是它可以使演讲者富有人情味，使听众们认同他，形成一种与之融为一体的感觉；二是它还可以让听众感到自己更有尊严、更有价值；三是它可以使人们换个角度来看问题，赋予一个普通事件以新的含义。

其三，灵活多样，调节谈判人员情绪。

由于谈判气氛是在谈判双方人员相互接触中形成的，而随着谈判的步步深入，谈判人员的情绪也会随着谈判的进程而发生变化，如谈判进入实质性问题阶段，有人会紧张、拘谨，甚至恐慌。基于此，必须采取如下技巧加以调节：一是提议暂时休会；二是插入一些轻松愉快的话题；三是查询相关谈判资料；四是提供水果、饮料、点心；五是改变谈判座位。

相关链接 🔍 搜索

环境对谈判者情绪的影响

心理学家实验证明：人的情绪的形成及变化受环境的影响极大。如果把一个人关进一个与外界隔绝、听不到任何声音的屋子里时，那么，用不了多久，他就会情绪烦躁，难受至极，甚至有发病的感觉。人的情绪，如喜、怒、哀、乐，都是随外界条件变化产生的种种心理感受。在谈判过程中，双方人员的心理压力较大，如果会谈的气氛过于紧张、严肃，就会使一些人难以承受。如有的谈判人员会歇斯底里地情绪爆发，就是承受不了心理压力的表现。因此，谈判人员应考虑谈判气氛不能过于严肃、紧张，至少不能长时间如此。

本章小结

本章在界定商务谈判策略概念之基础上，从商务谈判的实际出发，较为系统地探讨了商务谈判常用之策略。这些策略主要包括假设策略、开放策略、润滑策略、权力限制策略、留有余地策略、创设契机策略和休会策略；针对"固执型"谈判者、"平和型"谈判者、"强硬型"谈判者、"虚荣型"谈判者四种谈判者类型之特点，阐述了相应的对付策略；商务谈判中的僵局对谈判进程影响极大，需从分析形成原因入手，在提高其危害性认识之基础上，运用"起用后备力量"、"耐心倾听"、"转移问题"、"协调利益"、"暂时休会"、"寻找调节人"等技巧，打破谈判僵局，以确保谈判的顺利进行；对于商务谈判活动中人为设下的种种陷阱，绝不能掉以轻心，必须凭借智慧和运用合法恰当的技巧，识别并破解商务谈判陷阱的技巧，维护自己的正当利益。成交是检验商务谈判成功与否的标尺之一，而价格则是谈判的核心问题，只有掌握报价前的投石问路技巧、报价技巧、讨价还价技巧、最后成交技巧，才能促使成交的顺利进行；商务谈判离不开语言技巧，因为无论是谈判双方接触、正式谈判，直至合作签订协议，都是通过语言表达来实现的，而谈判中的提问、回答问题都必须讲究技巧，这样才能将自己要说服对方的观点一点一滴地渗进对方的头脑中去；商务谈判的其他技巧，如处理反对意见的技巧、掌控谈判氛围的技巧等，也对商务谈判是否取得成功有着一定的影响，因此，谈判者必须熟练掌握它，以确保谈判成功。

【练 习】

1. 什么是商务谈判策略？它的特点如何？

2. 商务谈判常用策略有哪些？运用这些策略对商务谈判取得成功有何意义？

3. 不同风格谈判者有哪四种类型？针对不同风格的谈判者应采取哪些技巧？

4. 在商务谈判中，你遇如何识别贿赂陷阱并能破解它？

5. 商务谈判中的人身攻击有何特点？如何才能破解？

6. 什么叫"人质陷阱"？如何才能破解它？

7. 成交有哪些技巧？掌握这些技巧对商务谈判成功有何影响？

8. 在商务谈判中，如何才能处理好反对意见？如何才能掌控谈判氛围？

【案例与思考】

案例一： 日本人 "最后期限策略" 显神威

德国某大公司应日方邀请去日本进行为期四天的访问，以草签协议的形式洽谈一笔生意，双方都很重视。德方派出了由公司总裁带队，由财务、律师等部门负责人及其夫人组成的庞大代表团，代表团抵达日本时受到了热烈的欢迎。在前往宾馆的途中，日方社长夫人询问德方公司总裁夫人："这次是你们第一次光临日本吧？一定要好好旅游一番。"总裁夫人讲："我们对日本文化仰慕已久，真希望有机会领略一下东方悠久的文化、风土人情。但是，实在遗憾，我们已经订了星期五回国的返程机票。"结果，日方把星期二、星期三全部时间都用来安排德方的旅游观光，星期四开始交易洽商时，日方又搬出了堆积如山的资料，"诚心诚意"地向德方提供一切信息，尽管德方每个人都竭尽全力寻找不利己方的条款，但尚有6%的商务合同条款无法仔细推敲，就已经到了签约时间。德方进退维谷，不签，高规格、大规模的代表团兴师动众来到日本，却空手而归，显然名誉扫地；签约，有许多条款尚未仔细推敲。万般无奈，德方代表团选择后者，匆忙签订了有损己方利益的协议。

思考：日本人是如何利用"最后期限策略"迫使德方匆忙签署协议的？

案例二： 鲁冠球巧破谈判障碍

1986年9月的一天，杭州万向节厂外贸洽谈室的气氛十分火爆，似乎划一根火柴就能点燃。厂长鲁冠球正在与美国俄亥俄州某公司国际部经理莱尔进行一场紧张、激烈的谈判。

美方要求：杭州万向节厂的产品都要经过他们公司出口，不准自己销往其他国家。鲁冠球当然不同意，因为这意味着许多机会的放弃。双方僵持不下。

在谈判桌一边的组合式沙发里，坐着来自美国俄亥俄州的某公司国际部经理莱尔。这家公司历史悠久，万向节销售网遍布南美、亚、澳大陆。莱尔先生见多识广，自以为实力雄厚，胜券在握，说出来的话不免咄咄逼人。此时，他向鲁冠球抛出一个"撒手锏"："我希望厂长先生还是签订这个协议为好。否则，我方将削减贵厂出口数量，这对贵方带来的损失是巨大的。"

年过花甲的公司总裁特伦斯·多伊尔先生，须发染霜，身材魁梧，风度翩翩，浓重的卧蚕眉下，深藏着一双让人捉摸不透的蓝眼睛。他看上去颇有教养，慢条斯理地说："尊敬的鲁先生，您会看到，我们与贵厂有两种关系。第一种是，我们优惠提供技术、资金、先进设备、市场情报，代培工程师，但条件是贵厂的产品只能由我们独立经营。第二种是，你们可以把产品出口给其他客户，我们也可以不买杭州万向节厂的产品，而转向购买印度、韩国、巴西、中国台湾的产品。鲁先生，您喜欢选择哪一种呢？"

美方的软硬兼施，鲁冠球早已料到。这几年，杭州万向节厂的产品在国际市场上声誉日隆，美方几次来杭州谈判，都提出要独家经营。鲁冠球认为，签订这样的商务合同，无异于绑住自己的手脚，受制于人。

鲁冠球沉着冷静，侃侃而谈："按照国际贸易惯例，我厂和贵公司的关系，只是卖方与买方的关系，我们愿意把产品卖给谁就卖给谁，贵方无权干涉。我们的关系应该是相互合作、共同发展。我再次重申：不同意签订独家经销协议！"

谈判桌上的空气似乎凝固了。多伊尔猛地站起身，收拾皮包："这样的话，我们将停止进口贵厂产品！"

鲁冠球不顾随行外贸人员的频频暗示，有礼貌地说："随时欢迎贵公司代表回来继续合作。"

两位美商走远了。望着他们熟悉的背影，鲁冠球心中并不好受。正是这两位美商，最早在广交会上发现他们的产品，专程赶到钱塘江畔的杭州万向节厂，使鲁冠球的产品一举打入国际市场。以后他俩几乎年年联袂而至，和鲁冠球成了好朋友。然而友谊并不能代替商业中的竞争！

多伊尔和莱尔回到美国后，一份措辞严厉的函件飞越重洋来到鲁冠球的办公室。美商在信中提出杭州万向节厂的产品存在问题，需重新检验，要求付工费。刁难接踵而来。按规定，出口信用证应提前2个月寄来，可美商却迟迟不发，原订1987年出口46.5万套万向节被削减为21万套，一下子打乱了杭州万向节厂的生产计划。成品积压，利润直线下降，厂内外议论纷纷。而此时美方仍坚持："只要签订独家经销商务合同，检验费和削减商务合同可以一笔勾销。"

西方不亮东方亮，黑了南方有北方。世界之大，岂无英雄用武之地？鲁冠球迎难而上，这一年，他开发出 60 多个新品种，打开了日本、意大利、澳大利亚、联邦德国、马来西亚等国市场。一批批外商纷纷找上门来。

意大利考曼跨国公司总裁在参观了杭州万向节厂后说："环境整洁，管理有序，产品信誉高，是可以信赖的合作伙伴。"一次就签订了 17 万套的万向节商务合同。

1987 年，杭州万向节厂打破了美商的垄断，产品出口到 8 个国家和地区，创汇 140 万美元。在 1987 年下半年上海举办的国际汽车工业展览会上，美商竟将该厂产品当作本国名牌产品来展销。1987 年圣诞节前夕，一辆豪华型轿车驶入杭州万向节厂，多伊尔、莱尔携带礼品，笑容可掬地走下车来。在外宾接待室里，两位美商向鲁冠球表示歉意。他们捧出一只栩栩如生、振翅欲飞的铜鹰，赠给鲁冠球。

多伊尔致辞道："鹰是美利坚合众国的象征。我们敬佩鲁先生勇敢、精明、强硬的性格。愿我们的事业，像雄鹰一样腾飞全球！"铜鹰伫立在鲁冠球的写字台上，雄视远方。从此，杭州万向节厂与美方的合作关系揭开了新的一页。

鲁冠球的强硬策略奏效了。当然，在整个过程中，也不乏波折，甚至导致了谈判的暂时破裂。然而，如果将整个过程作为一个较长的谈判来看，鲁冠球又是如愿以偿的。

思考：该案例中的谈判障碍有哪些？鲁冠球是如何破解这些谈判障碍的？

【参考文献】

［1］潘肖钰，谢承志．商务谈判与沟通技巧［M］．上海：复旦大学出版社，2000．

［2］周中兴．商 2. 务谈判原理与技巧［M］．南京：东南大学出版社，2003．

［3］方其．商务谈判：理论、技巧、案例［M］．北京：中国人民大学出版社，2008．

［4］马克态．商务谈判：理论与实务［M］．北京：中国国际广播出版社，2004．

［5］万成林，舒平．营销商务谈判［M］．天津：天津大学出版社，2004．

［6］［美］史都华·戴蒙．华顿商学院最受欢迎的谈判课［M］．先觉出版社，2012．

第十一章

谈判风格与礼仪禁忌

【学习目标】

通过本章的学习，掌握谈判风格概念及其不同类型与特点，了解日、美、法、德、意、俄世界主要国家商人以及阿拉伯国家、非洲国家、拉美国家商人的谈判风格，熟悉这些国家和地区的礼仪禁忌，并能在商务谈判中尊重不同国家商人的礼仪与禁忌，针对不同国家商人的谈判风格，采用不同的谈判策略和技巧，以确保谈判协议的达成。

【关 键 词】

谈判风格　鸽式谈判风格　鹰式谈判风格　混合式谈判风格　商务谈判礼仪禁忌　文化习俗

在商务谈判中，要想成为谈判高手，尤其是国际商务谈判的高手，在谈判活动中稳操胜券，除了掌握一定的谈判策略和技巧外，还必须了解不同国家商人的谈判风格，熟悉他们的礼仪禁忌。

第一节　谈判风格

谈判风格是指谈判者个人在谈判活动中所体现的不同行为方式。具体表现在谈判者在谈判过程中表现出来的言谈举止以及实施控制谈判进程的方法、手段。

谈判风格类型多样，其中最具代表性的谈判风格有："鸽式风格"、"鹰式风格"和"混合式风格"（参见表11－1）。

表 11-1　"鸽式风格"、"鹰式风格"和"混合式风格"特征比较

鸽式谈判风格	鹰式谈判风格	混合式谈判风格
把对方视为朋友	对方是敌手	双方是合作者
态度较软	态度强硬	对人软，对事硬
立场易变	坚持立场	着眼利益而非立场
提出建议	提出威胁	寻求蛋糕做大
屈服压力	施加压力	服从原则而非压力

在实际谈判活动中，上述三种谈判风格呈现出截然不同的特点。

鸽式的谈判风格又叫软式风格，是以规劝利导、迂回温和的方式说服对方，实现谈判的目的。它是一种典型的防守型谈判风格。这种谈判风格的优点在于：能够有效规避谈判双方有可能出现的冲突、僵局；善于在友好的气氛中化解矛盾和冲突，在和风细雨中化敌为友，使谈判对手心悦诚服。

鸽式谈判风格的代表人物是沙特阿拉伯石油大亨亚马尼。据说，他在谈判中总是以谦谦君子的形象出现，语调谦和、措辞婉转，无论对方如何说，从不发火，并且总是不厌其烦将自己的要求重复一遍又一遍，直到对方失去耐性，举手投降。

鹰式谈判风格又叫硬式风格，其特点是以坚持强硬态度、立场、使用强硬手段、向对方不断施加压力的方式与对方谈判，进而达到谈判的目的。它常表现为正面对抗或冲突的态势，一些谈判专家往往把这种风格的谈判者形象地比喻为：像老鹰一样顽强勇猛。它是一种典型的进攻性的谈判风格。

鹰式谈判风格的杰出代表人物当数以"铁娘子"著称的英国前首相撒切尔夫人。1972年，英国与欧共体国家进行"减债问题"谈判，她以顽强的意志，强硬的立场，最后赢得了这次谈判的胜利。

混合式谈判风格是以刚柔并济的态度、软硬兼施的方式与对方进行协商，从而达到谈判的目的。它是一种典型的攻防兼备型谈判风格。它的优点在于：扬鸽式、鹰式两种谈判风格之所长，避鸽式、鹰式两种谈判风格之短，是现代人选择的最佳谈判风格。

混合式谈判风格的代表人物当推中国的"铁娘子"——国务院副总理吴仪。众所周知，中国入世谈判困难重重，尤其是关于知识产权的谈判由于美方的刁难步履维艰。但吴仪的出马却使这个问题得到解决。

第二节　世界主要国家商人的谈判风格

在国际商务谈判中，不同国家的政治体制、经济形态，尤其是文化的差异，导致了不同国家商人的谈判风格与礼仪禁忌也截然不同。这种不同直接影响到商务谈判活动的进程与结果。因此，要想顺利地开展商务谈判活动，必须了解世界主要国家商人的谈判风格与礼仪禁忌。

一、日本商人的谈判风格

日本商人在长期的商务活动中，形成了一套颇具个性和魅力的谈判风格，由此造就了一大批商务谈判高手，全世界的谈判专家都公认：日本人是最成功的谈判者。

1. 重礼仪，注细节

日本是一个礼仪之邦，见面要鞠躬，"对不起"是口头禅。这些在我们看来有些可笑或做作的礼节礼仪，在商务谈判中也表现得淋漓尽致。如日本商人在谈判前，必做一件事，那就是交换名片。日本人把交换名片视作一项绝不可少的礼节仪式，并且非常注重交换名片的过程和细节。如果日方人员首先向我方人员递上名片，切不可看也不看就急急忙忙塞到兜里，一定要把名片拿在手中，仔细端详，反复研读，最好一边看一边询问，确认对方名字、公司名称、电话、地址。同时，职位低的、年轻的不要先发放名片，一般等职位高的、年长的出示名片后才出示；否则，日本人会认为你失礼。最后，切记在谈判前把名片准备充足，以保证对方的每一个人都能收到你的名片，不要遗漏任何人，尤其是谈判中的重要人物。否则，有可能导致谈判早产。因为没有收到名片的人，可能认为你故意不给他名片，对他不够尊敬和友好，从而在谈判中作梗，给整个谈判增加阻力。

2. 要面子，重感情

日本人爱面子，世所公认。无论是达官贵人，还是平民百姓，都有爱面子的心理。在日本，最畅销的香皂是"颜"牌，"颜"即指人的脸面。

日本人爱面子的这种心理，在商务谈判中表现得相当突出。主要体现在两个方面：一是日本人为了面子，从不直截了当地拒绝对方。不少谈判专家认为，在谈判中，日本人从不使用"不"字，如果说点头是日本人在谈判中用得最频繁的一个动作，"哈嗨"（意为"是的"）则是日本人在谈判中用得最多的一个词。为什么会这样，就是因为日本人太爱面子。在日本人看来，拒绝对方是粗鲁无礼的行为，会伤害对方的感情，或使对方丢面子。在此需要提醒读者的是，如果你是一个谈判者，千万不要上日本的当，以为日本人点头哈腰，口中说"哈噎"，你的谈判就大功告成了。其实不然，尽管"哈噎"这个词在日本词典里意思是"是"，但它绝非表示同意。用谈判学的术语来说，这是谈判中的"显象"而非"意象"。什么叫"显象"？"显象"是指看得见听得见、有礼貌的一种外在表象，而非真正的心意，"意象"才是真正的心意。"哈噎"在这里的意思是"我在听着你说"。

相关链接 🔍搜索

留日女学生商店买衣服

有一位刚到日本的女留学生，一天，她与已经在日本留学多年的男友到商店买衣服。这位女留学生非常挑剔，在店里挑了很多衣服试穿，结果都不满意。当她与男友出店门时，店里服务员会非常礼貌地鞠躬，并且愧疚地说："实在对不起，没有适合您的衣服，浪费您好长时间，希望您下次再来，谢谢您。"很明显这是显象的表达，但这位初来乍到的女留学生很享受，对男友说："日本的服务员就是讲礼貌，我试穿了那么多件衣服不仅不埋怨我，还要感谢我！"这位男友说：你理解错了，他这样说，不是要真正感谢你，他的真正意思是说：您这个人真没教养，也不先搞清楚自己的尺寸，看准了再试穿。"上面这个故事，或许有助于大家了解"显象"和"意象"的真正含义。

日本人除了爱面子外，还非常重感情。在做生意时，日本人注重发展人与人之间的关系，朋友之间的友情以及相互之间的信任。一位名齐默尔曼的研究日本问题的美国专家，在总结自己与日本人谈判的经验时指出："外国谈判者必须了解，日本人不喜欢对商务合同讨价还价，他们看重的是能否同外国合伙者建立可以相互信赖的情感关系。"他举例说，一次，他的公司与日本人签署了一项销售和采购协议，后来由于国际市场价格变动，对日方不利，但日本人仍按协议价格购买他们的产品，而且毫无怨言。他经过分析认为，原因在于他与日本人多年来建立了良好的相互信任关系。

相关链接 🔍搜索

鞋厂接受日方退货有斩获

中国上海一家鞋厂与日方一家企业成交了一笔布鞋生意，但当鞋运到日本时，已错过了销售旺季，产品大量积压，日方提出退货。由于责任不在中方，因此，中方可以拒绝对方的退货要求，但这家鞋厂考虑到与日方这家企业多年的关系，经过认真研究，中方接受了日方退货的要求。后来，此事被中日新闻媒体报道，马上有几家日本客户来函要与该厂合作，而原日方这家企业则成为中方厂家在国外销售的总代理。

可见，在商务活动中，日本商人非常看重感情。如果在商务谈判时，你能够与日本商人建立良好的个人友情，并赢得他们的信任，那么，谈判成功的概率一定非常大！

基于日本人爱面子和重感情，在与日本人谈判时，必须注意如下四点：

一是不要派年轻人或女性与日本人谈判。因为日本是一个非常讲究身份地位和资历的国家，同时，也是一个非常看重论资排辈和年龄的国家。

相关链接 🔍 搜索

美国赴日谈判代表受冷落

美驻日商务总代表齐默尔曼先生曾讲过这样一个事例：美国一家医药公司准备与日本人谈一笔买卖，他们派出一组认为是"最精明强干的人"来谈判。这个小组由一些学历高、头脑敏捷的青年人组成，其中包括一名女士，年龄大都在20~30岁左右。结果他们访日三次，均遭挫折。甚至就连日方谈判首脑的面儿也未见着，更谈不上谈判了。这家医药公司在走投无路的情况下，找到了齐默尔曼先生，并听取了他的建议，在谈判小组中增补了一名有25年以上工作经验的副总经理，结果日方立刻转变了态度，双方开始了积极的会谈。为什么会这样？原因有二：一是在日本，公司中的负责人都是年龄较大、经验丰富的资深企业家，他们不相信美国公司派来的年轻人有什么实权；二是他们感到和"毛孩子"谈判有损于他们的尊严，贬低了他们的身份。

二是不要直接拒绝日本人。在谈判时，如果你对日本人某个建议不满意，必须提出来，要尽量婉转地表达，或做出某种暗示，也可以陈述你不能接受的客观原因，绝对不要用直接的方式拒绝。

三是不要直接指责日本人。在谈判时，如果日本人提出一些无理的要求，你也不要直接指责日本人，比较好的方法是，把你的建议间接地表示出来，或通过中间人去交涉，解决谈判中的冲突和矛盾。

四是不要随意送礼。给日本人送礼，一定要根据受礼对象的职位高低，确定所送礼品价值的大小。千万不要送同样价值的礼品给不同级别的人。如果高一级别的人收到的礼物和低一级别的人的价值相等，那么前者感到是受到了污辱，后者也会觉得尴尬。不要送价值贵重的礼品。所送礼品价值以50美元至100美元为宜，如果高级管理人员送100美元，中级管理人员则50美元。

3. 集体决策，过程缓慢

集体决策、过程缓慢是日本人独有的一种谈判风格。日本人在谈判时，上级领导一般要与公司各个部门及其成员商量，征求大家的意见。如果谈判内容涉及制造产品的车间，那么征求意见、决策酝酿就从车间普通员工开始，然后层层向上反馈，直到公司决策层，反复协商讨论，直到意见一致。如果意见不统一，这一程序又要重复一遍。可见，在日本，谈判的过程完全是集体决策的过程，并且这一过程烦琐而缓慢。但需要指出的是，虽然日本人谈判时决策的过程比较缓慢，但一旦决定下来，行动起来却十分迅速。

二、美国商人的谈判风格

美国人作为西方人的代表，谈判风格也独具特点。从我国对外贸易的角度讲，美国是我国的主要贸易伙伴，在中国的合资、合作的项目中，美国的资金与技术的引进占有大的比重。因此，研究掌握美国人的谈判风格既有必要性，也有重要的商业价值和经济意义。

1. 自信傲慢

由于经济、科技、语言等原因，使美国人成了世界公认的自信傲慢者。这种自信傲慢在商务谈判活动中，也表现得淋漓尽致。具体表现在如下几个方面：

一是在谈判桌上充满自信。美国人喜欢在双方接触的初始，就积极主动地阐明自己的立场、观点，推出自己的方案；在洽商中，语言高亢，明确肯定，充满自信，很少讲对不起；出现分歧，坚持己见，很少退让。

二是对自己坚持的原则充满自信。美国人在谈判中，把公平合理作为自己始终坚持的原则。他们认为双方进行交易，双方都要有利可图。在这一原则下，谈判时他们会提出一个"合理"的方案，并认为是十分公平的。

三是对本国产品质量充满自信。在谈判中，你经常可以看到美国人毫不掩饰地称赞自己的产品如何优越，技术如何先进。在他们看来，如果你的产品质量过硬，性能优越，就要让购买你产品的人认识到，那种到实践中才检验的想法，美国人认为是不妥的。

四是喜欢批评指责别人。当谈判不能按照他们的意愿进展时，他们常常直率地批评或抱怨对方。美国人的普遍心态是："我是对的，你是错的。"

相关链接 🔍搜索

美方谈判代表因冒犯向日方代表道歉

1975 年美国前总统福特访问日本，美国哥伦比亚广播公司（CBS）受命向美国转播福特的日本之行。在福特访日前两周，哥伦比亚广播公司的谈判人员飞抵东京商谈租用日本广播协会（NHK）的器材、工作人员、保密系统以及电传等问题。美方谈判代表是一位

30多岁、血气方刚、争强好胜、说话直率的年轻人。在与日本广播协会代表会谈时，他直言不讳地表述了自己的意见，提出了许多不切实际的过高要求。可是随着谈判的进展，日本方面的谈判代表逐渐变得沉默寡言。结果，双方未达成任何协议，就结束了第一轮谈判。两天以后，哥伦比亚广播公司的一位要员亲抵东京，他首先以个人名义就本公司那位年轻代表的冒犯行为向日本方面表示道歉，接着就转播福特访日一事询问能提供哪些帮助。日本方面的代表马上改变了态度并表示愿意给予支持。双方顺利地达成了协议。当哥伦比亚广播公司那位年轻谈判人员得知自己的谈判方式几乎坏了大事时，既感到惊讶又表示惭愧，自责地说："我还以为在日本谈判跟在美国一样呢！"并向日方代表赔礼道歉。

2. 重利轻情

美国是一个商品经济高度发达的国家。美国人无论做交易还是进行商务谈判，都以获取经济利益作为主要目标。但需要指出的是，美国人重利并不表现在谈判中漫天要价，而是表现在签订的商务合同上。商务合同签订之后，如果谁违约，必须严格按照商务合同的违约条款支付赔偿金和违约金，没有丝毫协商的余地。

美国人与日本人不同，他们把做生意与私人感情分得非常清楚。甚至在涉及经济利益时，就连父母与子女也明算账，美国盛行的吃饭AA制，就是最好的证明。因此，在涉及经济利益的商务谈判时，他们重视实际利益而不考虑私人交情。这与东方人的观念相差甚远。

3. 干脆直爽，不兜圈子

干脆直爽、不兜圈子是美国人谈判风格的另一个重要特征。在谈判中，美国人喜欢直截了当，不喜欢兜圈子，不喜欢讲客套话。习惯于迅速将谈判引向实质性阶段，并且一项接着一项地进行讨论，直爽利落，将自己的观点全盘托出。美国人为了弄清问题或阐明自己的立场，往往会直接发问或坦率地讲述，不会顾及对方的面子。同时，他们也希望自己的谈判对手也能够直言快语，不要含糊其辞。由于此种风格与东方人截然不同，在谈判中，东方人喜欢兜圈子，尤其是对于实质性的要求往往不愿明说，而是喜欢用微妙的暗示来提出。美国人对此感到不习惯，因此在实际交往中，不少美国厂商因不理解中国人的暗示，失去了不少交易机会。

4. 珍惜时间，讲求效率

在美国生活过的人都知道，美国社会是一个竞争十分激烈的社会，高度的竞争让他们的生活节奏变得很快，这就使得他们做每件事都讲求效率，节约时间。谈判也是一样，他们喜欢速战速决，用尽可能短的谈判时间，达到最佳的谈判效果。所以，同美国人进行商务谈判，一定要不拖拉搪塞，要跟得上对方的谈判节奏，讲求效率；否则，谈判很可能破裂。

相关链接 🔍 搜索

美日公司谈判

日本的B公司与美国S公司进行谈判。谈判开始后，美方代表滔滔不绝地介绍情况，而日方代表则很少发言，却挥笔疾书，将美方代表的讲话内容几乎全部记录了下来，第一次谈判就这样结束了。时隔不久，日方又派来几名新的谈判代表，谈判只好从头开始，美方代表照例口若悬河，将自己的意图又讲了一遍，日方的几位代表仍然是主要做记录而很少发表意见。又过了一段时间，日方的第三个代表团来到美国，双方基本上是故技重演，洽谈结束时日本人又带着记录离开了会场。

一年时间过去了，日方却始终不表示明确态度，迟迟不做出决定。正当美方代表责骂日方拖延时间，玩弄权术，毫无诚意，感到谈判无望时，日方代表团中能够起决策作用的关键人物突然来到美国，并就全部议题做出决定。因为美方已经打算放弃谈判，缺乏思想准备，日方的突然表态，使其措手不及，陷入被动。日方以优惠的条件与美方达成了协议。

---

5. **重商务合同条款，轻协议 "精神"**

在与美国人进行商务谈判时，人们发现美国人特别看重条款，尤其是商务合同违约的赔偿条款。他们不仅对商务合同中的每一个条款都要进行讨论，而且讨论特别详细、具体，甚至还关心每一个条款中所适用的法律，以便在执行商务合同中能顺利地解决各种问题。而对于协议中涉及的"精神"，如信任、友谊、感情、合作精神等并不感兴趣，这与中国人重协议"精神"形成鲜明的对比。在中国人看来，谈判双方签了约，这就是"合作精神"的象征。一位美国专家说："一旦遇到矛盾，中国人就喜欢提醒美国伙伴注重协议的精神，而不是按协议的条款办事。"还有一位与中国人合作过的美国人，曾形象地表达过与中国人签订谈判商务合同的感受，他说："与中国人签约，真像签了个婚约，双方规定相爱30年。但怎样相爱，不看商务合同条款的规定，而是凭信任、友谊、感情，凭协议中双方的'合作精神'。"

三、英法德意商人谈判风格

英法德意虽然同属于西欧国家，政治制度、历史文化传统与宗教信仰也基本相同，然而上述四国商人的谈判风格仍存在着一定的差异。

1. 英国商人的谈判风格

英国是最早建立资本主义制度的国家，国际商业贸易曾一度世界领先，加上海上岛国的地理位置，使得英国商人形成了有别于欧洲其他国家的谈判风格。

英国商人的谈判风格主要具有如下特点：

其一，谈判态度比较消极。

他们对谈判的准备既不认真，也不详细周密；谈判过程中时常处于被动之中。英国商人养尊处优的地位，以及由此而导致的不太看重谈判本身所涉及的物质利益，是造成这一谈判特点的主要原因。

其二，重仪表风度。

英国商人在谈判中，非常看重仪表、修养和风度。在谈判中，如遇意见分歧，他们出于形象考虑，不会与对手进行激烈的争辩。英国社会良好的公德意识，以及英国人温文尔雅的个性特征，良好的教养与绅士风度，均对这一特点的形成具有重要的影响。

其三，重身份地位。

英国是一个君主立宪制国家，保留了国王、封建等级观念及其他封建残余，因而在谈判中，他们只愿与级别相同、身份对等的对手谈判。

其四，呆板教条。

英国商人一旦确定谈判条件和价格后，既不愿改动条件，更不允许讨价还价，谈判缺乏应有的灵活性。

其五，商务合同履行拖拉。

英国是最早进行革命的国家，悠久的工业文明以及广阔的殖民地，使得英国人积累了大量财富，过上了养尊处优的生活，加上良好的产品质量又使得他们忽视了现代贸易活动应遵守的基本要求，因而当商务合同签订后，英国商人往往不按期履行商务合同条款之规定，而是常常借故拖延商务合同之履行。

2. 法国商人的谈判风格

法国人以爱好自由、性格浪漫著称于世。在商务谈判中，也有着与众不同的谈判风格。法国商人独特的谈判风格主要体现在如下方面：

其一，喜欢"横向谈判"。

横向谈判是指先就谈判勾画出一个大致的轮廓，然后再达成原则上的协议，最后确定协议中的各项内容。法国人在使用横向谈判时，通常不注意细节，而是把谈判的重点放在拟定一些重要原则上。横向谈判执行起来具有不确定性，一般说来，如果协议执行起来对法国商人有利，他们就会若无其事；否则，他们会要求修改或毁约，重新签署协议。

其二，好用母语谈判。

法国人天生具有强烈的民族自豪感，使得他们对自己的语言也有着强烈的优越感。这种优越感在国际商务谈判中也有所体现，即几乎所有的法国商人都认为：法语是世界上最高贵、最优美的语言，因而在谈判中，他们好用法语与人谈判。基于此，与法国人谈判，配备一名优秀法语翻译非常必要。

其三，时间观念松己严他。

自由浪漫的性格以及强烈的休闲观念，使得法国人养成了不守时的特性。这在谈判中表现有四：一是借故单方面改变时间；二是不按时到达谈判会场；三是八月休假免谈生意；四是法国人虽然自己时间观念较差，但却对别人迟到非常在意。

其四，好交友，重关系。

在法国人看来，良好人际关系的建立有助于生意的达成，因此，法国人一般不与陌生人做生意。基于此，有必要在谈判之前，与法国人先联络感情，做足人际关系功夫，消除双方的陌生感后再谈判；另外，在谈判过程中，要尽量创造一种宽松友好的氛围，如聊些新闻趣事等，切忌谈判一开始就切入正题。

3. 德国商人的谈判风格

自信、严谨、高效、守信，是德国人的办事风格。这在谈判中也有所体现，并由此形成了德国式谈判风格。

其一，自信固执。

在商务谈判中，德国商人显得十分自信固执。自信是因为德国科学技术发达，经济实力雄厚，产品质量好；固执体现在一般不会更改报价，即使更改，降价余地也非常小。

其二，办事严谨。

德国商人对待人际关系与其他国家商人不同。他们对待个人关系通常非常严肃，一般不喜欢攀扯关系。这体现在谈判开始前，他们都比较反感"套近乎"，喜欢在谈判期间或者协议达成后建立友好关系。

其三，坚决果断，讲求高效。

德国人以做事果断著称于世。体现在谈判桌上，德国商人谈判方案准备充分，清晰明了，表述意见及建议直接，绝不拖泥带水，讨论议题主题明确，讲求谈判效率。

其四，守信履约。

在商务谈判中，德国人一丝不苟的态度，办事严谨的作风，决定了他们非常守信商务合同，履行条款条约，如十分信守商务合同中双方的权利与义务，一旦双方协议达成，就绝不轻易毁约。

四、其他国家商人的谈判风格

中国除了与上述国家保持较为紧密的商业关系外，还与东欧俄罗斯、阿拉伯国家、拉美国家、非洲国家也有着十分密切的商业交往，因而了解这些国家商人的谈判风格，对于确保商务谈判的顺利进行，也显得十分必要。

1. 俄罗斯商人的谈判风格

中俄贸易作为中国对外贸易极其重要的组成部分，近年来随着中俄关系的巨大发展，贸易额急剧增加，双方合资合作范围不断扩大，成为中国对外贸易新的亮点，因此，探讨俄罗斯人的谈判风格意义重大。

其一，照章办事，固守传统。

俄罗斯的前身苏联是一个高度计划经济的国家，苏联解体后，虽然此种状况得到了一些改变，但照章办事的计划体制观念依然深深地存留在人们头脑中。表现在商务谈判中，不少俄罗斯人喜欢按计划办事，即使他们知道自己的要求不符合客观标准，也很少或拒不妥协让步。

其二，善于离间，讨价还价。

俄罗斯商人为了获得理想价格，有不少绝招。其中之一就是善于离间对手。例如，他们想要引进某个项目，会采取对外招标的形式，引来多家竞争者，然后，他们会利用各种离间手段，让竞标的几家企业进行相互压价，直到价格压到最低时，他们才最后进行选择，坐收渔人之利。此外，在俄罗斯商人看来，报价无论多么公平合理都存在水分，因此，必须通过讨价还价挤出水分，才能达到理想的结果。

其三，重技术细节。

俄罗斯科技处于世界领先地位，因此在商务谈判中，俄罗斯商人对谈判项目中的技术内容、尤其是技术的具体细节非常重视，无论是出口还是进口技术转让，他们都会提供或索取包括原材料证明书、各种产品的技术说明、零件清单、设备装配图纸、维修指南等在内的具体文件。

2. 阿拉伯国家商人的谈判风格

阿拉伯国家经济结构单一、信奉伊斯兰教的特点，决定了阿拉伯国家的商人有其独特的谈判风格。

其一，倚重代理商。

经由当地的阿拉伯代理商来开展国际商务活动，几乎成为所有的阿拉伯国家的惯例。因此，与阿拉伯商人谈判，要想取得圆满成功，也最好寻找合适的代理商；否则，谈判难以取得实质性进展。

其二，时间观念淡薄。

阿拉伯人时间观念淡薄世所皆知。在谈判中具体表现在：一是考虑决策的时间比较长；二是当他们对有些建议不能认同时，会拖延谈判时间；三是如出现强烈不满或遇到对方催促时，有可能随时中断谈判。这既与阿拉伯人由于富足而养成的生活"懒散"习性有关，也与阿拉伯人重名誉轻时间的观念有着必然的联系。

其三，好讨价还价。

在国际商务谈判中，喜欢讨价还价是阿拉伯人最为常见的风格之一。导致这一风格形成的原因有二：一是视谈判中的讨价还价为对他们的尊重；二是认为经过讨价还价得到的东西才有意义；三是他们佩服那些精于讨价还价的人。基于此，与阿拉伯人谈判，报价时留有充分的还价余地是非常必要的。

其四，信奉"神灵意志"①。

阿拉伯人信奉伊斯兰教，万事都由真主主宰。体现在谈判中，他们既可借"神灵"意志来签约，也可借其来毁约。

3. 非洲商人的谈判风格

非洲与中国同属于第三世界国家，历史上相似的命运，使得中非贸易在新世纪得到了长足的发展。尽管非洲各国因历史、种族、文化等差异造成了非洲不同国家商人在谈判风格方面有所不同，但从总体看，非洲地区商人的谈判风格呈现出如下特征：

其一，以权索财。

独立后的非洲各国因种种原因战乱不断，由此造成了强烈的权力意识。表现在谈判桌上，每个拥有权力的人都想利用权力索取财物。因此，在与非洲商人谈判时，以小恩小惠来换取相关有权人士的好感，不失为一种确保谈判顺利进行下去的有效方法。

其二，办事拖拉，效率低下。

在非洲人的潜意识中，富人帮穷人，无钱人向有钱人要，天经地义，由此造成了不思进取、自由懒散、没有时间观念的民风习俗。也使得非洲商人在谈判时，常常出现如下奇特现象：一是谈判者很少按时到场；二是谈判时乱扯一通，不着要领；三是办事拖拉，谈判效率低下。

其三，法制意识淡薄，谈判业务不精。

非洲各国虽然已经从殖民枷锁中解脱出来，并建立了相关法律制度，但非洲人法

---

① 阿拉伯词语中的 IBM，有三层意思："I"是"因谢拉"，意为"神的意志"；"B"是"布克拉"，意为"明天"；"M"是"迈利西"，意为"不介意"。在商务谈判中，阿拉伯人用它作为保护自己、抵挡对方的一种有力武器。阿拉伯人想取消与你的商务合同，他们会说这是凭借"神的意志"；如果交易气氛对他不利，他会借口"神意"要求"明天"再谈；如果你为他的上述行为生气，他会轻松地拍着你的肩膀说："不要介意。"

制意识却依然比较淡薄。体现在商务谈判中，非洲不少商人常常为了骗取必要的许可证然后转卖，而轻易接受你的条件。根据非洲国家法律，这种欺骗行为是不会受到惩处的。此外，历史造成的非洲人较为低下的文化水平和素质，也使得他们对谈判业务不精。基于此，有必要在谈判时以书面形式记下各种问题，以避免不必要的纠纷。

4. 拉美国家商人的谈判风格

拉美是指以拉丁语为通行语言的拉丁美洲国家，泛指美国以南的地区，包括墨西哥、中美洲和南美洲。拉美独特的政治混乱状况、经济畸形发展以及与众不同的地域文化，使得拉美地区商人的谈判风格也与其他地区和国家有所不同。

其一，推崇代理商。

由于大多数拉美国家的法律都保护当地的代理商，因而在经济生活中拉美国家代理制度盛行。体现在商务谈判中，拉美国家商人推崇代理商，即一旦选择了一个称职的代理商，生意就如同谈成了一半。

其二，重感情，轻利益。

拉美人悠闲恬淡的生活，使得他们形成了重感情轻利益的民族特点。谈判中主要表现为：谈判前乐意与你结交朋友，联络感情，谈判时感情为先，利益和要求次之。

其三，轻责任，欠信用。

拉美人天性懒散，办事拖拉，不太讲究信用。表现在谈判中：一是不按约执行商务合同条款；二是即使执行也是拖拖拉拉，常常迟付货款。对付办法有二：一是耐心催促，不必太担心他们会毁约；二是筹措好充足的备用资金，以应付他们的迟付货款。

其四，国别不同，风格迥异。

不同拉美国家商人之谈判风格也不尽相同。如欧化很深的阿根廷人，有着欧洲人的正统观念，讲究交往礼节，谈判见面好不停握手，以示亲热；爱好足球的巴西人，即使在紧张谈判的间隙，也喜欢聊一些开心娱乐之事，甚至进行娱乐活动；巴拉圭、乌拉圭、智利和哥伦比亚人，虽谈判时谦谦君子，礼貌待客，但却非常保守；秘鲁和厄瓜多尔人，谈判时间观念较差。

第三节　商务谈判礼仪禁忌

受文化传统、价值观念差异等多种因素影响，不同国家、不同民族在商务谈判中所显示出来的礼仪与禁忌也各有不同。要想使商务谈判取得成功，谈判除了熟悉一定的谈判礼仪外，还必须掌握不同国家、不同民族商务谈判禁忌习俗。

一、商务谈判礼仪

商务礼仪是礼仪的一种类型，它广泛存在于商务谈判活动之中，并在其中发挥着极其重要的人际沟通与交往作用，影响和制约着谈判的进程。

礼仪是衡量一个国家文明程度的重要标志，是一个民族精神面貌的重要体现。礼仪自古以来就存在，而商务礼仪则是商品经济发展到一定阶段的产物。

关于礼仪，古往今来，人们对它的界定就存在分歧。

在古代儒家学说的代表人物孔子看来，每个人要想在社会这个大环境中生存、发展，就必须按照一定的"游戏基本规则"与人交往，这种交往的"游戏规则"称为礼仪。所以孔子说："凡人之所以为人者，礼仪也。"

在现代社会，人们从不同的角度诠释礼仪。有人从美学的角度，认定礼仪是一种形式美；有人则从道德的角度，将礼仪视为一种道德修养，有人将礼仪界定为一种风俗习惯。

事实上，从行为学的角度看，礼仪是指：在人际交往中，以一定的约定俗成的程序和方式来表现的律己、敬人的完整行为规范。这种行为规范，无论在古代社会还是在现代社会，对促进人与人之间、人与组织之间、组织与组织之间的思想沟通、感情联络、社会和谐，具有极其重要的作用。

可见，礼仪是人类社会文明发展的产物，是人们在社会交往中以风俗、习惯和传统等形式固定下来的行为规范与准则。

商务礼仪涉及的面很多，但基本来讲是人与人的交往，所以商务礼仪其实是商务人员交往的艺术。商务礼仪的操作性，在于应该怎么做、不应该怎么做。

商务谈判礼仪是指在商务谈判活动中体现相互尊重的行为准则。这些行为准则包括个人的形象以及在商务谈判活动中的职业表现。

商务谈判礼仪包含的内容比较广泛，具体表现为礼貌、礼节、仪表、仪式等。

礼貌是指人与人之间和谐相处的意念和行为，是言谈举止对别人尊重与友好的体现。

礼节是指在交际场合人们应该遵循的行为规范与准则，如商务谈判的送往迎来、相互问候、致意、祝愿等。

仪表是指人的外表，包括容貌、姿态、服饰等内容。

仪式是指在较大场合举行的，具有专门规定的程序化行为规范的活动。

如果说，就个人而言，礼仪是一个人思想水平、文化修养、交际能力的外在表现。就社会而言，礼仪是人们进行社会交往的平台，是社会文明程度、道德风尚和生活习性的反映，对商务谈判活动而言，商务礼仪是谈判双方不可或缺的润滑剂和联系纽带，是促成商务谈判的重要外在因素。

商务礼仪对商务谈判活动的重要作用具体表现在如下三个方面：一是掌握商务礼仪也就掌握了商务谈判的艺术。在商务谈判中会遇到各种各样的人，与不同的人进行交往时要讲究艺术，如夸奖人也要讲究艺术，否则会让人感觉不舒服；批评人更要讲究艺术，否则会得罪人。二是有助于提升个人素养。比尔·盖茨在论及企业竞争时，曾说过一句话："企业竞争是员工素质的竞争。"员工的素质具体表现为员工的教养与礼仪。教养与礼仪体现细节，细节展示素质。三是维护企业形象。在商务谈判中，个人代表整体，个人形象代表企业形象，个人的所作所为就是本企业的典型活动广告。

相关链接 🔍搜索

文化习俗礼仪对谈判的影响

习俗礼仪作为传统文化的重要构成部分，无论对谈判主体，还是对谈判方式、谈判效率，均可产生一定的影响。

习俗礼仪对谈判主体的影响主要表现在：对谈判个体思维方式的影响、对谈判者态度的影响，以及对谈判群体的影响。

东西方文化习俗礼仪不同，思维方式必然存在差异。以日本人、美国人为例，图11-1显示，两者思维模式存在很大的差异。如果我们用两个圆圈表示思维空间，外面的大圆表示思维的外部空间，是可以向一般人敞开的外层思维领域。里面画线的小圆表示内部思维空间，是对外部人员封锁保密的思维内核。美国人的思维方式是内圆小外圆大，表示向人敞开的外部思维空间较大，内部空间思想内涵较少，说明思维空间很大。这便是人们通常认为美国人好打交道的原因。而日本人的思维模式则反之，内圆大外圆小，表示向人敞开的外部思维空间有限，更多的思想内涵藏在内部空间。人们可以常常看到日本人脸上和善的笑容，但却难以了解其真实的思想。这便是与日本人谈判比较困难的根源。

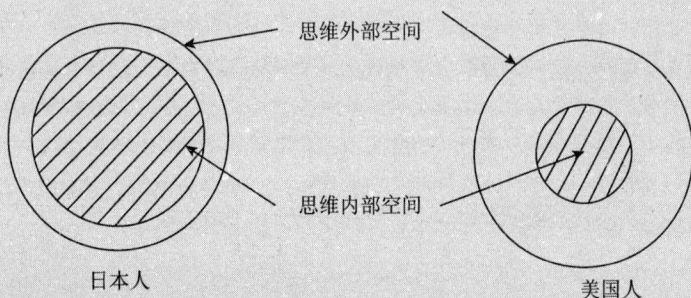

思维外部空间

思维内部空间

日本人　　　　　　　　　　美国人

图11-1　日本人与美国人谈判思维模式比较

受不同文化习俗的影响，谈判人员对待谈判的态度也有明显差别。以绅士风度著称的英国人，认为谈判是极其严肃的事情，因而在谈判过程中往往给人留下讲礼貌、有风度、高傲、自信的印象。英国人对自己充满信心，常常以"成就成，不成就算了"的强硬态度对待谈判。虽然英国人高傲，但他们时刻不忘绅士风度，谈判中常常给表示强硬观点的语句披上甜蜜的外衣，将"谢谢"、"对不起"挂在嘴边。英国商人在进餐时，决不商谈生意的事。浪漫的法兰西民族，卓越的文化成就，强烈民族自豪感，使法国人的谈判态度也有别于其他国家。他们谈判时好用法语而非国际上通用谈判语言——英语。如果你发现一位法国人用英语同对方交谈，那么可说明他已经做出了让步。法国人富于情趣，性格浪漫，谈判中常常穿插一些关于新闻和文化的话题。如果只顾谈生意，则会被他们视为枯燥无味。法国人在其浪漫情调的背后隐藏着坚定的态度和立场，他们中的大多数人具有依靠坚定的"不"字来谋求利益的本领，难以使其做出让步。

文化习俗礼仪谈判对谈判态度的影响，也见之于契约的履行方面。欧美人对履行契约的态度比较严肃认真，在履约发生纠纷时常常诉诸法律。德国人的守约观念非常强，一般情况下，订立契约后就一定执行；对签约方的要求也同样严格，哪怕是要求对交货日期或付款日期稍为宽限，都会遭到他们的拒绝。葡萄牙人常常违约。他们签订合同后常常会延期付款，并且毫无愧色地提出各种要求。据说这是受了天主教教义"富者应该济贫"的影响。日本人与欧美人的履约态度相比，日本人则明显具有东方人重视情感的色彩，在履约发生纠纷时往往借助情感，倾向协商解决。

习俗礼仪不仅影响到谈判个体的思维方式与态度，还对谈判群体观念产生不同程度的影响。

这就需要谈判班子成员具有较强的群体观念，在谈判过程中群体之间互相配合。文化习俗对谈判人员的群体观念也具有影响。

世界上有一些比较小的国家，正因为其国小、实力弱，为了一致对外，所以体现出很强的群体观念。瑞士是一个山国，居民团结一致，具有强烈的排他性，比利时人则善于联合起来一致对外。阿拉伯民族虽然分布在许多小国家，但共同的宗教信仰，使他们也具有很强的群体观念。

日本人的谈判班子是群体观念最强的团体。日本的谈判班子往往推选出一位首席谈判代表，其余成员团结一致，全力配合首席代表，使小组保持良好的整体性。谈判双方发生争执时，日方的谈判班子成员会全力支持首席代表的发言，以整体性与对方抗衡，表现出强烈的群体观念。与日本人形成对比的是德国人和法国人。德国和法国的谈判人员非常重视自己在谈判中的作用，却较少考虑集体的力量。美国谈判人员的群体观念也不是很强，他们的谈判班子是个松散的联合体，每个谈判人员分担不同的谈判议题。有一种比较形象的说法：两个日本人在一起时，会倾向于形成一个共同的整体，形成一体化的集体力量而一致对外。两个美国人在一起时，他们会相互尊重对方的内部思维空间，决不会合二为一，而是相互尊重，互不干涉，表现为彼此独立的个性。

习俗礼仪也影响到谈判方式。按照讨论问题的先后顺序可将谈判方式区分为横向谈判和纵向谈判。横向谈判是首先确定谈判所涉及的所有议题，将各项议题综合起来考虑，循环往复地讨论，齐头并进，交错进行。纵向谈判是对所确定的议题按先后顺序一个一个地依次进行商谈。

在国际商务谈判中，受文化习俗的影响，美国人往往愿意采用纵向谈判方式，即在谈判中喜欢以"一揽子交易"的方式，按议题的先后顺序一个一个地依次进行商谈，这是其大国地位在谈判人员心理上的反映。而法国人则不然，喜欢横向谈判方式。法国的谈判人员常常先为谈判议题画一个大致的轮廓，然后经过反复交谈确定议题中的各个方面。这反映了"边跑边想的人种"的性格特征。

文化习俗礼仪对谈判效率也有着直接的影响，这可从谈判时间和谈判进度体现出来。受文化习俗礼仪的影响，各国谈判人员在谈判时间的选择方面存在着明显的差异。法国人对休假十分重视，无论你采用何种手段都难以使其为谈判而错过或延误假期。法国人的休假期一般是在7月的最后一周和8月份，所以，这段时间一定不要安排与法国人谈判。希腊人6～8月从来不谈生意，同时星期三下午也不接待任何来宾。西班牙人在下午的午休期间（下午2～4点）不做生意，许多生意是在他们的晚宴上谈成的，西班牙人的晚宴一般是在晚上9点钟以后。巴西人则以喜欢娱乐而闻名，狂欢节期间绝不谈生意，如果想与其谈判一定要避开他们特定的娱乐时间。

文化习俗对谈判进度的影响，也从不少国家谈判人员的身上有所体现。如果说，美国的谈判人员习惯于用"一揽子"交易的方式希望迅速地解决问题，但日本的谈判人员却习惯于对所谈内容进行详细审查并且需要在内部做好协调工作，这就需要一个比较长的过程。北欧诸国，如瑞典、挪威、丹麦的谈判人员办事总是按部就班，规规矩矩。洽谈过程中体现出较强的计划性。必须按照程序逐项进行，否则便不予理会。阿拉伯人谈判时，他的朋友或家人可能会突然来到办公室，他会立即停止谈判而请来宾喝茶、交谈。只有客人离开后，谈判才有可能继续进行。这种打断商谈的事时有发生，因此，同阿拉伯人谈判需要具有较大的耐心。阿拉伯民族的热情待客是沙漠地区游牧民族传统美德的延续。德国人很讲究准时，如果谈判对手出现迟到现象，他们会立即表现出厌恶情绪。英国人、澳大利亚人都很遵守工作时间，准时上班，准时下班。因为这些国家的谈判人员具有较强的时间观念，所以，谈判的进度能够按程序或计划进行。也有一些国家的谈判人员的谈判习惯比较特殊，如西班牙人、葡萄牙人。他们之间的谈判常常采用独立式的谈判方式。他们不愿意一次又一次地进行磋商，只要重点问题基本谈妥，就会全力以赴，一气呵成，因此，谈判的效率比较高。

二、商务谈判常用礼仪

商务谈判作为一种十分复杂的人际与商务交往活动，其过程也相当复杂，包括迎接、见面、会谈、送别等环节。其中每一个环节都渗透着一定的礼节。

1. 迎接礼仪

迎接虽然只是商务谈判活动中一个不显眼的环节，但它作为商务谈判之第一环节，直接关系到谈判双方人员相互之间第一印象，决定着谈判气氛、谈判进程及最终协议的达成，因而它是商务谈判不可或缺的重要组成部分。

一般说来，无论前来谈判的客商重要与否，只要是初次打交道，作为东道主，都应该抽时间前去迎接。在迎接前来谈判的客商时，为了不失礼节，须注意如下事项：一是应事先制作接应牌，以方便寻找客人；二是提前到达接站地点，以免客人空等；三是备好宽敞舒适的交通工具；四是见面时热情有礼，欢迎问候、握手致意、自我介绍，使客人有"宾至如归"的感觉；五是遵守陪车礼仪，如上车客先己后，车上主动与客人寒暄或找些轻松愉快的话题或介绍本地风土人情等；六是妥当安排食宿。

相关链接 🔍 搜索

西方人的称谓

在商务谈判中，西方人比较讲究称谓。如果称呼时出现错误，会直接影响到谈判效果。因此，必须予以高度重视。

"先生"是西方人对成年男子的称呼。在英国12岁以上的男子就享有"先生"的称号。称先生的同时可以冠以姓名、职称、衔称等。如"密特朗先生"、"市长先生"。

"女士"是西方国家对成年女性的通称，一般冠以她本人的姓名。对已婚的成年女性也可以称"夫人"，冠以丈夫的姓名或丈夫的姓以及她本人的名；已离婚的妇女可冠以她本人的姓或姓名和前夫的姓；成年而未婚的女子称"小姐"，冠以她的姓名；对于不了解其婚姻状况的女子可泛称"小姐"或"女士"，已婚的女性被别人称作"小姐"时，会愉快地接受这一"误称"。这些称呼之前也可以冠以职称、衔称。

在英国、挪威等君主立宪制国家，按习惯称国王、皇后为"陛下"，称王子、公主、亲王为"殿下"，对有爵位的人称爵位，也可称"阁下"、"先生"。对有官衔的人称官衔，而对部长、将军、主教以上的男女高级官员，可酌情称"阁下"，并冠以职衔，如"部长阁下"、"首相阁下"。

---

2. 会谈礼仪

会谈是商务谈判中最重要的阶段。会谈礼仪对于缓解谈判紧张气氛，促成谈判成功具有一定辅助作用。在商务谈判中，会谈礼仪有几点：一是就座时，力求主客两方同时落座；二是谈判语言力求做到规范，杜绝使用不礼貌语言；三是面对商务谈判中可能出现的僵局，保持必要的礼貌与风度；四是签约时，注意相关国家的礼仪细节。

相关链接　🔍搜索

会谈禁忌

在商务会谈中，要注意下列四个方面的禁忌：

谈话：忌谈荒唐淫秽、个人私事、他人履历、工资收入、私人财产、衣饰价值、批评尊长、非议宗教、嘲弄异性。

语气：忌大声辩论、高谈阔论、恶言恶语、寻根问底、争吵辱骂、出言不逊。

举止：忌姿势歪斜、手舞足蹈、以手指人、拉拉扯扯、左顾右盼、目视远处、频频看表、舒伸懒腰、玩弄东西、抓耳挠腮。

礼遇：忌冷落他人、搞一言堂、轻易表态、打断异议、纠缠不止、随意插话、随意辞别。

3. 宴会礼仪

商务谈判中的宴会，也有不少值得注意的礼仪：一是宴请需发请柬，请柬要提前发出；受邀者要尽早答复能否出席，一旦接受邀请，不得随意改动；二是准时出席，有急事提前离席，要向主人说明才能离去；三是着装整洁，精神矍铄；四是入座听从主人安排，以女宾为中心；五是注意进餐礼节，如身体与餐桌保持恰当距离，坐姿挺而不硬，正确使用餐巾和刀叉；六是进餐时如遇打喷嚏、长咳、流鼻涕等，要用手帕掩口；七是嘴内嚼有食物时，不要说话。

相关链接　🔍搜索

西餐礼仪禁忌

西餐礼仪复杂，禁忌颇多，需要注意以下九点：一是席间说话不要声音太大；二是吃喝时不要发出怪声；三是不要边讲话边舞刀叉；四是不要用叉子去叉面包；五是不要用餐巾擦汗水、刀叉和盘碟；六是不要去取从右边送上的菜；七是不要一口吃得太多；八是不要乱吐骨头鱼刺等物；九是不要相互劝酒。

4. 送别礼仪

送别是商务谈判最后一个礼仪环节，须注意如下几点：一是来宾提出，礼貌道别；二是临行话别，选择来宾的下榻之处，宾主双方身份、职位大致相似，话别内容表达惜别之意、听取来宾建议；三是了解来宾有无需要帮忙或代劳之事；四是赠送纪念性礼品。五是设宴饯行；六是专人送行，亲切告别。

相关链接 🔍搜索

馈赠的禁忌

为了联络感情，增进友谊，促进谈判顺利进行，馈赠礼品必不可少。然而，馈赠礼品不能草率从事，需要注意如下禁忌：一是忌送礼不注意时间场合。一般来说，不要一见面就送礼，离别前赠送礼品较为合适；二是忌送礼不讲究方式。西方人看重礼品的包装，与东方人不同，西方人接受礼品时当面拆看礼品，并对礼品表示赞赏；三是忌送礼不分颜色。不同民族，对颜色有不同的禁忌，如日本人视绿色为不祥之兆；西方人视棕色为邪恶凶丧之色；埃及人则视黄色为不幸。四是忌送礼太贵重。在大多数外国人看来，赠礼太贵重，有贿赂之嫌。

三、商务谈判礼仪原则

在商务谈判活动中，商务礼仪虽然是促成谈判活动成功的一个重要条件，但在运用商务礼仪时，必须遵循一定的原则，才能达到一定的效果。

1. 尊重原则

相互尊重是最基本的商务谈判礼仪。在商务谈判活动中，唯有相互尊重才能建立起情感关系，从而推动商务谈判顺利进行。相互尊重最为重要的是谦恭热情，平易近人，因为谦虚总是和尊重有礼联系在一起的，很容易产生亲和力，博得别人的好感。

2. 平等原则

平等原则在商务谈判礼仪中，体现在谈判各主体之间地位都是平等的。如对来宾的迎送规格要遵循"对等原则"，即主要根据来访者的身份和访问的目的，适当考虑双方关系，同时注重通用惯例，综合平衡地进行迎送工作。

3. 诚实原则

诚实原则在商务谈判礼仪中，主要表现为言行一致、诚实无欺，即谈判者在商务活动中严于律己、宽以待人，"我敬人一尺，人敬我一丈"。唯有在谈判中真诚待人，才能为谈判者带来"投桃报李"的良好循环效应。

4. 适度原则

在商务谈判活动中，虽然尊重、真诚至关重要，但都需要保持一个适当的度，即无论情感表达，语言谈吐、举止行为都要得体得当，适可而止，既要热情大方，又不能卑躬屈膝，既要彬彬有礼，又不能低三下四、过度迎合，以免给人以虚伪做作的感觉，导致弄巧成拙的结果。

四、美、英、法、德商务礼仪与禁忌

美、英、法、德是世界上商品经济最发达的国家，也是意识形态、文化背景、宗教信仰、民族性格大体相同的国家，因而商务礼仪与禁忌有诸多相同之处，但仔细考察这些国家的商务礼仪与禁忌，无论在穿着、见面、送礼、饮食习性等方面，它们之间仍是存在着一定的差异（参见表 11 - 2）。

表 11 - 2　美、英、法、德商务礼仪与禁忌比较

礼仪与禁忌 国名	穿着	见面	送礼	饮食	其他	备注
美国	不注重	点头、不一定握手、直呼其名	不看重，忌13数字	付小费		禁忌较少
英国	讲究	拥抱、忌称英国人	忌送菊花、百合花、双数或13数字、忌用人像作为商品	忌喷嚏	忌随便闯入别人的家、忌谈英国皇室隐私	禁忌较多
法国	随意	握手、好尊称，亲吻礼	忌送菊花、杜鹃、牡丹、康乃馨和纸做的花。忌13数字	忌无鳞鱼	讨厌孔雀、仙鹤	忌黄色、灰绿色
德国	讲究	好称头衔	忌送女士玫瑰、香水或内衣、西餐餐具，忌13数字	好油腻食品：香肠、火腿、土豆、啤酒	忌茶色、黑色、红色和深蓝色	禁忌较多

西方"13"与中国"鬼"

1972年尼克松访华时，住在上海锦江饭店，饭店服务人员不懂西方文化的习俗，将尼克松安排在15层，基辛格安排在14层，接下来国务卿罗杰斯等人就安排在13层。本来罗杰斯心中就有气，主要是针对基辛格产生的意见。基辛格深得尼克松赏识、重用，中美联合公报的起草过程中美方的意见都是基辛格一手包办的，而罗杰斯被搁在一边。按美国的规定，外交事务本来理应由国务卿主管。罗杰斯恰好又被安排在第13层，更是气上加气。他们对即将发表的中美联合公报提出了一大堆意见，要求修改，不修改他们就不同意。尼克松差点气昏过去，他虽然知道这是罗杰斯存心捣乱，但也毫无办法，后来还是周总理出面做工作，才解决了问题。

1972年2月27日，周总理特地去看望罗杰斯及其助手们。他走进大厅，上了电梯。电梯迅速上升。头顶的电梯标志牌上"13"处亮着红灯。周总理望着标志灯，恍然大悟似地说："怎么能安排他们住第13层呢？13呀！西方人最忌讳13……"见面后，周总理对罗杰斯说："有个很抱歉的事，我们疏忽了，没有想到西方习俗对13的忌讳。"周总理转而风趣地说："我们中国有个寓言，一个人怕鬼时，越想越害怕；等他心里不怕鬼了，到处上门找鬼，鬼也就不见了……西方的'13'就像中国的'鬼'。"说得众人哈哈大笑。"13"的忌讳问题于是得到了圆满解决。

五、日、韩、新、泰国家商务礼仪与禁忌

在亚洲国家中，日本、韩国、新加坡和泰国与中国商务交往活动相对较多，因而有必要了解和掌握这些国家的商务礼仪与禁忌，为商务谈判服务。

日、韩、新、泰同属于亚洲国家，但属于不同地地域，因而商务礼仪与禁忌也存在着一定的差异（参见表11-3）。

表11-3 日、韩、新、泰商务礼仪与禁忌比较

礼仪与禁忌 / 国名	穿着	见面	送礼	饮食	其他	备注
日本	注重服饰	互相鞠躬、互递名片、熟握生不握	讲究送礼与还礼，忌双数和当面送礼	重请客，忌劝酒	忌谈政事	商务礼仪禁忌较多

续表

礼仪与禁忌 国名	穿着	见面	送礼	饮食	其他	备注
韩国	注重服饰	准备好名片、忌日文	忌送贵重物品	重请客、上齐菜才吃饭、忌拒绝邀客歌舞	忌谈政事	商务礼仪比较复杂
新加坡	忌留长发	忌说恭喜发财	看重送礼	重请客	忌随地吐痰	商务礼仪一般
泰国	不看重	行合掌礼	忌用红笔签名和狗图案	重请客	忌脚轻举乱动	商务礼仪一般

六、世界其他国家商务礼仪与禁忌

除上述国家外，还有几个与中国商务交往比较频繁的国家和地区，如俄罗斯、澳大利亚、新西兰、阿拉伯国家等。这些国家政治制度、历史文化、宗教信仰均存在着巨大的差异，因而商务礼仪与禁忌也截然不同（参见表11-4）。

表11-4 俄、澳、新、阿商务礼仪与禁忌比较

礼仪与禁忌 国名	穿着	见面	送礼	饮食	其他	备注
俄罗斯	讲究	主动问好、亲吻、拥抱、您与你界限分明	忌送钱、爱外国货、送鲜花	请客大方，忌别人说小气	爱整洁、忌领袖人物及改革为话题	兼有东西方礼仪
澳大利亚	西装革履	女士优先	忌讳兔子	好边吃边谈生意	忌不守时、惜时	商务礼仪禁忌较多
新西兰	注重服饰	握手礼、碰鼻礼	忌送贵重物品	看重请客	忌谈政事	商务习俗比较复杂
阿拉伯国家	忌穿短裤、无袖衬衫及露膝短裙	忌谈及、问候女主人；忌与女主人握手	忌初相识送礼；忌送低价品、动物、女人画片、图像；忌送妻礼	禁忌食物多、禁酒	忌斋月、祈祷日谈生意；忌谈猪、狗等；忌男女牵手	商务习俗非常复杂

— 247 —

　　总之，在意识形态、文化背景、宗教信仰、民族性格等多种因素作用下，不同地区、不同国家的商人在风俗禁忌方面也存在着较大的差异。商务谈判作为一种特殊的人际交往活动，从头到尾都受制于礼仪的束缚，如果商务谈判离开了礼仪规范，失去了人际沟通最基本的准则，商务谈判也就失去了依存和支撑的平台。商务谈判的实践表明，熟悉这些差异，并懂得如何尊重谈判对手的风俗禁忌，对于促进商务谈判顺利进行大有裨益。

本章小结

　　不同地域、不同国别的文化差异及其他因素的综合作用，导致了不同国家商人谈判风格差异的形成。商务谈判风格就类型而言，可分为三大类型，即"鸽式风格"、"鹰式风格"和"混合式风格"。日本商人的谈判风格特点，除了"重礼仪，注细节"、"要面子，重感情"外、"集体决策，谈判过程缓慢"也是其独有的一种谈判风格；美国商人的谈判风格特点，以"自信傲慢"、"重利轻情"、"干脆直爽，不绕圈子"、"珍惜时间，讲求效率"、"重商务合同条款，轻协议'精神'"闻名于世；英国作为老牌资本主义国家，国际商业贸易先盛后衰，特殊的商业环境使得该国商人形成了"谈判态度消极"、"重仪表风度"、"重身份地位"以及"呆板教条"的谈判风格；浪漫的法国商人，其谈判风格特点主要体现在：喜欢"横向谈判"、"好用母语谈判"、"时间观念松己严他"，"好交友，重关系"等；以自信、严谨、高效、守信著称于世的德国商人，则在长期的商务谈判活动中，养成了"自信固执"、"办事严谨"、"坚决果断，讲求高效"、"守信履约"等谈判风格特点；俄罗斯商人的谈判风格体现在"固守传统，照章办事"、"善于离间，讨价还价"、"重技术细节"；阿拉伯国家的商人谈判风格主要表现为"倚重代理商"、"时间观念淡薄"、"好讨价还价"、"信奉神灵意志"；非洲商人的谈判风格非常独特，"以权索财"、"办事拖拉，效率低下"、"法制意识淡薄，谈判业务不精"为其重要特征；拉美国家商人的谈判风格，以"推崇代理商"、"重感情，轻利益"、"轻责任，欠信用"为其基本特征。商务礼仪是商品经济发展到一定阶段的产物，它广泛存在于商务谈判活动之中，并在其中发挥着极其重要的人际沟通作用。商务谈判礼仪包含的内容有：礼貌、礼节、仪表、仪式等。商务谈判日常礼仪渗透在"迎接、见面、会谈、送别"等各个环节之中。在商务谈判活动中，必须遵循"尊重、平等、诚实、适度"四原则，才能达到良好的效果。意识形态、文化背景、宗教信仰、民族性格的差异，导致了世界各主要国家商务礼俗与禁忌也不尽相同，这种不同主要表现在商务谈判着装、见面、送礼、饮食习性等方面。

【练 习】

1. 商务谈判有哪几种风格? 它们各自特点如何?
2. 日美商人的谈判风格有何不同? 差异形成的原因是什么?
3. 欧洲商人与阿拉伯国家商人的谈判风格有何不同? 为什么?
4. 试比较非洲国家与拉美国家商人谈判风格之异同。
5. 商务谈判常用礼仪有哪些? 它在谈判各个环节有何体现?
6. 世界主要国家的商务礼仪与禁忌有何差异? 试分析差异形成的原因。

【案例与思考】

案例一: 撒切尔夫人与欧共体(EEC)的削减预算谈判

1979 年 12 月,欧洲经济共同体(EEC)的各国首脑在柏林举行关于削减预算的谈判。会谈中,撒切尔夫人提出一项协议草案。她的理由是,英国对 EEC 负担的费用太多了,由于征收预算款额方法中的偏差,尽管英国投入了大笔资金,但并没获得应享有的各项利益。为此,她强烈地坚持自己的主张,并要求将英国负担的费用每年减少 10 亿英镑。这项议案必须得到所有成员国的同意才能生效,因为在 EEC 内重大问题的决定是采取"一致同意"的原则。当撒切尔夫人的议案提出后,各国首脑脸上的微笑立即消失了,他们答应只能削减 2.5 亿英镑,并认为这已经是极限了。在谈判中,向对方提出比自己的期望更高的要求,是谈判中的一个重要方法。EEC 各国首脑们深信只要将撒切尔夫人提出的要求削减 3 亿英镑,就可以顺利达成协议。然而,撒切尔夫人是位坚毅固执的女性,素有"铁娘子"之称。她坚持自己的主张,结果是双方差距太大,出现僵局。而这个结果,撒切尔夫人早在去柏林开会之前就已预料到了。她提出了一个非常高的要求,并坚持这一要求。她有她自己的规则,而且迫使 EEC 也按她的规则办事。首先,她从逻辑上提出了要求削减款额的理由,把要求削减的这 10 亿英镑称为"英国的钱",她一直这么说,使 EEC 各国的首脑们非常愤怒,尤其是法国、原联邦德国和丹麦的首脑。因为如果预算规则加以改变,前两个国家所受到的损失将最大。就这样,谈判没能继续下去,双方脱离了接触。

实际上,谈判早期出现僵局不一定是坏事。因为,当对方的要求,太强硬或者施加压力时,另一方最好暂时退离。暂时离开,恰恰显示了自己的独立性,显示了自己的坚定立场,毫无妥协余地。如果一方想将生意做成,那他会修正目标,主动地接近对方。值得注意的是,一定要抓住时机。在制造僵局时必须是对方对自己要给他们的那些东西很感兴趣的时候。否则,对方会让这种僵局一直持续下去,迫使自己重新回到谈判桌边，那时的效果将适得其反，在 EEC 的争论中，特别是在意见相持不下时，互相使用了威胁手段。撒切尔夫人告诉众议院，原则上依照她所提出的方案执行，并暗示出没有选择余地。同时，也含有警告各国的意见。而且这样做，又可对居于领导地位的法国施加压力。因为当时的法国正在破坏 EEC 的规约，禁止英国的羊羔进口；并以另一种手段向英国报复。他们在报纸上刊登英国已在 EEC 各国之间采取低姿态，试图以准成员的身份解决这个问题。这就是说，法国知道用什么方法打击英国。改变对方的期望可能非常困难，但必须设法向对方传递信号，通过各种各样的暗示和帮助来降低对方的期望，使他们逐渐认识到不可能得到他想得到的东西。如果两个性格刚毅的讨价还价者的目标相距甚远，而且他们仍固执己见，那么双方意愿所产生的撞击将极其猛烈。双方都有可能退出谈判，不再往来。如果他们处于双方不得不继续在一起工作，并必须达成协议，必定发生冲突性讨价还价的情况下，就要施加很大压力和强制力。

撒切尔夫人与 EEC 的这场谈判中，双方的目标值相差很远，撒切尔夫人想得到接近 9 亿英镑的解决方案，EEC 各国则想用 3 亿英镑左右解决问题。如果要解决这笔交易，一方或双方就必须改变他们的预期想法。首先突破的是德国，他们提出 3.5 亿英镑的让步，英国拒绝了；后来原联邦德国开始讨论 8 亿英镑的让步，但只限 1 年，英国也拒绝了。撒切尔夫人强调的是每年都应减少。当年 2 月底，柏林会议过去两个多月了，英国同意这不是一场短时间的交易。因此，在 4 月的预算同意把应摊的款项全部付给 EEC。这以后，时间的优势也就为英国占有了。不久，EEC 国家必须就给共同体农场主增加补偿支付额的问题上达成协议，并且每个成员都必须同意这点，否则就无法做出决定，这是 EEC 的议事原则。法国和德国由于政治上的原因都希望增加支付额，因为当年这个两国家都要举行总统大选，他们不想使自己的农场主集团党觉得不舒服。撒切尔夫人没有明显地威胁不同意这项农场主问题，她没有把这两个问题扯到一起。但大家都清楚，只有就她的 EEC 预算支付问题达成协议，英国才有可能在农场主问题上进行合作。这一年 5 月的 EEC 外长会议没有达成协议，后来德国也撤回了他们减少 8 亿英镑只限 1 年的建议。

撒切尔夫人运用强硬、威胁的谈判手法是成功的。如果没有能力驾驭谈判的人，在谈判中一味顽固地坚持自己的立场是不明智的。应付强硬措施最有效的办法就是灵活，只要灵活有方、措施得当，任何强硬的立场都是可以改变的。

思考：

1. 英国前首相撒切尔夫人在谈判中运用了何种谈判手法？体现了什么样的谈判风格？

2. 素有"铁娘子"之称的撒切尔夫人为何会赢得这次谈判？它说明了什么问题？

案例二： 俄罗斯人高价出卖奥运会电视转播权

1980 年的奥运会准备在莫斯科举办，谁都知道出卖奥运会电视转播权是一笔好买卖。美国哥伦比亚广播公司、美国国家广播公司、全国广播公司三家大型电视台都准备出大价钱购买独家电视转播权。于是，俄罗斯人把美国三家电视网的上层人物都请到他们的豪华客轮阿列克赛·普希金号上，他们提出要 21000 万美元现金，这个开价比 1976 年的 2200 万美元几乎高出 9 倍。为了达到他们的目的，俄国人分别与美国的这三家电视台的决策人物进行谈判，让他们相互之间你争我夺，拳打脚踢。用美国人自己的话说："我们像装在瓶里的三只蝎子那样互相乱咬，咬完之后，两只死了，获胜的一只也被咬得爬不起来了。"最后，几经谈判，美国国家广播公司以 8700 万美元购得奥运会转播权。后来才知道俄国人预期的售价在 6000 万～7000 万美元之间。

思考：

俄罗斯人通过何种办法高价出卖了奥运会电视转播权？体现了俄罗斯人何种谈判风格？

案例三： 中德索赔谈判

1985 年 7 月，任传俊主持了一次和联邦德国吉玛公司的索赔谈判，对手是理扬·奈德总经理。索赔的原因是引进的圆盘反应器有问题，中方提出的索赔数是 1100 万西德马克，而德方只同意 300 万马克，二者相去甚远。这是一场马拉松式的谈判。在久久僵持不下时，任传俊突然建议休会，并提议第二天由理扬·奈德到扬州游览。扬州，大明寺，花木扶疏，风景宜人。任传俊对德方代表团介绍道："这里纪念的是一位为了信仰，六渡日本，双目失明，终于达到理想境界的中国唐朝高僧鉴真。今天，中日两国人民都没有忘记他。你们不是常常奇怪日本人的对华投资为什么比较容易吗？那其中很重要的原因就是日本人了解中国人的心理，知道中国人重感情重友谊。"接着，他对理扬·奈德笑道："你我是多年打交道的朋友了，除了彼此经济上的利益外，就没有一点个人之间的感情吗？"理扬·奈德大为感动。旅行车从扬州开回仪征，直接开到谈判室外，谈判继续进行。任传俊开门见山地说："问题既然出在贵公司身上，为索赔花费太多时间就是不必要的，反正要赔偿……"理扬·奈德耸耸肩膀："我公司在贵国中标，总价值才 1 亿多美元，我无法赔偿过多，我总不能赔着本干。"任传俊抓住了一个事实，江苏仪征化纤工程是当时全世界最大的化纤工程，他当仁不让地说："据我得到的信息，正是因为贵公司在世界上最大的化纤基地中标，才得以连续在全世界 15 次中标。这笔账又该怎么算呢？"这个反问问得很技巧，理扬·奈德一时语塞。任传俊诚恳地说："我们是老朋友了。打开天窗说亮话，你究竟能赔多少？我们是重友谊的，总不能让你被董事长敲掉了饭碗；而你也要为我想想，中国是个穷国，我总得对这里1万多名建设者有个交代……"谈判结束，德方同意赔偿800万马克。事后，理扬·奈德说："我付了钱，可我心里痛快！"

思考：

1. 中国为何会获得满意赔偿？从任传俊身上体现了中国人哪些谈判风格？
2. 中国是一个重礼仪的国家，这一点在这次中德索赔谈判中有何体现？

【参考文献】

[1] 李爽，等. 商务谈判 [M]. 北京：清华大学出版社，2007.

[2]［瑞典］简森，昂特. 共赢：合作谈判的艺术 [M]. 李小鹏，杨明娴，译. 北京：人民邮电出版社，2004.

[3] 金正昆. 商务礼仪教程 [M]. 北京：中国人民大学出版社，2005.

[4] 张柱，张炜. 知己知彼的谈判技巧 [M]. 广州：广东经济出版社，2004.

[5] 施密特，坦内鲍姆. 谈判与冲突化解 [M]. 北京：中国人民大学出版社，2004.

[6]［丹麦］理查德·R. 盖斯特兰德. 跨文化商业行为 [M]. 李东，译. 北京：企业管理出版社，2004.

[7] 卫平. 国际商务谈判中的平等与互利 [J]. 科技进步与对策，2000，17 (2).

第十二章

商务谈判者应具备的素质

【学习目标】

通过本章学习，掌握商务谈判者素质的基本概念及其特征，了解商务谈判者应具备的知识素质、能力素质、心理素质、职业道德素质，并知道如何提升商务谈判者的素质。

【关 键 词】

商务谈判者　素质　能力素质　心理素质　职业道德素质

商务谈判者，又称商务谈判活动主体，是指代表个人或组织在商务谈判活动中行使责任、做出决策者。商务谈判作为一项涉及利益需求、过程复杂多变的活动，要求谈判者必须具备良好的素质，如知识素质、能力素质、职业道德素质、心理素质等。

相关链接 🔍搜索

何为素质

素质英文名为 Quality，又称素养。素质一词本是生理学概念，指人的先天生理解剖特点，主要指神经系统、脑的特性及感觉器官和运动器官的特点。关于素质，《辞海》对"素质"一词的定义为：①人的生理上原来的特点；②事物本来的性质；③完成某种活动所必需的基本条件。在高等教育领域中，素质应是第三个定义，那就是大学生从事社会实践活动所具备的能力。在社会上，素质的一般定义为：一个人文化水平的高低、身体的健

康程度以及家族遗传于自己惯性思维能力和对事物的洞察能力，管理能力和智商、情商层次高低以及职业技能所达级别的综合体现。也有人认为"素质"是指个人的才智、能力和内在涵养，即才干和道德力量。历史学家托马斯·卡莱尔特别强调作为英雄和伟人的素质。在他看来，"忠诚"和"识度"是识别英雄和伟人最为关键的标准。素质是指人的体质、品质和素养。素质又称"能力"、"资质"、"才干"等，是驱动员工产生优秀工作绩效的各种个性特征的集合，它反映的是可以通过不同方式表现出来的员工的知识、技能、个性与驱动力等。还有人认为：素质是判断一个人能否胜任某项工作的起点，是决定并区别绩效差异的个人特征。不同的人，角度不同，对素质界定的也不同。然而，有一点是共同的，即素质是以人的生理和心理做基础，以其自然属性为基本前提的。也就是说，个体的生理、心理成熟水平不同决定着个体素质的差异。因此，对人的素质的理解要以人的身心组织结构及其质量水平为前提。素质是心理活动发展的前提，离开这个物质基础谈不上心理发展。

第一节　商务谈判者应具备的知识素养

作为商务谈判者，要想成为谈判高手，必须具备良好的多元化知识素养。因为一则谈判涉及多学科领域的知识；二则谈判乃是一种直接与人打交道的双向沟通活动，它要求谈判参与者在智力竞争的过程中，必须以一种合理的知识结构作为强有力的后盾，即既要有专业性很强的谈判学知识素养，又要有较为高深的理论修养，还要有广博的基础知识素养。

一、专业知识素养

商务谈判作为一项特殊的专项经济活动，涉及谈判学、商务学等各种专业知识，因此，要求谈判者必须具备相应的专业知识素养。

商务谈判作为谈判类型之一，谈判者应具备一定的谈判学知识。这些知识包括谈判的操作流程、谈判准备、谈判策略、谈判技巧、谈判风格、谈判禁忌以及谈判协议等。

商务谈判的内容大多与商业贸易有关，因而商务谈判者还应懂得基本的商务学知识，如熟悉进出口商品的规格、花色、包装、性能、质量标准、使用的原材料以及生产工艺、周期、成本等。如果对这些知识一窍不通或一知半解，那么在谈判中势必会处于不利地位，甚至上当受骗。

专业知识决定着一个人知识的深度和从事谈判工作的能力，在某种程度上，决定着企事业的成败和兴衰。

相关链接 | 🔍搜索

内地某厂因谈判者缺乏专业知识而倒闭

内地某厂与一家香港公司谈判并签订了一项商务合同，内容是港方为我方提供贷款。我方负责人提出按当时香港汇丰银行最优惠的贷款月利率8.7%计算，港方提出在商务合同上写明按香港汇丰银行的最优惠贷款利率计算。由于我方有关谈判者对专业知识不了解，又缺乏对香港银行利率变化的分析，也就答应了。后来，港方拿来了汇丰银行的最优惠贷款利率的资料，一连七八个月都在20%以上。按照这个标准，我方将付出高额利息。为此，我方要求修改商务合同，按月利率8.7%计算，但港方以商务合同已生效为由拒绝修改。几经交涉没有结果，该厂终因负债累累而倒闭。该案例充分说明掌握相关谈判学专业知识，是何等的重要。

在一些西方国家，非常重视谈判者的专业知识，甚至不惜重金聘用各类专家来进行谈判。在他们看来，运用具有专业知识的专家与对方谈判，可形成一种巨大的力量来压制对方。因为一则专家的头衔往往会使对方自认为专业化知识不及而胆怯；二则不敢轻易就相关专业知识提问或反驳，以至于失去谈判的进攻性。

二、理论素养

理论是行动的先导。在当今知识经济时代，无论做何事，如果一个人缺乏扎实的理论素养，是不会把事情做成功并取得令人满意结果的。谈判也是如此，谈判者只有掌握了一定的涉及有关谈判的理论知识，具备一定的谈判中所需要的理论修养和水平，才能在谈判中纵横驰骋，使谈判朝着有利于自己的方向发展。

在现代商务谈判中，谈判者首先应具备一定的谈判学理论知识。这些知识包括前面章节提到的谈判学理论，即博弈论、控制论、公平理论、信息论及其这些理论在谈判学中的应用，以及谈判学原则等。

作为一个现代商务谈判者，还应具备一定的哲学理论修养。哲学作为世界观和方法论，在商务谈判中也经常用到，比如谈判者用哲理性的思维方式和方法，包括辩证唯物主义和历史唯物主义的科学世界观和方法论指导商务谈判，能使谈判者妥善处理商务谈判中的分歧，辩证地看待商务谈判中的利益，使商务谈判少走弯路或不走弯路。

心理学也是商务谈判者应该了解且必须掌握的理论知识。商务谈判就过程而言，是双方谈判人员心理较量的一个过程。在这个过程中，为了达到谈判目的，一方面己方有时候需要掩饰自己的真实需要、动机、期望目标，从而使己方处于谈判的有利地位；另一方面，需要了解对方真实的心理状态、意图和想法，并能够揣摩谈判对手的心理，实施心理诱导，所有这些都需要谈判者掌握一定的心理学理论知识。此外，在谈判过程中，还会遇到谈判对手有意或无意设计的心理误区和陷阱，如提供假材料、假信息的欺诈心理；源于人的狭隘心肠、嫉妒心和争强好胜而产生的恶性竞争心理；急功近利的急躁冒进心理等，而要想识别这些心理误区和陷阱，也必须掌握一定的心理学理论知识。这样才能提高商务谈判人员的洞察力及应变能力，灵活有效地处理好各种复杂的谈判问题。

三、其他相关知识素养

在商务谈判中，还不可避免地涉及谈判学与商业贸易之外的相关知识，因此谈判者还应具备其他相关知识素养。

谈判者应具备一定的法学知识。任何谈判都是在一定的法律、法规下进行的，任何谈判内容必须符合国内法和国际法，否则谈判因缺乏法律依据而不被法律认同，成为一纸空文；此外，谈判的最终目的是签订具有法律效力的协议。如果谈判者的知识结构中不具备一定的法学知识，他很难成为一名优秀的谈判者。

谈判者还应具备一定的语言学知识。语言是传播信息的重要工具。外语修养好，就能迅速、准确地掌握国外信息，就可以扩大谈判的空间，和不同语言的谈判对手进行自由的谈判。无数事例说明，良好的语言修养对促成商务谈判具有重要的意义，在与法国人、日本人以及世界其他国家的人的谈判中，如果你能用这些国家的语言与之谈判，往往会收到意想不到的效果；同样，如果在国内商务谈判中，你能用地方方言与对手谈判，同样会加大谈判的成功概率。尤为重要的是，良好的外语修养，还能维护民族的尊严。如周总理就曾凭借良好的外语修养，维护中华民族的尊严，吴仪副总理借助良好的外语修养，反驳美国谈判代表梅西对中国人的侮辱，既维护了民族的尊严，同时，也使最棘手的中美知识产权谈判取得实质性进展。

此外，一些基础知识，如谋略学、逻辑学、社会学、心理学、行为学以及天文、地理、历史、文学等，也在谈判中不时用到。这些基础知识涵盖面非常广阔，是谈判者智慧和才能的基石，它能赋予谈判者一种潜移默化的力量，决定谈判者在全程活动中的修养和风度，使得谈判者在谈判中充满自信，具有一种化腐朽为神奇的力量。

相关链接｜　🔍搜索

李华博士巧驳港方征税员

法国盛产葡萄酒，外国的葡萄酒想打入法国市场是很困难的，然而四川农学院留法的李华博士经过几年的努力，终于使内地产的葡萄酒奇迹般地打入了法国市场。可是，内地产的葡萄酒在香港转口时却遇到了麻烦。港方说，按照土酒征80%关税、洋酒征300%关税的规定，内地的葡萄酒要按洋酒征税。面对这一问题，李华在与港方的谈判中吟出了一句唐诗："葡萄美酒夜光杯，欲饮琵琶马上催。"他解释说，中国唐朝就能生产葡萄酒，唐朝距今已有1300多年了，英国和法国生产葡萄酒的历史，要比中国晚几个世纪，怎么能说中国葡萄酒是洋酒呢？一席话驳得港方有关人员哑口无言，只好将内地产的葡萄酒按土酒征税。

总之，知识素养是谈判的基石，它能赋予谈判者一种潜移默化的力量，决定谈判者在全程活动中的修养与风度，使得谈判者在谈判中充满自信，具有一种化腐朽为神奇的力量。一个优秀的商务谈判者之所以能够在具体的谈判操作中左右逢源、挥洒自如，说到底，在于他有较高的知识素养，并能够将理论知识的"深"、专业知识的"精"与基础知识的"博"相互结合起来，各种知识互补，触类旁通，促成谈判的顺利进行。

第二节　商务谈判者应具备的能力素质

从本质上来说，能力素质是由个人特定的内在稳定心理特点所表现出来的外在行为特征。这种特征能决定个人在具体文化和岗位上的绩效是否优秀。

能力素质作为确保人们能够顺利地完成某种活动的行为特点和心理特点，具有一种直接影响活动效率的功能，这就如同绘画需要观察力与注意力、读书需要理解力与注意力、写作需要创作力与文字表达力一样，谈判也必须具备一定的能力素质，才能顺利地完成各种类型的商务谈判活动，达到预期之谈判目的。

在商务谈判活动中，谈判者应具备的能力素质很多，综括起来主要包括如下几个方面：

一、语言表达能力

商务谈判主要借助语言工具来进行，因此，语言表达能力对谈判者而言非常重要。良好的语言表达能力首先体现在能够用准确、规范的语言陈述立场、观点；其次体现在语言表达要有逻辑性，前言不接后语或逻辑思维混乱都会直接影响到谈判人员相互间的沟通、交流；最后体现在能言善辩，能有效地说服对方。

提高谈判人员语言表达能力的途径有四：一是加强自我语言表达能力训练；二是有意识地自我锻炼语言表达能力，要敢于在公众场合讲话；三是有目的地参加语言表达能力系统训练；四是正式谈判前进行模拟谈判，草拟对方可能提出的问题，并让我方人员扮演对方代表，这样既锻炼了语言表达能力，又对谈判中可能出现的问题做准备，有较好的实用效果。

二、人际沟通能力

人际沟通能力也是谈判者必须具备的能力之一。因为，无论谈判前谈判时间、地点的确定，还是谈判活动中出现的不同意见、谈判后商务合同履行中出现的分歧，都离不开沟通。谈判者只有具备良好的"见人说话，见鬼打卦"的交际能力，才能在谈判中立于不败之地。

相关链接 🔍搜索

洛克菲勒二世的交际能力延续"洛氏家族"辉煌

美国大财阀洛克菲勒家族早在 19 世纪初就名扬全国，但却引起了普通民众的嫉恨，在 1915 年曾爆发了美国产业史上的大事件，即"洛氏"工厂工人的大罢工。在罢工期间工厂的建筑被捣毁，设备被毁坏，政府不得不派出军队镇压，因而造成流血事件。到后来，矛盾越来越激化，洛克菲勒二世感到用强硬手段不能解决问题，他开始利用个人的交际能力斡旋。一方面他放低身价，走访罢工工人家庭，抛出情感联络纽带，消除普通民众对其家族的嫉恨；另一方面不断发表谦恭与友善的演讲，阐述"皮之不存，毛将焉附"的道理。他深情地对工人们说："今天我能够站在这里和各位谈话，可说是各位的善意所赐。今天将是我这一生中最值得纪念的日子，我能有机会和本公司各单位的代表见面，真是我的荣幸。我相信这一次的会谈，将永远铭刻在我心中……""我强调，我们不是陌生人，而是朋友。因此，我想站在朋友的立场上，和各位谈谈我们之间的利害关系。听说这次会议是由公司干部和工人代表们决定召开的，我既不是干部，也不是工人，能参加这次会议，就是各位善意的赐予。我虽不是干部和工人，但身为股东代表的我，自认为和各位有着密不可分的关系。"他不卑不亢的人格魅力，加上他超人的人际沟通能力，不仅解决了争端，最终化解了"洛氏家族"与工人的矛盾，而且延续了"洛氏家族"的辉煌。

提升人际沟通能力的途径主要有三：一是正确认识人际关系价值，树立良好的处世态度；二是养成人际关系良好品质，即对内要真诚、自信、主动、快乐，对外要尊重、负责、合作、感恩；三是克服人际关系品质提升的四大障碍：忽视友情、恐惧交往、自私心态、过度自我。

三、观察力与逻辑思维能力

观察力作为人的一种知觉认识，是指借助人的眼睛、耳朵等器官了解周围事物变化情况的心理活动能力。在谈判中，观察力非常重要。因为在商务谈判活动中通过察其言、观其色，可以了解对方的情绪、表情的变化，推测其心理活动，判断出对方对谈判内容是否感兴趣，从而及时调整己方谈判策略，把握谈判的进程，做出正确的谈判决策。

逻辑思维能力是谈判能力结构中最基本的要素。它是谈判者面对谈判过程中出现的问题和现象，做出的认知、思考、分析、判断等反应。

逻辑思维能力中最为重要的是分析判断力。判断力是指谈判者对商务谈判活动中出现的事物现象和事物本质的正确判断能力。在商务谈判活动中，事物本质和现象之间的联系往往被各种假象所干扰，影响人们正确认识其相互之间的关系，这就需要人们运用判断力去排除各种干扰因素，了解事物的本质。分析判断力作为一个优秀谈判者必须具备的特质，主要包括谈判人员准确地分析谈判的发展进程；明辨事物的真相，不为假象所惑；预见谈判可能产生的各种结果等。

提升谈判者判断力的途径主要有：一是注意吸收外界信息。因为在许多情况下，判断力只是人们的某种直觉。这种直觉的产生是建立在接收外界大量信息之基础上的；二是注意积累谈判经验。因为判断力也与人的经验密切相关，经验越丰富，过滤信息的能力越强，分析判断就越准确、越敏锐。谈判专家认为，谈判者只有具备良好的判断力，才能及早地发现问题，从而确定相应的谈判策略，决定买卖的取舍。判断力与风险有密切的联系，判断力越准确，所冒风险就越小，成功的把握就越大。

四、记忆力与决策力

记忆是指人们对过去经历过的事物在头脑中的保存，并在一定的条件下再现出来。

记忆在谈判活动中占有十分重要的地位。首先，良好的记忆力有助于谈判人员更好地掌握各种信息、情报，处理谈判中出现的各种问题；其次，记忆就像一架摄像机，能不花任何成本记录在谈判场合中双方的言行，以备在需要时随时取用；最后，良好的记忆力会提醒你曾允下的诺言，熟悉接触过的人物，给对方留下良好的印象，增加个人的魅力。

提高记忆力途径主要有：一是掌握一定的记忆方法，如联想记忆法、形象记忆法、归类记忆法、比较记忆法、头脑放映记忆法等；二是养成速记笔记的习惯，加深对人、事识记的程度；三是平常有意识地注意培养和提高自己的记忆能力。

五、决策能力

决策能力是商务谈判活动中比较重要的一种能力。当谈判人员就交易的具体内容协商讨论之后，进入拍板决策阶段，商务合同签还是不签，需要谈判人员做出决断。

谈判者决策能力的高低与其自信心等有直接的关系。自信心强，处理问题迅速、果断。敢于冒风险的人，决策能力相对较强；反之则较弱。决策过程持续的时间长短也反映了人的决策能力的差别。一般地讲，行为谨慎的人决策时可能费时较长，甚至反复考虑斟酌，但一旦拍板定案，则义无反顾，坚决执行。决策能力较差的人，决策时间也比较长，老是犹豫反复、拿不准主意。决策能力的强弱，还要根据决策结果和决策所考虑的内容去分析。当一个人决定做某件事或不做某件事，事实证明他经常是对的，那么，他的决策能力就相对较强。决策能力不单单是人的某一方面能力的表现，从某种程度上说，它是人的各种能力的综合体现。它是建立在人们观察、注意、分析的基础上，运用判断思考、逻辑推理做出的决断。因此，培养锻炼谈判人员的决策能力，必须要注意各种能力的平衡发展。

六、应变能力

应变能力是指人对突然发生的情况或尚未料到情况的适应、应对能力。商务谈判涉及谈判各方利益，且谈判形势难以预料，风生水起，会遇到各种意想不到的尴尬事情。这就要求谈判者具有眼观六路、耳听八方的应变能力，才能巧妙地摆脱困境，否则，就会陷于被动，甚至功亏一篑，导致谈判失败。

提高灵活应变能力，须做到如下几点：一是遇到的突发情况时，要沉着应对，并能提出灵活的办法或变通的方案，妥善解决；二是对于突如其来的意外情况，如对方提出的新建议、新要求等，要尽可能地冷静分析思考，权衡利弊关系，做出正确的抉择。

综上所述，能力是谈判者顺利完成谈判活动，达成谈判协议的重要保证。谈判人员所具备的能力以及这些能力的培养和提高有着十分重要的意义。这就要求不仅谈判者个人要注意在实践中培养与锻炼自己的能力，还要以各种方式专门训练谈判人员的能力，如进行心理训练、模拟谈判等。

第三节　商务谈判者应具备的其他素质

商务谈判者除了具备一定的知识素质、能力素质之外，还应具备其他一些素质，如职业道德素质、心理素质等。

一、职业道德素质

职业道德是所有从业人员在职业活动中应该遵循的行为准则，涵盖了从业人员与服务对象、职业与职工、职业与职业之间的关系。所谓职业道德素质，就是同人们的职业活动紧密联系的符合职业特点所要求的道德准则、道德情操与道德品质的总和。它是人们在特定的工作和劳动中以其内心信念和特殊社会手段来维系的，以善恶进行评价的心理意识、行为原则和行为规范，它是人们在从事职业的过程中形成的一种内在的有很大限制性的约束机制。

商务谈判作为一种特殊的商业活动，必须遵循的一定的道德行为准则，才能确保商务取得成功，因此，商务谈判者也应具备谈判所要求的基本的道德素质。一般说来，现代商务谈判者应具备道德素质包括三个方面，即礼仪、诚信、守法。

1. 礼仪

一位优秀的商务谈判者首先必须是一位绅士或淑女。你必须在穿着、说话和做事方面显得有礼貌和教养，尊重别人。这样，你的谈判对手才能尊重你。也只有在尊重的基础上，谈判才能进行下去。可以说，这是成功谈判的第一关。

2. 诚信

现代谈判学认为：谈判不能建立在欺骗的基础上，因为谈判意味着合作的开始。在现代法制社会里，不择手段、尔虞我诈不仅行不通，也是没有前途的。谈判虽然要讲究策略技巧，但绝不能违背基本的"诚信为本"的道德规范，否则，不可能赢得长远利益，因为缺乏诚信或欺诈性质的谈判，一旦被识破，必定意味着合作的终结。

3. 守法

无论是国内还是国际商务谈判，任何谈判都是在一定的法律、法规下进行的，因此，商务谈判者必须具有法制观念和意识，并在自觉遵守法律法规的前提下进行符合法律规范的谈判。在当前市场经济条件下，商务谈判人员必须自觉抵制各种与法制相悖的各种腐败思想的侵蚀，才能在商务谈判中为国家为民族为企业争取更多利益，才不会为蝇头小利牺牲企业甚至国家民族的利益。

商务谈判者的职业道德素质培养，应从如下两方面入手：一是"自我锤炼"与"自我改造"相结合。任何一个从业人员职业道德素质的培养与提高，一方面靠他律，即社会的培养和组织的教育；另一方面取决于自己的自我修养，两者缺一不可。二是进行职业素养的修炼，如过职场安身立命之本的"道德关"、取得职场长期居住证的"诚信关"等，从而使自己成为有较高职业道德素质的商务谈判者。

二、心理素质

良好的心理素质是取得谈判成功的心理基础。商务谈判者只有具备诚心、自信心、耐心、自制力与意志力等良好的心理素质，才能使谈判者的能力得到充分发挥。

1. 诚心

现代商务谈判以双方的合作为前提，是一种建设性的谈判，这种谈判需要双方都具有诚心诚意。诚心不但是商务谈判应有的出发点，也是谈判人员应具备的心理素质。首先，诚心是双方进行商务谈判的基础。商务谈判需要诚心诚意，否则，商务谈判不可能顺利进行。其次，诚心是保证实现谈判目标的必要条件。只有将诚心诚意贯穿于商务谈判的全过程，双方才会认真考虑双方合作的可能性和必要性，才会合乎情理地提出自己的要求和认真考虑对方的要求，才能实现商务谈判目标；最后，诚心也是商务谈判的动力。只有诚心诚意地进行商务谈判，谈判人员的心理活动才能始终处于最佳状态，在诚心的前提下，双方求大同、存小异，相互理解，互相让步，以求达到最佳的合作。

2. 自信心

所谓自信心，就是相信自己的实力和能力。它是谈判者充分施展自身潜能的前提条件。只有具备必胜的信心，才能使谈判者的能力得到充分发挥，主宰谈判活动。商务谈判风起云涌，作为谈判代表，一旦到了谈判桌上，要给对方一种气势，要有非常自信的姿态，并树立正确的信念，即必胜的信念必须符合职业道德。如果在求胜心理支配下，采取欺诈、威胁的伎俩迫使对方就范，此种做法既不道德，后果也是十分消极的。因为它会使你失去信誉，失去朋友，失去比生意更加宝贵的东西。信念是人的精神支柱，它是人们信仰的具体体现，持有什么样的信念，往往决定人的行为活动方式。在商务谈判活动中，信念决定了谈判者在谈判活动中坚持什么样的谈判原则、方针，运用什么样的谈判策略与方法，直接关系到谈判的成败。

需要指出的是，自信不是盲目地自信和唯我独尊。自信是在充分准备、充分占有信息和对谈判双方实力科学分析基础上对自己有信心，相信自己要求的合理性、所持立场的正确性及说服对手的可能性。自信才有惊人的胆魄，才能做到大方、潇洒、不畏艰难、百折不挠。

3. 耐心

耐心作为心理上战胜谈判对手的一种战术与谋略，也是商务谈判者必备的素质。首先，耐心是取得谈判成功的心理基础。商务谈判的状况各种各样，有时是非常艰难曲折的，商务谈判人员必须有抗御挫折和打持久战的心理准备。有耐心，才能够很好地在谈判中控制自己的情绪，从而冷静、客观、准确地分析形势，恰当地运用谈判策略与方法；其次，耐心能使谈判者认真倾听对方意见，观察了解对方的举止行为和各种表现，了解掌握更多的信息，掌握谈判的主动权；最后，耐心可避免意气用事，融洽谈判气氛，缓和谈判僵局，同时，耐心具有以软制硬、以柔克刚的效果，对付脾气急躁、性格鲁莽、咄咄逼人的谈判对手也具有特别的功效。

总之，耐心及容忍力是必不可少的心理素质，是谈判者心理成熟的标志。耐心是谈判抗御压力的必备品质和谈判争取机遇的前提。在一场旷日持久的谈判较量中，谁缺乏耐心和耐力，谁就将失去在商务谈判中取胜的主动权。

4. 自制力

自制力在商务谈判中也显得非常重要。谈判局势千变万化，一个优秀的谈判者，要能做到在激烈的争执中，克服自身的心理障碍，控制自身的行为，以恰当的语言和举止来说服和影响对方。既不被顺利冲昏头脑，也不因挫折萎靡不振。遇到恼事烦事心平气和，既不沮丧，也不易怒，这样就不会留给对方打败自己的机会。

5. 意志力

商务谈判往往是枯燥冗长、困难艰苦的过程，有时甚至要"知其不可为而为之"。这就要求谈判者有百折不挠的意志品质，不因困难而屈服，不为诱惑而动摇；始终依照己方既定的目标与原则，以勇往直前的姿态全力以赴。在谈判桌上，双方的利益是你进我退，一方若有半点委曲求全的意思，对方定会得寸进尺。因此，在谈判中，不管有什么样的困难和压力，都要显示出奋战到底的决心和勇气。即使是妥协求和，也要在经过力争后以强者的大度予以提出。

本章小结

商务谈判之成败与谈判人员的素质密切相关。知识素养是谈判的基石，它能赋予谈判者一种潜移默化与化腐朽为神奇的力量。由语言表达能力、人际沟通能力、观察力与逻辑思维能力、记忆力与决策力、决策能力、应变能力构成的能力素质，对谈判者顺利完成谈判活动，达成谈判协议有着十分重要的意义。商务谈判者除了具备一定的知识素质、能力素质之外，还应具备其他一些素质，如职业道德素质、心理素质等。前者即职业道德素质，主要包括礼仪、诚信、守法；后者即心理素质，包括诚心、自信心、耐心、自制力与意志力。商务谈判者只有具备良好的心理素质，才能使谈判者的能力得到充分发挥，主宰商务谈判活动。

商务谈判作为一项涉及利益需求、过程复杂多变的活动，要求谈判者必须具备良好的素质，如知识素质、能力素质、职业道德素质、心理素质等。

【练　习】

1. 商务谈判者必须具备哪些知识素养？这些素养对商务谈判取得成功有何作用？
2. 商务谈判者为何要具备一定的语言表达能力？如何才能提升？
3. 试论人际沟通能力在商务谈判中的作用。
4. 什么是职业道德素质？商务谈判者应具备哪些职业道德素质？
5. 试分析商务谈判者心理素质在谈判中的作用。

【案例与思考】

案例一：　李肇星妙语化尴尬

1995 年，李肇星出使智利参加两国外交部政治磋商。按照惯例，会谈结束要互赠礼物。李肇星把从中国带来的礼品——仿青铜工艺品"马踏飞燕"郑重地交给对方时，意想不到的事情发生了。因为按照西方的习惯，受礼人要当着赠礼人的面将礼品打开，然后赞扬、致谢。可当智利外长解开精美的古色古香的包装盒时，包装盒内的骏马不是踏着飞燕，而是躺在飞燕的旁边！显然，礼物可能在运输途中破碎了。现场的气氛顿时凝固了。如何应对这种"国际性"的尴尬呢？李肇星迅疾做出了反应。只见他不慌不忙，从盒子里把骏马和飞燕拿出来，亲切地对智利外长说："这是我国 2000 多年前的文物，十分珍贵。"他边说边把骏马与飞燕对接好，微笑地对主人说："你看，这骏马奔腾的姿势，这娇燕飞翔的动作，是多么的生动、逼真，2000 多年前人类就有这么高超的艺术水平、这么先进的铸造技术，就连今人也会自叹不如。"气氛开始缓和，在场的中方代表也为之松了口气。为了把尴尬化解得更圆满，李肇星又接着说："古人也有考虑不周的地方，骏马与燕子结合的地方，做得不够结实——不过也不能责怪他们，他们哪里会想到，我们会万里迢迢把它带到大洋彼岸，送给我们最好的智利朋友呢？"李肇星这一段机智的妙语将原本凝固的气氛化解了，会客厅里洋溢着欢快的笑声。可见将错就错，自圆其说，也不失为一种化解尴尬的妙招啊。

思考：

在该案例中，李肇星是如何应对突然出现的"国际性"尴尬的？从他身上我们看到了中国领导人哪些良好的谈判素质？

案例二：　卡特与戴维营和平协议

美国前总统吉米·卡特是一个富有伦理、道德的正派人，他的最大特点是惊人的耐心。科恩评论道，不论什么人同卡特在一起待上 10 分钟后，就像服了镇静剂一样。正是由于他的耐心坚忍不拔、毫不动摇，使他成功地斡旋了埃以两国争端，达成了著名的戴维营和平协议。

埃及和以色列两国争端由来已久，积怨颇深，谁也不想妥协。卡特邀请他们坐下来进行谈判，精心考虑之后，地点定在戴维营。尽管那里设施齐备、安全可靠，但却没有游玩之处，散步成了人们主要的消遣方式。此外，还有两台供锻炼身体用的自行车和三部电影。所以，两国谈判代表团在住了几天之后，都感到十分厌烦。

但是，每天早上八点钟，萨达特和贝京通常都会听到敲门声，接着就是那句熟悉的话语："你好，我是卡特，再把那个乏味的题目讨论上一天吧。"结果等到第十三天，他们谁都忍耐不住了，再也不想为谈判中的一些问题争论不休了，于是，双方握手言好，并签订了著名的戴维营和平协议。

思考：

1. 有人认为"戴维营和平协议能够签订，有一半归功于卡特总统的耐心"，你觉得这种评价是否正确？为什么？

2. 该案例反映了什么素质对谈判取得成功非常重要？为什么？

案例三：　艾丽拒绝韦经理

艾丽是个热情而敏感的女士，目前在中国某著名房地产公司任副总裁。有一次，她接待了来访的大桥建筑材料公司主管销售的韦经理。韦经理被秘书领进了艾丽的办公室，秘书对艾丽说："艾总，这是大桥公司的韦经理。"

艾丽离开办公桌，面带笑容，走向韦经理。韦经理伸出手来，让艾丽握了握。艾丽客气地说："很高兴你来为我们公司介绍这些产品。这样吧，让我看一看这些材料，我再和你联系。"韦经理在几分钟内就被艾丽送出了办公室。几天内，韦经理多次打电话，但得到的是秘书的回答："艾总不在。"

到底是什么让艾丽这么反感一个没说一句话的人呢？艾丽在一次讨论形象的课上提到这件事，余气未消："首次见面，他留给我的印象不只是不懂得基本的商务礼仪，还没有绅士风度。他是一个男人，位置又低于我，怎么能像个王子一样伸出高贵的手让我握呢？他伸给我的手看起来毫无生机，握起来更像一条死鱼，冰冷、松软，毫无热情。当我握他的手时，他的手掌也没有任何反应。我的选择只有感恩戴德地握住他的手，只差要跪吻他的高贵之手了。握手的这几秒钟，他就留给我一个极坏的印象。他的心可能和他的手一样冰冷。他的手没有让我感到他对我的尊重，他对我们的毁约也并不重视。作为一个公司的销售经理，居然不懂得基本的握手方式，他显然不是那种经过高度职业训练的人。而公司能够雇用这样素质的人做销售经理，可见公司管理人员的基本素质和层次也不会高。这种素质低下的人组成的管理阶层，怎么会严格遵守商业道德，提供优质、价格合理的建筑材料？我们这样大的房地产公司，怎么能够与这样作坊式的小公司合作？怎么会让他们为我们提供建材呢？"

思考：

1. 艾丽为何拒绝与韦经理的公司做生意？
2. 素质对一个公司的形象与谈判有何影响？

【参考文献】

[1] 张华荣. 商务谈判新论［M］. 北京：中国财政经济出版社，2005.

[2] 左小平. 商务谈判人员素质探析［J］. 经济师，2003（6）.

[3] 李郁，张泳. 浅谈国际商务谈判中的跨文化问题及对策［J］. 商业研究，2004（24）.

[4] 英格丽·张. 你的形象价值百万［M］. 北京：中国青年出版社，2008.

[5] 杨文惠. 入世后中国商人商务谈判文化的适应现象分析［J］. 国际经贸探索，2004.

[6] 汤秀莲. 国际商务谈判［M］. 天津：南开大学出版社，2003.

附录 I:沟通能力自测

沟通能力指沟通者所具备的能胜任沟通工作的优良主观条件。简言之,人际沟通的沟通能力指一个人与他人有效地进行沟通信息的能力,包括外在技巧和内在动因。其中,恰如其分和沟通效益是人们判断沟通能力的基本尺度。恰如其分,指沟通行为符合沟通情境和彼此相互关系的标准或期望;沟通效益,则指沟通活动在功能上达到了预期的目标,或者满足了沟通者的需要。

(一) 与同学沟通能力自测

1. 你跟新同学打成一片一般需要多少天?
A. 一天
B. 一个星期
C. 十天甚至更久

2. 当你发言时有些人起哄或者干扰,你会:
A. 礼貌地要求他们不要这样做。
B. 置之不理。
C. 气愤地走下台。

3. 上课时家里有人来找你,恰好你坐后排,你会:
A. 悄悄地暗示老师,得到允许后从后门出去。
B. 假装不知道。但心里很焦急,老走神。
C. 偷偷从后门溜出去。

4. 放学了,你有急事要快点走,而值日的同学想让你帮忙打扫教室,你会:
A. 很抱歉地说:"对不起,我有急事,下次一定帮你。"
B. 看也不看地说:"不行,我有急事呢!"
C. 故意听不见,跑出教室。

5. 开学不久你就被同学选为班长,你会:

A. 感谢同学们的信任和支持，并表示一定把工作做好。

B. 觉得没什么大不了的。只是要求自己默默地把工作做好。

C. 觉得别人选自己是别有用心，一个劲儿地推托。

6. 有同学跟你说："我告诉你件事儿，你可不要跟别人说哦……"

这时你会说：

A. "哦！谢谢你对我的信任。我不是知道这件事的第二个人吧？"

B. "你都能告诉我了，我怎能不告诉别人呢？"

C. "那你就别说好了。"

7. 老师布置你和另一位同学一起完成一项任务，而这位同学恰恰和你不怎么友好，你会：

A. 大方地跟他（她）握手："今后我们可是同一条船上的人哦！"

B. 勉强接受，但工作中绝不配合。

C. 坚决向老师抗议。宁可不做。

8. 你和别人为一个问题争论，眼看就要闹僵了，这时你：

A. 立即说："好了好了，我们大家都要静一静，也许是你错了，当然，也有可能是我的错。

B. 坚持下去，不赢不休。

C. 愤然退场，不欢而散。

计分方法：选 A 得 3 分，选 B 得 2 分，选 C 得 1 分

解析：8～12 分表明你的沟通能力较差。由于你对沟通能力的重视不够，而且没有足够的自信心导致你在成长的道路上，一些机遇常常与你擦肩而过。你应该以轻松、热情的面貌与同学进行交流，把自己看作集体中的一员。同时，对别的同学也不可存在任何偏见。经常与人交流，取长补短，改变自己拘谨封闭的状态。记住：沟通能力是成功的保证和进步的阶梯。

13～19 分表示你的沟通能力较强，在大多数集体活动中表现出色，只是有时尚缺乏自信心。你还需加强沟通能力学习与锻炼。

20～24 分表明你的沟通技能很好。无论你是学生干部还是普通学生，你都表现得非常好，在各种社交场合都表现得大方得体。你待人真诚友善，不狂妄虚伪。在原则问题上，你既能善于坚持并推销自己的主张，同时还能争取和团结各种力量。你自信心强，同学们都信任你，你可以使你领导的班级充满着团结和谐的气氛。

（二）沟通管理能力自测

1. 你认为在沟通过程中哪种行为所占的比例较大？

A. 倾听

B. 交谈

C. 阅读

2. 你认为在沟通中，积极聆听有怎么样的好处？

A. 可以获得全面信息

B. 能够真正发现问题

C. 获取他人好感

3. 你认为是什么阻碍了你的倾听？

A. 观点不一致

B. 对谈话者有偏见

C. 想表达自己的观点

4. 你认为如何才能更好地倾听？

A. 站在对方的角度

B. 不要轻易打断对方

C. 不要先入为主

5. 你认为如何才能更好地反馈？

A. 针对谈话者最为需要的反馈

B. 反馈要具体明确

C. 仔细倾听

6. 你如何想上司汇报工作？

A. 精简报告，直指结果

B. 根据原定目标和计划汇报

C. 详细具体

7. 作为部门经理，你如何同其他部门有效沟通？

A. 明确责任，平等沟通

B. 积极主动，开诚布公

C. 换位思考，不侵犯他人权益

8. 当你和下属沟通时，你如何处理下属的疑惑？

A. 挖出下属的关注点

B. 让下属说出疑惑，进行分析

C. 进一步明确利益关系

9. 当你与下属进行沟通时，你如何处理下属的反对意见？

A. 判断反对意见是否为真实的想法表述

B. 通过进一步沟通发现问题

C. 说服下属

10. 当你和下属沟通时，你如何处理下属的认同？

A. 确保下属真正认同，明确责权

B. 启发下属完善意见

C. 让他列出执行方案

11. 当你与下属沟通时，你如何处理下属的漠视？

A. 从公司和个人角度探究原因

B. 再次明确责任和利益

C. 引导下属的兴趣

12. 你如何理解沟通中的误会和误差？

A. 解释清楚，表述详细具体

B. 对反馈进行确认并纠正

C. 反复表达自己的意思

13. 你如何保证会议沟通的效果？

A. 确定主题，找出关键问题

B. 有序讨论，限制时间

C. 按会议程序进行

14. 你如何让你的团队保持良好的沟通？

A. 建立横向和纵向的沟通机制

B. 设立多种渠道

C. 多种沟通方式并用

15. 你的一位上司邀请你共进午餐。餐后你回到办公室，发现你的另一位上司对此颇为好奇，此时你会：

A. 告诉他详细内容

B. 不透露蛛丝马迹

C. 粗略描述，淡化内容的重要性

16. 你正在主持会议，有一位下属一直以不相干的问题干扰会议，此时你会：

A. 要求所有的下属先别提出问题，直到你把正题讲完

B. 纵容该下属提问

C. 告诉该下属在预定的议程完成之前先别提出问题

17. 你跟上司正在讨论事情，有人打来长途电话找你，此时你会：

A. 告诉对方你在开会，待会儿再回电话

B. 请上司的秘书代接并说你不在

C. 接电话，而且该说多久就说多久

18. 有位下属连续四次在周末向你要求他想提早下班，此时你会说：

A. 你对我们相当重要，我需要你的帮助，特别是在周末

B. 今天不行，下午四点我要开个会

C. 我不能再容许你早退了，你要顾及他人的想法

19. 你刚被聘为某部门主管，你知道还有几个人关注着这个职位，上班第一天，你会：

A. 把问题记在心上，但立即投入工作，并开始认识每一个人

B. 忽略这个问题，并认为情绪的波动很快会过去

20. 你有位下属对你说"有件事我本不应该告诉你的，但你有没有听到"你会说：

A. 跟公司有关的事我才有兴趣听

B. 我不想听办公室的流言

C. 谢谢你告诉我怎么回事，让我知道详情

计分方法：选 A 得 3 分，选 B 得 2 分，选 C 得 1 分

沟通管理能力解析：30 分以下，表明你的沟通管理能力较差，沟通存在较大的障碍，你急需加强沟通管理技能的学习和训练。31~48 分，说明你的沟通管理能力一般。如果你能够进一步加强沟通管理能力的学习和训练，你会受益匪浅，并得到提升。48 分以上，说明你的沟通管理能力很强，请继续保持和提升。

（三）一般沟通能力自测

请如实回答下列问题：是"非常不同意、不同意、比较同意"下列观点？还是"不符合、符合、非常符合"自己的实际情况？

1. 我能根据不同对象的特点提供合适的建议或指导。

2. 当我劝告他人时，更注重帮助他们反思自身存在的问题。

3. 当我给他人提供反馈意见，甚至是逆耳的意见时，能坚持诚实的态度。

4. 当我与他人讨论问题时，始终能就事论事，而非针对个人。

5. 当我批评或指出他人的不足时，能以客观的标准和预先期望为基础。

6. 当我纠正某人的行为后，我们的关系常能得到加强。

7. 在我与他人沟通时，我会激发出对方的自我价值和自尊意识。

8. 即使我并不赞同，我也能对他人观点表现出诚挚的兴趣。

9. 我不会对比我权力小或拥有信息少的人表现出高人一等的姿态。

10. 在与自己有不同观点的人讨论时，我将努力找出双方的某些共同点。

11. 我的反馈是明确而直接指向问题关键的，避免泛泛而谈或含混不清。

12. 我以"我认为"而不是"他们认为"的方式表示对自己的观点负责。

13. 讨论问题时，我通常更关注自己对问题的理解，而不是直接提建议。

14. 我有意识地与同事和朋友进行定期或不定期的、私人的会谈。

计分方法：非常不同意/不符合（1分），不同意/不符合（2分），比较不同意/不符合（3分），比较同意/符合（4分），同意/符合（5分），非常同意/非常符合（6分）。

选A得3分，选B得2分，选C得1分

解析：45以下，表明你的沟通能力较差，急需提升。45~75分，说明你的沟通能力一般，要进一步提升。76~84分，说明你的沟通能力很强，请继续保持和提升。

附录 Ⅱ:商务谈判能力自测

1. 你通常是否先准备好，再进行商谈？（　　）

A. 每次

B. 时常

C. 有时

D. 偶尔

E. 从没有

2. 你面对直接的冲突有何感觉？（　　）

A. 非常不舒服

B. 相当不舒服

C. 虽然不喜欢，但还是面对它

D. 有点不喜欢

E. 非常喜欢

3. 你是否相信商谈时对方告诉你的话？（　　）

A. 不，非常怀疑

B. 有些怀疑

C. 有时候不相信

D. 大概相信

E. 几乎永远相信

4. 被人喜欢对你来说，重不重要？（　　）

A. 非常重要

B. 相当重要

C. 普通

D. 不太重要

E. 一点都不在乎

5. 谈判时你是否常对谈判前景做乐观的打算？（　　）

A. 几乎每次都关心最乐观的一面

B. 相当关心

C. 普通程度的关心

D. 不太关心

E. 根本不关心

6. 你对谈判的看法怎么样？（　　）

A. 高度竞争

B. 大部分竞争，小部分相互合作

C. 大部分相互合作，小部分竞争

D. 高度合作

E. 一半竞争，一半合作

7. 你赞成哪一种交易呢？（　　）

A. 对双方都有利的交易

B. 对自己较有利的交易

C. 对对方较有利的交易

D. 对己方非常有利，对对方不利的交易

E. 各人为自己打算

8. 你是否喜欢和商人交易？（　　）

A. 非常喜欢

B. 喜欢

C. 不喜欢，但也不讨厌

D. 相当不喜欢

E. 憎恨

9. 如果交易对对方很不利，你是否会让对方再和你商谈一个较好一点的交易？

（　　）

A. 很愿意

B. 有时候愿意

C. 不愿意

D. 几乎从没有过

E. 那是对方的问题

10. 你是否有威胁别人的倾向？（　　）

A. 常常如此

B. 相当如此

C. 偶尔如此

D. 不常

E. 几乎没有

11. 你是否能适当表达自己的观点？（　　）

A. 经常如此

B. 超过一般水准

C. 一般水准

D. 低于一般水准

E. 相当差

12. 你是不是一个很好的倾听者？（　　）

A. 非常好

B. 比一般人好

C. 普通程度

D. 低于一般水准

E. 很差

13. 面对语意含混不清的词句，其中还夹着许多赞成和反对的争论时，你有何感觉？（　　）

A. 非常不舒服，希望事情不是这个样子的

B. 相当不舒服

C. 不喜欢，但是还可以接受

D. 一点也不会被骚扰，很容易就习惯了

E. 喜欢如此，事情本来就应该如此

14. 有人在陈述与你不同的观点时，你能倾听吗？（　　）

A. 把头掉转开

B. 听一点点，很难听进去

C. 听一点点，但不太在意

D. 合理地倾听

E. 很注意地听

15. 在谈判开始以前，你和公司里的人如何彻底讨论谈判的目标和事情的优先程度？（　　）

A. 适当的次数，讨论得很好

B. 常常很辛苦地讨论，讨论得很好

C. 时常且辛苦地讨论

D. 不常讨论，讨论得不太好

E. 没有什么讨论，只是在谈判时执行上级的要求

16. 假如一般公司都照定价加5%，你的老板却要加10%，你感觉如何？（　　）

A. 根本不喜欢，会设法避免这种情况发生

B. 不喜欢，但还是会不情愿地去做

C. 勉强去做

D. 尽力做好，而且不怕尝试

E. 喜欢这种考验，而且期待这种考验

17. 你喜不喜欢在谈判中聘用专家？（　　）

A. 非常喜欢

B. 相当喜欢

C. 偶尔为之

D. 假如情况需要的话

E. 非常不喜欢

18. 你是不是一个很好的谈判小组领导者？（　　）

A. 非常好

B. 相当好

C. 公平的领导者

D. 不太好

E. 很糟糕的领导者

19. 置身在谈判压力下，你的思路是否仍很清晰？（　　）

A. 是的，非常清晰

B. 比大部分人清晰

C. 一般程度

D. 在一般程度以下

E. 不清晰

20. 你的经验判断能力如何？（　　）

A. 非常好

B. 很好

C. 和大部分主管一样好

D. 不太好

E. 不行

21. 你对于自己的评价如何？（   ）

A. 高度的自我尊重

B. 适当的自我尊重

C. 很复杂的感觉，搞不清楚

D. 不太好

E. 没什么感觉

22. 你在谈判中是否能获得别人的尊敬？（   ）

A. 很容易

B. 大部分能

C. 偶尔

D. 不常

E. 很少

23. 你认为自己是不是一个谨守谈判策略的人？（   ）

A. 绝对是

B. 相对是

C. 合理地运用

D. 时常会忘记运用的策略

E. 似乎是先说再思考

24. 你谈判时是否能广泛地听取各方面的意见？（   ）

A. 完全能

B. 大部分能

C. 普通程度

D. 相当不听取别人的意见

E. 观念相当固执

25. 你认为在谈判活动中正直对你来说是否重要？（   ）

A. 非常重要

B. 相当重要

C. 重要

D. 不重要

E. 非常不重要

26. 你认为在谈判活动中别人的正直重不重要？（   ）

A. 非常重要

B. 相当重要

C. 重要

D. 有点不重要

E. 非常不重要

27. 当你手中握有权力时，会如何使用呢？（　　　）

A. 尽量运用一切手段发挥

B. 适当地运用，没有罪恶感

C. 会为了正义而运用

D. 不喜欢使用

E. 很自然地接受对方作为对手

28. 你对于"行为语言"的敏感程度如何？（　　　）

A. 高度敏感

B. 相当敏感

C. 普通程度

D. 比大部分人的敏感度低

E. 不敏感

29. 你对于别人动机和愿望的敏感程度如何？（　　　）

A. 高度敏感

B. 相当敏感

C. 普通程度

D. 比大部分人的敏感度低

E. 不敏感

30. 你在谈判活动中对于以个人身份和对方结交，你有怎样的感受？（　　　）

A. 会避免如此

B. 不太妥当

C. 不好也不坏

D. 会被吸引而接近对方

E. 喜欢超出自己的立场去接近他们

31. 你洞察谈判真正问题的能力如何？（　　　）

A. 通常会知道

B. 大部分时间能够了解

C. 能够猜得相当正确

D. 对方常常会令我惊奇

E. 发觉很难知道真正的问题所在

32. 在谈判中，你想要定下哪一种目标呢？（　　）

A. 很难达成的目标

B. 相当难的目标

C. 不太难但也不太容易的目标

D. 相当适当的目标

E. 不太难，比较容易达成的目标

33. 你是不是一个有耐心的谈判者？（　　）

A. 有耐心

B. 比一般人有耐心

C. 普通程度

D. 一般程度以下

E. 几乎永远没有耐心

34. 谈判时你对于自己目标的执着程度如何？（　　）

A. 非常执着

B. 相当执着

C. 有点执着

D. 不太执着

E. 相当有弹性

35. 在谈判中，你是否坚持自己的观点和立场？（　　）

A. 非常坚持

B. 相当坚持

C. 适度坚持

D. 不太坚持

E. 根本不坚持

36. 你对对方私人问题（非商业性的问题，如工作的保障、工作的负担、和老板相处的情形等）的敏感程度如何？（　　）

A. 非常敏感

B. 相当敏感

C. 一般程度

D. 不太敏感

E. 根本不敏感

37. 对方的满足对你有什么影响？（　　）

A. 非常在乎，尽量不使他受损害

B. 有点在乎

C. 中立态度，但希望他不被伤害

D. 有点关心

E. 各人都要为自己打算

38. 你是否想要强调你的权力限制？（   ）

A. 非常想

B. 通常想强调

C. 适当地限制这种想法

D. 不会详述

E. 大部分时间会如此想

39. 你是否想了解对方的权力限制？（   ）

A. 非常想

B. 相当想

C. 会衡量一下

D. 这很难做，因为我不是他

E. 让事情在会谈时顺其自然进行

40. 当你买东西时，对方说出一个很低的价钱，你感觉如何？（   ）

A. 太可怕了

B. 不太好，但是有时会如此做

C. 偶尔才会做一次

D. 常常如此尝试，而且不在乎如此做

E. 会使它成为正常的习惯而且感觉非常舒服

41. 交易时通常你如何让步？（   ）

A. 非常缓慢

B. 相当缓慢

c. 和对方的速度相同

D. 多让点步，试着使交易快完成

E. 不在乎付出更多，只要完成交易就行

42. 对于接受影响你事业的风险感觉如何？（   ）

A. 比大部分人更能接受大风险

B. 比大部分人更能接受相当大的风险

C. 比大部分人能接受较小风险

D. 能偶尔冒一点风险

E. 很少冒险

43. 你对于承受财务风险的态度如何？（   ）

A. 比大部分人更能接受大风险

B. 比大部分人更能接受相当大的风险

C. 比大部分人能接受较小风险

D. 能偶尔冒一点风险

E. 很少冒险

44. 谈判时面对那些地位比你高的人，你感觉如阿？（   ）

A. 非常舒服

B. 相当舒服

C. 感觉复杂

D. 不舒服

E. 相当不舒服

45. 你要购买车子或房屋的时候准备的情形如何？（   ）

A. 很彻底

B. 相当好

C. 普通程度

D. 不太好

E. 没有准备

46. 对方告诉你的话，你调查到什么程度？（   ）

A. 调查得很彻底

B. 调查大部分的话

C. 调查某些话

D. 知道应该调查，做得不够

E. 没有调查

47. 你对于解决问题是否有创见？（   ）

A. 非常有

B. 相当有

C. 有时候会有

D. 不太多

E. 几乎没有

48. 你是否有足够的魅力？人们是否尊敬你而且遵从你的领导？（   ）

A. 非常有

B. 相当有

C. 普通程度

D. 不太有

E. 一点也没有

49. 和他人比较你是不是一个有经验的谈判者？（　　）

A. 很有经验

B. 比一般人有经验

C. 普通程度

D. 经验比一般人少

E. 没有丝毫经验

50. 对于你所属谈判班子里的主谈人感觉如何？（　　）

A. 非常好

B. 相当舒服

C. 感觉很复杂

D. 存在某种自我意识

E. 相当焦虑不安

51. 没有压力时，你的思考能力如何？（　　）

A. 非常好

B. 比大部分人好

C. 普通程度

D. 比大部分人差

E. 不太行

52. 谈判兴奋时，你是否会激动？（　　）

A. 很镇静

B. 原则上很镇静，但是会被对方激怒

C. 和大部分人相同

D. 性情有点急躁

E. 有时会激动起来

53. 在社交场合中人们是否喜欢你？（　　）

A. 非常喜欢

B. 相当喜欢

C. 普通程度

D. 不太喜欢

E. 相当不喜欢

54. 你工作的安全性如何？（　　　）

A. 非常安全

B. 相当安全

C. 一般程度

D. 不安全

E. 相当不安全

55. 假如听过对方四次很详尽的解释，你还是必须说"我不了解"，你的感觉如何？（　　　）

A. 太可怕了，我不会那么做

B. 相当困窘

C. 会觉得很不好意思

D. 感觉不会太坏，还是会去做

E. 不会有任何犹豫

56. 谈判时对于处理困难的问题，你的成绩如何？（　　　）

A. 非常好

B. 超过一般程度

C. 一般程度

D. 一般程度以下

E. 很糟糕

57. 你是否会问探索性的问题？（　　　）

A. 擅长此道

B. 相当不错

C. 一般程度

D. 不太好

E. 不擅长此道

58. 生意上的秘密，你是不是守口如瓶呢？（　　　）

A. 非常保密

B. 相当保密

C. 普通程度

D. 常常说得比应该说的多

E. 说得实在太多了

59. 对于自己这一行的知识，你的信心如何？（　　　）

A. 比大部分人有信心

B. 相当有信心

C. 一般程度

D. 有点缺乏信心

E. 坦白地说，没有信心

60. 你是建筑大厦的买主，由于某种原因要求更改设计图，现在承包商为了这个原因要收取更高的价格，而你又认为他能把这项工程做好，而非常地需要他，对于这个新的加价，你会有什么感觉呢？（   ）

A. 马上跳起来大叫

B. 非常不高兴

C. 准备好好地与他商量，但并不着急做

D. 虽然不喜欢，但还是会照做

E. 和他对抗

61. 你是否会将内心的感受统统表露出来呢？（   ）

A. 非常容易

B. 比大部分人多

C. 普通程度

D. 不太多

E. 几乎没有

在回答完上述题目后，请按照下面的分数表，把每一个问题的正分或负分加起来，得到一个在 −668 到 +724 的总分。算出总分以后，就可以知道你的得分属于哪一级：

第一级：谈判能力最强的人： +376 ~ +724

第二级：谈判能力中上的人： +28 ~ +375

第三级：谈判能力中下的人： −320 ~ +27

第四级：谈判能力差的人： −668 ~ −321

谈判能力测试分数表

题号	A	B	C	D	E	题号	A	B	C	D	E
1	+ 20	+ 15	5	− 10	− 20	32	+ 10	+ 15	+ 5	O	− 10
2	− 10	− 5	+ 10	+ 10	− 5	33	+ 15	+ 10	+ 5	− 5	− 15
3	+ 10	+ 8	+ 4	− 4	− IO	34	+ 12	+ 12	+ 3	− 5	− 15
4	− I4	− 8	O	+ 14	+ 10	35	+ 10	+ 12	+ 4		− 10
5	− 10	+ 10	+ 10	− 5	− 10	36	+ 16	+ 12	0	− 3	− 10
6	− 15	+ 15	+ 10	− 15	+ 5	37	+ 12	+ 6	O	− 2	− 10
7	O	+ 10	− 10	+ 5	− 5	38	− 10	− 8	+ 5	+ 8	− 12
8	+ 3	+ 6	+ 6	− 3	− 5	39	+ 15	+ 10	+ 5	− 5	+ 15
9	+ 6	+ 6	O	− 5	− 10	40	− 10	− 5	+ 5	+ 15	− 10
10	− 15	− 10	O	+ 5	+ IO	41	+ 15	+ 10	− 3	− 10	+ 15
11	+ 8	+ 4	O	− 4	− 6	42	+ 5	+ 10	O	− 3	− 10
12	+ 15	+ 10	O	− 10	− 15	43	+ 5	+ 10	− 5	+ 5	− 8
13	− 10	− 5	+ 5	+ 10	+ 10	44	+ 10	+ 8	+ 3	− 3	− 10
14	− 10	− 5	+ 5	+ 10	+ 10	45	+ 15	+ 10	+ 3	− 5	− I5
15	+ 8	− 10	+ 20	+ 15	− 20	46	+ 10	+ 10	+ 3	− 5	− 12
16	− 10	+ 5	+ 10	+ 13	+ 10	47	+ 12	+ 10	O	O	− 15
17	+ 12	+ 10	+ 4	− 4	− 12	48	+ 10	+ 8	+ 3	O	− 3
18	+ 12	+ 10	+ 5	− 5	− 10	49	+ 5	+ 5	+ 5	− 1	− 3
19	+ 10	+ 5	+ 3	O	− 5	50	+ 8	+ 10	O	O	− 12
20	+ 20	+ 15	+ 5	− 10	− 20	51	+ 15	+ 6	+ 4	O	− 5
21	+ 15	+ 10	O	− 5	− 15	52	+ 10	+ 8	+ 5	− 3	− 10
22	+ 12	+ 8	+ 3	− 5	− 8	53	+ 10	+ 10	+ 3	− 2	− 6
23	+ 6	+ 4	0	− 2	− 4	54	+ 12	− 3	+ 2	− 5	− 12
24	+ 10	+ 3	+ 5	− 5	− IO	55	− 8	+ 8	+ 3	+ 8	+ 12
25	+ 15	+ 10	+ 5	O	− 10	56	+ 10	+ 8	+ 8	− 3	− 10
26	+ 15	+ 10	+ 10	O	− 10	57	+ 10	+ 10	+ 4	O	− 5
27	+ 5	+ 15	0	− 5	0	58	+ 10	+ 8	O	− 8	− 15
28	+ 2	+ 1	+ 5	− 1	− 2	59	+ 12	+ 10	O	− 5	− 10
29	+ 15	+ 10	0	− 10	− I5	60	+ 15	− 6	O	− 10	− 15
30	− 15	− 10	+ 2	+ IO	+ 15	61	− 8	− 3	O	+ 5	+ 8
31	+ 10	+ 5	+ 5	− 2	− 10						

（资料来源：李翔 . 经济谈判 ［M］. 北京：中国经济出版社，1993）

参考文献

（一）人际沟通参考文献

1. 金圣荣.FBI沟通术［M］.哈尔滨：哈尔滨出版社，2012.

2. 韩东明.学口才用口才［M］.北京：中国华生出版社，2012.

3. 江礼坤.网络营销推广实战宝典［M］.北京：电子工业出版社，2012.

4. 朱可南.人缘就是财富［M］.银川：中国路林出版社，2012.

5. ［日］津田晃.做人的能力决定你的财富［M］.台北：采实文化事业有限公司，2012.

6. 钱诗金.关系你会运用吗？［M］.北京：中国经济出版社，2011.

7. 尼尔伦伯格等.白宫智囊的读心术［M］.龙淑珍译.北京：新世界出版社，2011.

8. 基恩·泽拉慈尼.用演示说话——麦肯锡商务沟通完全手册［M］.马振啥、马洪德译.北京：清华大学出版社，2011.

9. 刘墉，刘轩.创造双赢的沟通［M］.北京：文化艺术出版社，2011.

10. 胡宝林.FBI教你破解身体语言［M］.北京：中国华侨出版社，2011.

11. 罗伯特·K.雷斯勒，汤姆·夏希特曼.FBI心理分析术：我在FBI的20年［M］.南京：江苏文艺出版社，2011.

12. 戴维·迈尔斯.迈尔斯心理学［M］.黄希庭等译.北京：人民邮电出版社，2011.

13. 尼尔伦伯格，等.白宫智囊的读心术［M］.龙淑珍译.北京：新世界出版社，2011.

14. 德蕾丝·博洽德.读心术2：口袋里的心理治疗师［M］.冯扬译.太原：山西人民出版社，2011.

15. 彬子.身体语言读心术［M］.哈尔滨：哈尔滨出版社，2010

16. 博格.身体语言：教你超强读心术［M］.林伊玫译.重庆：重庆出版社，2010.

17. 皮斯等.身体语言密码［M］.王甜甜等译.北京：中国城市出版社，2010.

18. 柳永.幽默与社交口才［M］.呼和浩特：内蒙古人民出版社，2010.

19. 卢尼昂.沟通的力量［M］.罗汉，陈其善等译.上海：格致出版社，2010.

20. 纳瓦罗，波茵特.FBI教你破解身体语言［M］.于乐译.北京：中华工商联合出版社，2010.

21. 费克萨斯.读心术［M］.冯杨译.太原：山西人民出版社，2010.

22. 马克·郭士顿.只需倾听［M］.苏西译.重庆：重庆出版社，2010.

23. 李柏曼.你能掌控任何人［M］.杨琨译.北京：金城出版社，2010.

24. 徐耀武.读心术［M］.北京：机械工业出版社，2010

25. 内藤谊人.心理读心术［M］.韩露译.海口：南海出版社，2010

26. 麦肯.720。全景沟通［M］.灵思等译.北京：京华出版社，2010.

27. 内藤谊人.瞬间搞定对方的谈话术——日本销售谈判人员人手一册的沟通圣经［M］.盛凯译.海口：南方出版社，2010.

28. 阿德勒，普罗科特.沟通的艺术：看入人里，看出人外［M］.黄素菲译.北京：世界图书出版公司，2010.

29. 卡耐基.有效沟通的艺术［M］.曹景龙译.北京：北京理工大学出版社，2010.

30. 刘墉.说话的魅力：刘墉沟通秘笈［M］.南宁：接力出版社，2009.

31. 狄米曲斯，马扎瑞拉.读人［M］.张苘译.天津：天津教育出版社.2009.

32. 博克.拖延心理学［M］.蒋永强等译.北京：中国人民大学出版社，2009.

33. 桦旦纯.瞬间洞悉人心［M］.常兆译.北京：科学出版社，2009.

34. 卢森堡.非暴力沟通［M］.阮胤华译.北京：华夏出版社，2009.

35. 戴尔费希尔，布朗.沟通力［M］.王燕译.北京：中信出版社，2009.

36. 戴尔·卡内基.卡内基沟通与人际关系［M］.北京：中信出版社，2008.

37. 津巴多.津巴多普通心理学［M］.王佳艺译.北京：中国人民大学出版社，2008.

38. 戴尔·卡内基.成功有效的团体沟通［M］.詹丽译.北京：中信出版社，2008.

39. 哈特莱.不说我也知道你想干什么：察行观色三秒钟洞悉对方心理［M］.田东字译.北京：京华出版社，2008.

40. 唐·加博尔.5分钟和陌生人成为朋友［M］.灵思泉等译.北京：京华出版社，2007.

41. 李柏曼.看谁在说谎［M］.项慧龄译.重庆：重庆出版社，2007.

42. 皮斯等.身体语言密码［M］.王甜甜，黄佼译.北京：中国城市出版社.2007.

43. 巴斯滕伯格.认知心理学［M］.杨炳钧等译.北京：中国轻工业出版社，2006.

44. 斯滕伯格.认知心理学［M］.杨炳钧等译.北京：中国轻工业出版社，2006.

45. 克里斯腾森.心理学研究方法［M］.北京：北京大学出版社，2005.

46. 尔多尼.向领导大师学沟通［M］.北京：机械工业出版社，2004.格里彼

47. 得·德鲁克.全球沟通管理学精选［M］.北京：北京大学出版社，2004.

48. 格·津巴多.心理学与生活［M］.王垒等译.北京：人民邮电出版社，2003.

（二）商务谈判参考文献

1. ［美］杰勒德·尼伦伯塔．谈判艺术［M］．北京：新世界出版社，2012.

2. 李力刚．商务谈判的博弈之道［M］．北京：中国人民大学出版社，2012.

3. ［美］斯科特攮伯．商务沟通［M］．北京：后浪出版咨询有限责任公司、世界图书出版公司，2012.

4. 杨震．商务谈判英语［M］．北京：经济管理出版社，2010.

5. 刘燕．商务谈判技巧［M］．北京：人民邮电出版社，2010.

6. 张葙．孙曾玲．浅析说服技巧在商务谈判中的应用［J］．考试周刊，2009（12）．

7. 姚凤云．简述商务谈判的一般原则［J］．商业经济，2008（11）．

8. 阎冠羽．商务谈判中回答的艺术［J］．理论科学，2008（11）．

9. 方其．商务谈判：理论、技巧、案例［M］．北京：中国人民大学出版社，2008.

10. 李向春．商务谈判管理模式研究［J］．经营管理，2008（17）．

11. 孙璐．礼仪文化在商务谈判中的应用［J］．考试周刊，2008（34）．

12. 宋贤卓，等．商务谈判［M］．北京：清华大学出版社，2007.

13. 李嫦英，刘立薇，乔志杰．浅论商务谈翔的倾听技巧［J］．河北北方学院学报，2007（5）．

14. 仰书纲．商务谈判理论与实务［M］．北京：北京师范大学出版社，2007.

15. 陈朝阳．商务谈判的需要研究［J］．商业视角．2007（5）．

16. 黄勋，叶搪．美国人的商务谈判风格［J］，科技信息，2007（29）．

17. 毛国涛，王明．商务谈判［M］．北京：北京理工大学出版社，2006.

18. 郭芳芳．商务谈判教程：理论·技巧·实务［M］．上海：上海财经大学出版社，2006.

19. 王洪耘．商务谈判［M］．北京：首都经济贸易大学出版社，2006.

20. 周海涛．商务谈判成功技巧［M］．北京：中国纺织出版社，2006.

21. 易开尉．现代商务谈判［M］．上海：上海财经大学出版社．2006.

22. 李言．跟我学：谈判口才［M］．北京：中国经济出皈社，2006.

23. 侯清恒．疯狂谈判［M］．北京：中华工商联合出版社，2006.

24. 贯越，丧锋：谈判的艺术［M］．北京：京华出版社．2006.

25. 陈福明，王芝蕾．商务谈判［M］．北京：北京大学出版社，2006.

26. 郭继民．浅谈商务谈判的基本原则［J］．北方经贸，2006（2）．

27. 宋超英，汪晓文．商务谈判［M］．兰州：兰州大学出版社，2005.

28. 张华荣．商务谈判新论［M］．北京：中国财政经济出版社，2005.

29. 卫刘园．国际商务谈判：理论·实务·案例［M］．北京：中国商务出版社，2005.

30. 英格丽．你的形象价值百万［M］．北京：中国青年出版社，2005.

31. 金正昆. 商务礼仪教程 [M]. 北京：中国人民大学出版社，2005.

32. 杨晶. 商务谈判 [M]. 北京：清华大学出版社，2005.

33. 拉克斯，西本斯. 谈判 [M]. 姜范，陈大为，译. 北京：机械工业出版社，2004.

34. 简森，昂特. 共赢：合作谈判的艺术 [M]. 李小鹏，杨明娴译. 北京：人民邮电出版社，2004.

35. 李郁. 张泳. 浅谈国际商务谈判中的跨文化问题及对策 [J]. 商业研究，2004（24）.

36. 李品媛. 现代商务谈判 [M]. 大连：东北财经大学出版社，2004.

37. 孙健敏. 谈判技能 [M]. 北京：企业管理出版社，2004.

38. 刘文广，张囊暖. 商务谈判 [M]. 北京：高等教育出版社，2004.

39. 杨文惠. 入世后中国商人商务谈判文化的适应现象分析 [J]. 国际经贸探索，2004（3）.

40. 张柱，张炜. 知己知彼的谈判技巧 [M]. 广州：广东经济出版社，2004.

41. 施密特，坦内鲍姆. 谈判与冲突化解 [M]. 北京：中国人民大学出版社，2004.

42. 盖斯特兰德. 跨文化商业行为 [M]. 李东译. 北京：企业管理出版社，2004.

43. 万成林，舒平. 营销商务谈判 [M]. 天津：天津大学出版社，2004.

44. 马克态. 商务谈判：理论与实务 [M]. 北京：中国国际广播出版社，2004.

45. 白远. 国际商务谈判 [M]. 北京：中国人民大学出版社，2004.

46. 孙兆臣，易吉林. 谈判调练 [M]. 武汉：武汉大学出版社. 2003.

47. 石永恒. 商务谈判精华 [M]. 北京：团结出版社，2003.

48. 周中兴. 商务谈判原理与技巧 [M]. 南京：东南大学出版社，2003.

49. 罗德. 谈判不言败 [M]. 杭州：浙江大学出版社，2003.

50. 姚立. 商务谈判：理论、实务、风格 [M]. 北京：中国城市出版社，2003.

51. 左小平. 商务谈判人员素质探析 [J]. 经济师，2003（6）.

52. 袁其刚. 国际商务谈判 [M]. 济南：山东人民出版社，2003.

53. 王海云. 商务谈判 [M]. 北京：北京航空航天大学出版社，2003.

54. 汤秀莲. 国际商务谈判 [M]. 天津：南开大学出版社，2003.

55. 柯里. 国际谈判：国际商务谈判的策划与运作 [M]. 朱丹，陆晓红译. 北京：经济科学出版社，2002.

56. 白远. 国际商务谈判：理论案例分析与实践 [M]. 北京：中国人民大学出版社，2002.

57. 胡舒立，胡野碧，龙永图：谈判是这样完成的 [J]. 财经，2001（14）.

58. 杨群祥. 商务谈判 [M]. 大连：东北财经大学出版社，2001.

59. 潘肖钰，谢承志. 商务谈判与沟通技巧 [M]. 上海：复旦大学出版社，2000.

60. 孙玉太. 商务谈判概论 [M]. 大连：东北财经大学出版社，2000.

61. 刘必荣．谈判圣经：终极谈判策略［M］．北京：中国社会出版社，1999.

62. 丁建中．国际商业谈判学［M］．北京：中信出版社，1996.

63. ［法］克里斯托夫·杜邦．谈判的行为、理论与应用［M］．北京：中国文联出版公司，1992.

64. ［英］P. D. V. 马什．商务合同谈判手册［M］．上海：上海翻译出版公司，1988.

65. 马什．贸易谈判技巧［M］．上海：上海翻译出版公司，I988.

66. 尼尔伦伯格．谈判的艺术［M］．上海：上海翻译出版社，1986.

责任编辑：郭海燕

责任印制：冯冬青

封面设计：鲁 筱

图书在版编目（CIP）数据

人际沟通与商务谈判／彭顺生，彭博编著 . --北京：
中国旅游出版社，2015.1
  ISBN 978 - 7 - 5032 - 5054 - 5

  Ⅰ.①人… Ⅱ.①彭… ②彭… Ⅲ.①人际关系学—
高等学校—教材 ②商务谈判—高等学校—教材 Ⅳ.
①C912.1 ②F715.4

  中国版本图书馆 CIP 数据核字（2014）第 205377 号

书   名：人际沟通与商务谈判

作   者：彭顺生 彭 博
出版发行：中国旅游出版社
        （北京建国门内大街甲 9 号 邮编：100005）
        http：//www. cttp. net. cn E-mail：cttp@ cnta. gov. cn
        发行部电话：010 - 85166503
经   销：全国各地新华书店
印   刷：河北省三河市灵山红旗印刷厂
版   次：2015 年 1 月第 1 版 2015 年 1 月第 1 次印刷
开   本：787 毫米×1092 毫米 1/16
印   张：19.25
印   数：1 - 3000 册
字   数：300 千
定   价：39.80 元
I S B N 978 - 7 - 5032 - 5054 - 5